Buffett investment series

巴菲特投资系列

巴菲特

这样抄底股市

严行方／著

南方出版社·海口

图书在版编目（CIP）数据

巴菲特这样抄底股市 / 严行方著. — 海口 ：南方出版社，2018.5 (2021.5重印)
(巴菲特投资系列)
ISBN 978-7-5501-4495-8

Ⅰ. ①巴… Ⅱ. ①严… Ⅲ. ①巴菲特 (Buffett, Warren 1930-) -投资-经验 Ⅳ. ①F837.124.8

中国版本图书馆CIP数据核字 (2018) 第079514号

巴菲特这样抄底股市

严行方 著

责任编辑： 代鹤明
出版发行： 南方出版社
地　　址： 海南省海口市和平大道70号
电　　话： (0898) 66160822
传　　真： (0898) 66160830
经　　销： 全国新华书店
印　　刷： 三河市北燕印装有限公司
开　　本： 710mm×1000mm　1/16
字　　数： 280千字
印　　张： 19
版　　次： 2021年5月第1版第2次印刷
书　　号： ISBN 978-7-5501-4495-8
定　　价： 48.00元

新浪官方微博：http://weibo.com/digitaltimes

修订说明

巴菲特是全球金融投资界最富传奇性人物，也是全球唯一依靠股票投资登上首富宝座的投资家和实战家。

巴菲特的投资思想正式介绍到我国内地，是以1996年1月24日《上海证券报》刊登《证券投资巨擘——华伦 · 布费[1]》一文为标志。现在，22年过去了，巴菲特的投资理念在中国是不是行得通虽然还有争议，但事实上已经生根、开花、结果，并且涌现出数以万计的追随者。其中最典型的是，以段永平、杨宝忠等为代表的一大批巴菲特迷，已经通过践行价值投资和长期投资理念，收获了一茬茬金灿灿的投资成果。

在这样的宏观背景下，本丛书的修订再版就显得非常有意义。

本书价值

一、本丛书初版受到市场高度评价

本丛书第一版作为我国最早一批介绍巴菲特投资精髓的大众读物，从2008年至2010年陆续推出后，在国内介绍巴菲特的众多图书中脱颖而出，受到市场特别关注。

1　当时对沃伦 · 巴菲特的译名。

在这其中，有多本图书不但一再重印，并且还“荣幸”地被胡乱剪辑后出现在盗版书摊上。如《巴菲特投资10堂课》《巴菲特忠告中国股民》《滚雪球：巴菲特投资传奇》等，都曾经被肢解后夹杂在其他盗版书中出现，既不完整，又因印刷差错而误导读者。一些读者强烈呼吁能修订再版，限于条件，一直拖到现在。

二、价值投资理念有特殊价值

巴菲特的价值投资理念，尤其是它在中国是否行得通，直到现在人们依然争论不休。但正如巴菲特2007年访问韩国，有人问他“韩国股市结构不适合进行巴菲特式价值投资，对此您有何看法？”时，他反问道，“如果不是价值投资，难道要进行无价值投资吗？”他强调，“没有其他的替代方案”。

巴菲特的反击十分有力。因为在众多眼花缭乱的所谓股票理论中，唯有价值投资和长期投资能够站得住脚。

之所以要价值投资，理由在于巴菲特所说的——“价格是你付出的，价值是你所得到的”。任何投资都讲求物有所值。去菜场上买菜，你或许还会为几毛钱零头讨价还价呢；可是面对几万、十几万、几十上百万元的股票投资，却闭着眼睛下注，其风险有多大可想而知。仅仅一厢情愿地断定市场会“有跌必有涨”“久跌必涨”，只不过是一种毫无依据的自欺欺人罢了。

之所以要长期投资，理由在于巴菲特所说的——“历史必定会站在长期投资者这一边”。在他看来，季节可以预测，而天气就谁也测不准。就好比说，夏天的气温要比春天高，这是可以确定的；可是如果要讲明天的气温一定比今天高或低，就如同掷硬币猜正反面了。同样地，股市预测就像天气预报，究竟有几分准确性不好说，不如季节预测确定性大。

三、“中国巴菲特”段永平盛赞本书“值得一看”

曾经创办“小霸王”和“步步高”两大品牌的段永平，是第一位与巴菲特共进午餐的华人企业家兼投资家，被誉为“中国巴菲特”，人称“段菲特”。他深得巴菲特投资精髓，并且与巴菲特同样低调。他在美国践行巴菲特投资理念，5年间炒股所赚比在国内办企业10多年还要多。

他认为，巴菲特的投资理念一贯明确，投资者读巴菲特的书数量不一定要多，“看懂一本就已经很好”。他一共向追随者推荐过两本书，其中之一就在这里。他说：“我倒是可以给价值投资初学者推荐一本书《巴菲特忠告中国股民》，作者严行方……我认为这本书的作者对巴菲特的理解非常好，解释得也很通俗易懂，确实花了功夫，值得一看。”

段永平零距离聆听过巴菲特的教诲，并且亲身践行价值投资理念这么多年，他的眼光必定有独到之处。既然他会这么说，或许就真能证明严行方的这几本书确实值得一读。

修订缘起

四、巴菲特的投资理论和实践有新发展

本套丛书第一版推出，距今已差不多10年，全面修订已具备必要性。

一方面，巴菲特的投资理论在更新，投资实践在发展，许多新的投资案例亟待补充；另一方面，这些年来中国及全球股市也出现了许多新情况，面临着许多新问题，关于巴菲特的价值投资理论在中国是否行得通的争论还在继续……所有这些，都需要有更新、更多的篇幅予以解答和证实。

五、巴菲特的价值投资理论值得反复咀嚼

有人曾经拿国内几位追随巴菲特的价值投资者的投资失利来说事，企图以此否定价值投资；而其实，这只能说明他们学巴菲特还没学到家。就像不能因为学生题目没做对，就说老师教错了一样。

从制度建设看，美国股市中每年上市和退市的公司数量相等，这实际上会

逼着股民必须进行价值投资；否则，万一买到绩差股，将来被退市，投资就会打水漂，而这种退市概率高达50%！可是在我国，由于没有退市制度，所以无论买到什么样的股票，都“只会被套牢”，不用担心血本无归，这就一定会增强投机气氛。不但如此，还会出现“臭豆腐效应”，ST绩差股会因祸得福成为“壳资源”，亏损时借壳炒作，重组后一飞冲天。

从个人因素看，中国的实际通货膨胀率每年高达13%～16%，所以人人都想寻求回报率高的投资方式来抵御通胀，而这种求财若渴的心理必定会助长投机气氛。体现在操作手法上便是追涨杀跌，股票被套牢要骂娘，涨幅不理想也要骂娘，因为他心里那个急呀！谁都希望今天买入的股票明天就能涨停，最好是连拉几个涨停，让他有机会落袋为安；然后呢，再希望一连来几个跌停，让他有机会去抄底，没谁稀罕去当“股东”的。

这些人虽然也标榜自己在学巴菲特，但其实他们并不是真的信奉并践行价值投资，只是眼馋巴菲特耀眼的巨额财富。就好比有渔夫从村口捕鱼回家，几乎没有人会去关心他今天是怎么捕鱼的，只会关注他今天有没有捕到大鱼一样。

六、价值投资理论在中国大有可为

巴菲特的价值投资理论在中国不是不适用，而是大有可为。

先看巴菲特。2018年3月末，伯克希尔公司的股价是每股299100美元，比1965年年末的19.46美元上涨15369倍，53年间的复合增长率为19.9%。也就是说，如果当时你有1万美元的伯克希尔股票，现在值1.54亿美元。

再来看中国股市。上证综合指数从1990年12月19日的100点至2018年3月末的3168.9点，28年间的复合增长率为13.0%。这一复合增长率虽然仅逊于巴菲特，可遗憾的是居然几乎没人“看得上”“这么点收获”。

研究表明，最优秀的上市企业，其长期回报率也只有15%左右，巴菲特20%左右的长期回报已达到极致；现在你要想超出他许多，这就叫“欲速则不达”。就像开车，10次事故9次快，不出问题才奇怪。

所以，要想学巴菲特，甚至超越巴菲特，首先要把重点放在少犯错误上，不亏即赢。在过去的53年里，巴菲特只有两年是亏损的，分别是2001年的6.2%和2008年的9.6%。2008年正是爆发金融危机之时，当年上证综合指数从前收盘的5261.6点跌至年末的1820.8点，跌幅高达65.4%；当年标准普尔500指数从前收盘的1468.4点跌至年末的903.3点，跌幅也有38.5%，巴菲特却只亏损了9.6%，绝对是跑赢大市了。

最新例子是，中国股民在2015年的股市暴涨暴跌中，亏损额大多超过1/3，甚至1/2；还有不少人因为融资融券被强行平仓，亦即亏损100%。这些时候，巴菲特所说的“别人贪婪时你要恐惧，别人恐惧时你要贪婪”，早已被人抛到九霄云外。

改动之处

七、在系统化、系列化上进行了规范

这一套5本图书过去都是以单行本陆续出版的，现在以丛书形式同时推出，在系统化、系列化、统一体例和篇幅上有了进一步的提高。

总体来看，5本图书都有较大幅度的修订和完善，新增案例和数据已更新到2017年年末。其中，修改篇幅最大的是《巴菲特给股民上的投资10堂课》，超过全书内容的1/3。

八、在可读性、表述准确性上下功夫

本丛书作者严行方是我国著名财会专家，《会计大典》《会计辞海》《中国第三产业财务会计百科全书》等权威著作主要撰稿人之一，在大中华区已出版著作130多部。他熟悉企业经营管理，担任过企业领导，对书中各项财务数据及概念的表述更专业，也更到位。

5本图书虽然都讲巴菲特，但内容各有侧重，并无重复，值得细细研读。并

且，作者拥有巴菲特研究的翔实资料，所以书中看不到那种“传主事迹不够，就用别人来凑”的东拉西扯，具有较高的性价比和纯洁性，不会有读了这一本不想再读其他4本的感觉，每本都很精彩。

九、继续高举价值投资和长期投资大旗

价值投资是一条布满荆棘的人迹罕见之路，国外如此，国内尤甚。

君不见，几乎所有媒体上都簇拥着所谓股评家、投资顾问、分析师、咨询师、策略师、金融师等，满嘴尽是巴菲特漠不关心的各种技术分析，几乎从来不会去采访真正的价值投资者。

因为这些媒体很清楚，投资和投机水火不容，一旦两路人马相遇，必定会争论不休。而观念的认同又岂是能通过辩论得到解决或统一的呢？如果是这样，那也就小看了洗脑的力量。所以，为了确保自身利益（收视率和广告费），这些媒体只好迎合投机土壤，遍播所谓股评和预测。

关于这一点，巴菲特1984年在美国哥伦比亚大学为庆祝他的恩师、“华尔街教父”本杰明·格雷厄姆所著《证券分析》一书发行50周年而召开的大会上演讲时，就预料到了。他说，价值投资精髓没有多少人愿意听，“在我奉行这项投资理论的35年中，我不曾目睹价值投资方式蔚然成风。人的天性中似乎存在着偏执的特色，喜欢把简单的事情弄得更复杂。最近30年来，学术界如果有任何作为的话，都完全背离了价值投资的教训，而且很可能继续如此。船只环绕地球而行，但地平之说仍会畅行无阻。在股票市场上，价格与价值之间还会存在着宽阔的距离，而奉行格雷厄姆与多德理论的人也会繁荣不绝”。

确实如此，几乎所有投机者，包括专业机构和广大散户，长期来看都不可能跑赢市场。如果你是中国股民，可以简单地算一算——上证综合指数从1990年年末至2018年3月末的28年间复合增长率为13%，按照巴菲特对投资业绩回报要比指数高出10个点（即每年增长23%）的基本要求，这28年间你的总回报率应该达到329倍——你有吗！

为什么会这样？巴菲特早在2008年伯克希尔公司股东大会上就揭晓了谜底："读一切可读之物。"巴菲特之所以会成为"股神"，其基础就是每天五六个小时的阅读。如果一个人从来不看书报、不学习，而是四处打听小道消息，然后据此下注，你觉得他会赢吗！

2017年5月6日，巴菲特在伯克希尔公司股东大会上回答"如何唤醒1亿中国股民，让他们从投机变成投资"时委婉地说："中国的股市像赌场，市场博弈机会多，如果你是聪明的人，你才能够抓住机会。"而其实，巴菲特真正想说的是："赌性强的股市，更容易暴露和放大非理性行为，从而导致投资者遭受巨大损失。"

现在，正值2018年伯克希尔公司股东大会隆重举行之际，"巴菲特投资系列"丛书的全面修订和推出，意在继续高举价值投资大旗，让更多投资者学到巴菲特的投资和成功精髓。道理很简单：唯有价值投资能够解释得通，也才符合逻辑。正如巴菲特所说，"如果不是价值投资，难道要进行无价值投资吗？""没有其他的替代方案"！

2018年5月

看巴菲特如何抄底股市
——新版序

2008年的金融危机让全球股市连连暴跌。就在其他投资者纷纷逃离股市之时，巴菲特却频频出手，累计投入280多亿美元，大量收购马尔蒙控股、箭牌、罗门哈斯、高盛、星座能源、泰珂洛、通用电气以及中国的比亚迪等股份。谁知，巴菲特投资上述股票后股价继续大跌，从而引发了全球对巴菲特产生“廉颇老矣，尚能饭否”的质疑。

其实，股市潮起潮落，有大涨就必定有大跌。股市大涨时，各种投资策略孰优孰劣还不容易显现出来，遇到大跌时就立见分晓了。

巴菲特的投资策略是：股市大涨时勿贪，及早退出股市；股市大跌时勿恐，趁机抄底捞便宜；大跌大买，越跌越买，而不是割肉离场。他认为，投资者只要具备这样的定力，就一定会跑赢大市。事实上，越是熊市他越是光芒四射；而越是牛市，他的投资业绩反而乏善可陈。

仔细考察，巴菲特在股市暴跌时采取的措施主要有三条：

一是精选投资行业。早期的巴菲特喜欢采用本杰明·格雷厄姆的分散投资法，无论行业、管理层好坏，也无论是否濒临破产，只要净资产远远超过股价就买。这种寻找烟蒂式的投资方式确实让他赚了钱，可是当后来大家都用这个策略时，他就不得不改用菲利普·费雪的集中投资法，专门投资少数超级明星企业了，到后来一出手就是几十亿美元完全控股目标企业。

二是做价值波段。就算做波段是你的拿手好戏，巴菲特的做法和你也不一样。他首先通过一家上市公司的整体价值计算出其每股内在价值，然后与其股价进行对比，如果内在价值大大高于股价就买，然后在股价高涨时卖出。例如他2003年投资5亿美元买入中石油H股，2007年全部抛出，主要就是依据该股内在价值而不是价格做波段的。

三是只用闲钱做投资。即使面对那些预期未来10年内能涨100倍的大牛股，巴菲特也坚持只用闲钱投资。亏了就等机会，一旦输光也不伤筋动骨；如果赌中了就必定大赚，后半辈子不用愁了。用闲钱做投资的好处是，即使面对持续两三年的股市阴跌也不必慌张。

巴菲特一生经历过4次股市暴跌，分别是1973年、1987年、2000年、2008年。每次股市暴跌前一两年，巴菲特就会提前退场，根本不参与最后一波行情，而是冷眼旁观其他人在股市中博傻。等股市跌透了，他再悠然自得地大规模进场，一一捡拾原先瞄准的股票。例如：

1984—1986年美国股市持续大涨，累计涨幅2.46倍。巴菲特从1985年起就大规模出货，明确表示只留3只股票，其他通通卖掉。当1988年股指跌到谷底时，他开始买入可口可乐股票，并于1989年补仓，一共投入10亿美元。同时，他还买了6亿美元吉列公司的可转换优先股。

2008年，巴菲特大规模买入280多亿美元的股票，分布在金融、消费品、医药、交通能源4大板块。巴菲特认为，这些行业发展稳定，容易出现超级明星股；有形资产少，赢利能力强，只需增加少量有形资产，就能扩大规模、提高盈利、克服通货膨胀；负债率低，不怕逼债。这些投资时机和策略的选择，对中国投资者不无参考作用。

容易看出，巴菲特的投资不能简单地理解为炒股。对他来说，买股票就是买企业，就是投资该企业的未来。

巴菲特宣称，值得他一生持有的股票只有4只，后来剔除了1只，只剩下《华盛顿邮报》公司、政府雇员保险公司、可口可乐公司3只股票。他把股票投资看作是马拉松长跑，只有跑完全程的运动员才可能获胜。意思是说，投资业绩不能只看一时一股，而要从长计议。

在我国，投资者遇到股市暴跌时总喜欢割肉。割肉无疑是疼的，更何况割的是自己的肉，这必定会坏了心态，导致接下来的投资操作情绪化。这种事先不根据内在价值选股、事中根据股价波动换股、事后根据小道消息割肉的做法，与巴菲特的投资策略背道而驰。

看了这本《巴菲特这样抄底股市》，或许会对你在股市中搏击大有帮助。

尹行方

目录

CONTENTS

策略 2　尽量不去关心眼下一时涨跌

策略 3　股市下跌要更关心内在价值

策略 4　分期建仓，没有最低，只有更低

策略 5　合理利用市场先生的不理智

策略 6 重新发现过去错失的良机

策略 7 善于利用股市坏消息获益

策略 8　学会把不利因素变为有利因素

策略 9　控制自己不受悲观情绪干扰

策略 10　股市越跌越是投资好时机

策略 1

现金在手，想买啥股票就买啥股票

“现金＋勇气”是无价的

如果需要资金，不妨找我试试，不过条件可能很苛刻。

——沃伦·巴菲特

【巴菲特这样抄底股市】

巴菲特认为，当股市到达底部时，只要有现金在手，想买啥股票就能买啥股票，这时候的“现金＋勇气”是无价的。从历史上看，每当股市最疯狂时，巴菲特就会提早备足现金，多看少动，等待机会，以便能在合适时机出手，捕捉自己原来看好的股票，把它收入囊中。

巴菲特在伯克希尔公司2010年年报致股东的一封信中提到，当年伯克希尔公司“在满足业务需要之后，有大量的剩余现金……买方占据有利地位，如同在由众多男孩子参加的聚会上那名唯一的女孩子。这种不平衡的情况将对女孩子有利，对男孩子来说却有些恐怖”。

他的意思是说，如果你手中持有大量的现金，那么在看到好的收购目标时就能主动出击，这时候你就如同是“聚会上那名唯一的女孩子”一样受人追捧，“一家有女百家求”嘛。他说：“我们在资本配置上的灵活性，能够很好地解释我们迄今为止所取得的大多数成就的原因。”

2008年全球金融危机发生后，巴菲特频频出手抄底股市。他说，如果需要资金，不妨找他试试，不过条件可能很苛刻。后来，这句话在美国华尔街上流传开来，变成了一句格言——“如果需要资金，不妨找巴菲特试试，不过条件可能很苛刻”。

据巴菲特传记《滚雪球》介绍，在这之前的2007年年末，伯克希尔公司已经拥有现金与准现金377亿美元，固定收益证券285亿美元，两项合计高达662亿美元。只要需要，巴菲特一声令下，随时都可以把这些“子弹”射向投资目标，这在其他任何一家公司都是做不到的。

伯克希尔公司2008年第三季度的申报资料表明，自己当季买入股票39.4亿美元，卖出股票3亿美元。这表明，这些“子弹”正在一批批射向目标，这正是巴菲特平时拥有充足现金、逢低吸纳的结果。

众多对巴菲特的研究目光，从来都聚焦在他如何选股和如何赚钱方面。其实换个角度看，巴菲特运用现金的手段也是很高明的。正如他所说，“勇气＋现金”是无价的，如果手中没有大量的现金，他在看到具有巨大投资价值的项目出现时，就不会如此出手大方；反过来，正是因为他坚持自己的投资原则，手中才会始终保持充裕的现金，以备不时之需。

巴菲特手中的现金，主要依靠其控股的伯克希尔公司的保险业务所产生的保险浮存金。关于这一秘诀，在其他地方很少见到，只能从巴菲特每年在伯克希尔公司年报致股东的一封信中抽丝剥茧般地提炼出来。

巴菲特从保险业务中获得资金时，采取的方式与美国财产保险资金主流模式的配置策略完全不同。他以现金等价物以及国债等流动性高的资产来覆盖保险业务负债，以便在需要时能够确保债务偿付。从这一点上看，他用于股票投资的资金是一种相对意义上的自由资金，有时候有成本，有时候没有成本，甚至是负成本。

伯克希尔公司大约有一半收益来自保险业务。而保险业务的现金流转过程大致是，首先由投保人给保险公司支付保费，然后由保险公司把收到的这些现金用于投资；当有索赔业务发生时，保险公司再把这些现金中的一部分用于保费赔偿。

从中不难看出，源源不断的投保业务，为巴菲特提供了稳定的现金流。由于保险业务的索赔具有不确定性，所以巴菲特投资的证券流动性都比较强，其中主要是股票和债券，而这正是巴菲特的投资特长。

自从巴菲特1965年入主伯克希尔公司后，他就一直关注并热衷于收购保险公司。1967年3月，伯克希尔公司投入860万美元，买入奥马哈当地2家最大的保险公司的全部股份，一家是国民赔偿公司，一家是火灾及海运保险公司。从此，巴菲特就开始了保险业务和证券投资业务的良性互动。

巴菲特对保险公司及保险业务的偏爱，与他在读美国哥伦比亚大学商学院研究生时实地考察过政府雇员保险公司，对这家公司有好感，对保险公司业务熟悉有关，但保险公司业务能够产生浮存金也是很重要的因素。

要知道，伯克希尔公司收购了国民赔偿公司后，1967年收取的保险费就高达1680万美元，税后利润160万美元；1968年收取的保险费更是增长到2000万美元，税后利润220万美元。这让巴菲特惊喜异常。

因为有了这样一笔巨额现金，巴菲特有如神助，在股票投资方面底气十足。1967年，巴菲特通过国民赔偿公司、火灾及海运保险公司购买了720万美元的股票、2470万美元的债券，这些股票和债券2年后就升值到4200万美元，增值了32%。

在接下来的几年中，巴菲特又购买了3家，组建了5家保险公司。保险公司开展的保险业务源源不断地为巴菲特提供保险浮存金，巴菲特就以这些浮存金为依托，进行理性投资，很好地实现了良性循环。

尤其是1998年6月，伯克希尔公司用增发股票做对价的方式，收购了通用再保险公司，一下子就使得资产总额增加了将近65%。用巴菲特的话来说就是，

“这次收购相当于为公司带来超过240亿美元的追加投资”，巴菲特自然是扬扬自得。如今，伯克希尔公司的规模越来越大，已经发展成为一家拥有100家左右子公司的美国第四大企业了。

2008年金融危机发生后，看到巴菲特频频抄底股市，一位渴求资金的首席执行官羡慕地打电话给巴菲特：“在市场眼里，我们就像青蛙，伯克希尔就是公主。如果您肯赏吻，我们就能变成英俊的王子啦。”巴菲特幽默而又不无矜持地回答说：“我们确实亲吻了几只。”

【巴菲特股市抄底秘诀】

巴菲特非常善于抓住抄底机会，并且善于提前做好抄底准备。在他的投资生涯中，他总会时刻保留相当大的实力，以便能在股市下跌得厉害时拥有充裕的资金实现任何交易。“现金＋勇气”，正体现了巴菲特的大智和大勇。

二鸟在林不如一鸟在手

奇迹之一就是《伊索寓言》里那历久弥新但不太完整的投资观念，也就是“二鸟在林不如一鸟在手”。要进一步诠释这项原则，你必须再回答3个问题：你如何确定树丛里有鸟儿？它们何时会出现以及数量有多少？无风险的资金成本是多少（这里我们假定以美国长期国债的利率为准）？如果你能回答以上3个问题，那么你就将知道这个树丛最高的价值有多少，以及你可能拥有多少鸟儿。当然，小鸟只是比喻，真正实际的标的还是金钱。

——沃伦·巴菲特

【巴菲特这样抄底股市】

巴菲特认为，当股市到达底部时，只要现金在手，想买啥股票就能买啥股票。从历史上看，伯克希尔公司的长期收益之所以能超越标准普尔500指数15214多倍[1]，主要原因之一就在于它拥有巨额现金，随时有能力投资内在价值大大高于股票价格的上市公司。

巴菲特在伯克希尔公司2000年年报致股东的一封信中说，撇开税收因素不谈，伯克希尔公司分析和评估股票、公司业绩的计算公式从来就没有改变过。他幽默地说，其实早在公元前600年，某位先哲就已经揭示过这个秘密。他指的是《伊索寓言》中“二鸟在林不如一鸟在手”的格言，他认为这里的“鸟”只是比喻，“真正实际的标的还是金钱”，即现金。

他说：“伊索的投资寓言除了可以进一步扩大解释成资金，也一样可以适用在农业、油田、债券、股票、乐透彩券以及工厂等各种行业。就算是蒸汽引擎的发明、电力设备的引用或汽车的问世，一点都不会改变这样的定律。就连互联网也一样，只要输入正确数字，你就可以轻轻松松地选出资金的最佳去处。”

那么，巴菲特是怎样运用这个定律来看待现金的呢？古今中外，人们往往只有在失去某样东西时才会觉得它重要，现金也是如此。现金对于企业来说，就像人体中的血液，没有了现金，规模再大的企业也无法运转；就像无论一个人身体多么魁梧，如果失血过多就会变成一具死尸一样。

所以巴菲特认为，无论是股利报酬率、本益比，甚至是成长率，除非它们能够提供关于某家上市公司未来现金流入流出的线索，否则，这些指标就与评估该公司的内在价值没有关系，甚至还会起反作用。

有篇报道说，法官在法庭上质问罪犯为什么抢银行，罪犯说：“因为银行里有钱。”这表明，现金的忠诚度是所有资产里最弱的。正因如此，它的流动性也最强。投资者要做的是，尽可能把忠诚度最弱的现金流到你这里来，也就是尽

1　从1965年至2018年3月末的53年间，伯克希尔公司的每股市值增长了15369倍，而标准普尔500指数仅增长了155倍，前者是后者的15214倍。

可能购买现金含量多的股票。容易看出，前者表明你的现实投资回报率高，后者表明你潜在的投资回报率高。

巴菲特非常明白这个道理，并且在实际过程中把它运用到了极致。

例如在伯克希尔公司，主要业务分为3大块：保险业务和其他业务、公用事业和能源、金融产品和金融。其中，保险业务是伯克希尔公司的核心业务。该公司2006年第三季度报告中列明的总资产为2400亿美元，其中保险业务及其他类资产占1797亿美元，比例将近75%。

那么，伯克希尔公司的保险业务究竟能为巴菲特提供多少现金呢？从财务角度看，伯克希尔公司的保险资金主要又可以分为3大块：股东资本金、用于再投资的留存收益、保险合同项下的净负债准备金（浮存金）。

其中，股东资本金基本上不会改变，但也可能会因为超面值缴入股本发生轻微变化。伯克希尔公司的股本资本金余额，2003年为262亿美元，2004年为263亿美元，2005年为264亿美元；用于再投资的留存收益，2003年为319亿美元，2004年为392亿美元，2005年为477亿美元；浮存金金额，2003年为442亿美元，2004年为461亿美元，2005年为493亿美元，2015年已增加到877亿美元。

以2005年为例，当年年末伯克希尔公司的留存利润和资本公积金为741亿美元（477亿美元＋264亿美元），按照保险业会计准则认定的法定盈余为520亿美元。由此可见，伯克希尔公司当年从保险业务中产生的现金1261亿美元（741亿美元＋520亿美元），与其负债（即上述493亿美元的浮存金）相比，实际上要高出1.5倍。

在巴菲特眼里，伯克希尔公司保险业务的承保和对外投资是完全独立的两个领域。所以，他把保险业务的承保完全放手给其他人，评估承保业务业绩时也完全不考虑投资收益；而集中了公司所有现金流的对外投资，则由他亲自负责。

从现金角度看，伯克希尔公司的保险业务为巴菲特提供了源源不断的现金流；伯克希尔公司的对外投资则需要把这些现金用出去，从而赚取更大的收益和现金流。要知道，当最佳投资机会出现时，别人想买而没钱买，巴菲特想买就能买，这时候他的投资获利是相当惊人的。

为了确保手中握有更多的现金储备，伯克希尔公司从1967年以来一直就没有分配过红利，从而使得伯克希尔公司的现金越来越多。

巴菲特认为，越来越大的现金实力，一方面能为保险业务提供强大支持，另一方面也能为他在关键时刻以最低价格并购公司提供保证。

不难看出，这正是几十年来伯克希尔公司能取得超额利润增长率的主要秘诀，是别人想学而学不像的。

【巴菲特股市抄底秘诀】

巴菲特作为伯克希尔公司董事长兼首席执行官，最大的权力就是掌握公司的全部现金，想什么时候买什么样的股票就能买，完全不用担心资金问题。只要投资策略正确，确保获利大大超过同行几乎是必然的。

优秀管理层就是现金流

一个令对手恐惧的 CEO 对任何企业来说都是一笔巨大的资产，在伯克希尔，我们拥有相当数量这样的经理人。他们的能力创造出了巨大的财富，这是让一般 CEO 们来运营根本无法实现的。

——沃伦·巴菲特

【巴菲特这样抄底股市】

巴菲特认为，当股市到达底部时，只要现金在手，想买啥股票就能买啥股票。但非常重要的一个前提是，伯克希尔公司旗下的那些公司管理层必须足够优秀。在他看来，优秀的公司管理层就代表着源源不断的现金流。

他在伯克希尔公司2007年年报致股东的一封信中说，一个令对手恐惧的 CEO 对任何企业来说都是一笔巨大的无形资产，伯克希尔公司就拥有许多这样的CEO。公司在他们手里能够创造出巨大的财富来，而如果换了其他一般的CEO来经营管理，则远远无法达到这样的水平。

他曾经在伯克希尔公司2000年年报致股东的一封信中举例说，伯克希尔公司副总裁查理·芒格1999年5月在韦斯科金融公司股东年会上的一番谈话，有助于读者更好地了解伯克希尔公司在这方面的观点。

巴菲特说，1985年伯克希尔公司并购斯科特·费策公司，主要原因之一就是看中了该公司的优秀经理人拉尔夫·舒伊。当时的拉尔夫·舒伊已经61岁了，对于其他绝大多数注重年龄而不是注重个人能力的企业来说，他能为公司工作的时间已经不多了，可是在伯克希尔公司看来正好相反。

事实上，直到2000年年末拉尔夫·舒伊退休为止，他在斯科特·费策公司又工作了15年。在他的领导下，伯克希尔公司当初并购斯科特·费策公司的2.3亿美元成本，已经为伯克希尔公司源源不断地贡献了数十亿美元的内在价值。

巴菲特是这样算账的：拉尔夫·舒伊在此期间一共给伯克希尔公司上交了10.3亿美元的利润，而他可以利用这些资金继续并购其他企业。就这样，鸡生蛋、蛋生鸡，拉尔夫·舒伊为伯克希尔公司贡献的价值绝对有几十亿美元。

巴菲特非常感谢地说，作为职业经理人，他和查理·芒格一致认为，拉尔夫·舒伊绝对可以被列入伯克希尔公司名人榜。

巴菲特在伯克希尔公司2002年年报致股东的一封信中又说，伯克希尔公司旗下一直拥有一大批这样的杰出的经理人。他们中的绝大多数并不需要依靠这份收入生活，可是他们依然坚守岗位，38年来没有任何一位职业经理人跳槽离开伯克希尔公司。

在当时，伯克希尔公司有6位职业经理人的年龄已经超过75岁，4年后还会再增加2人，其中就包括巴菲特本人在内。

究其原因在于，这些职业经理人都是各行各业中的佼佼者，他们在把公司当作自己的事业一样经营，所以不需要再跳槽了。公司是自己的，或者在心理上已经认可是自己的了，他们还要朝哪里跳槽呢？

巴菲特高兴地说，由这样一群优秀管理人为伯克希尔公司打拼，他的任务很轻松，也很简单，主要就是“站在旁边默默鼓励，尽量不要碍着他们，并好好地运用他们所赚来的大笔资金”。

请注意巴菲特的最后一句话，“好好地运用他们所赚来的大笔资金”，这就是伯克希尔公司能够得到超额投资回报的秘密所在。

当然，其前提条件是，这些公司能够为巴菲特提供大量的现金。由于伯克希尔公司的主体业务是保险，所以其下属公司完全具备这个条件。而进一步上推的前提条件是，这些公司的管理层都要非常优秀，能够像对待自己的公司那样尽心尽职，只有这样才能实现巴菲特的“如意算盘”。

巴菲特在伯克希尔公司2005年年报致股东的一封信中说，2005年是一个大灾之年，卡特里娜飓风给美国整个保险行业造成了史无前例的损失，仅仅伯克希尔公司所遭受的损失就高达25亿美元。除了卡特里娜飓风以外，“她”的两个“妹妹”丽塔飓风、威尔玛飓风，又让伯克希尔公司的保险业务损失了9亿美元。

可是，即使遇到这样的不利因素，当年伯克希尔公司的业绩表现依然相当不错。当年该公司一共进行了5起并购，其中2起当年就已经完成了，并且整个伯克希尔公司旗下的企业业务都经营得很不错。

巴菲特高兴地说，伯克希尔公司当年的保险业务之所以能取得如此辉煌的业绩，应当归功于政府雇员保险公司及其首席执行官东尼 · 奈斯利。数据表明，2004年、2005年，政府雇员保险公司的经营效率提高了32%，保单数量增长26%。在收益大幅度增长的同时，员工却减少了4%。

最终的结果是，政府雇员保险公司在显著降低单位成本的同时，为客户创造了更多的价值，赢得了更多的市场份额，也获得了令人羡慕的经营业绩，进一步提高了品牌影响力，保证了巴菲特拥有源源不断的现金流来并购其他上市公司，实现了鸡生蛋、蛋生鸡效应。

仔细设想一下，如果伯克希尔公司旗下的那些职业经理人不是这样尽心尽力，或者不具备一流的经营管理能力，一心只想着怎样加大资金投入甚至中饱私囊，而不是为伯克希尔公司创造巨大的现金流，抑或根本不愿意给总公司上交经营利润，巴菲特又到哪里去筹集资金用于投资回报率奇高的并购项目呢？

设身处地地想一想，你也会赞同巴菲特“优秀管理层就是现金流”的观点，同时你也会体悟到巴菲特具备抄底股市的雄厚的资金实力。

【巴菲特股市抄底秘诀】

伯克希尔公司那些优秀的职业经理人，源源不断地给总公司提供巨额现金，最终成就了巴菲特。专家认为，巴菲特依靠自有资金，在最低价位时购入优质资产，得以承受5年不赢利的预期，最后的赢家必定是他。

从成本压缩中挤出利润

一家真正伟大的公司必须要有一道“护城河”来保证投资获得很好的回报。但资本主义的“动力学”使得任何能赚取高额回报的生意“城堡”，都受到竞争者重复不断的攻击。因此，一道难以逾越的屏障，比如成为低成本提供者，像政府雇员保险公司或好事多超市，或者拥有像可口可乐公司、吉列公司、运通公司这样享誉世界的强大品牌，才是企业获得持续成功的根本。

——沃伦·巴菲特

【巴菲特这样抄底股市】

巴菲特认为，当股市到达底部时，只要现金在手，想买啥股票就能买啥股票。道理虽然简单，可是只有真正懂得压缩成本、节省开支的企业，才能通过挤出利润的方式拥有现金。

巴菲特在伯克希尔公司2002年年报致股东的一封信中说，某公司就特别强调成本意识。他举例说，有位在报纸上准备刊登丈夫死讯的寡妇，报社告诉她每刊登1个字的费用是0.25美元，于是她提出刊登“弗雷德死了”这几个字就行了。接着报社说，这不行，每则启事至少要7个字，于是这位寡妇说，那就改成“弗雷德死了，售高球证”吧。

巴菲特幽默地说，这位寡妇就是他们强调成本意识的模范。当得知刊登死讯的讣文是按照每个字计费的时，她只愿意刊登5个字；当得知最少也要7个字时，她才不得不又增加了4个字。不过这时候她表达了要出售丈夫生前使用过的高尔夫球证的意愿，这样既没有增加费用，而且还可能会带来高尔夫球证的变价收入，她真是精明极了。

毫无疑问，巴菲特在这里只是编了个小故事，可是类似这样的情况在企业经营管理中是很常见的。

巴菲特在伯克希尔公司2007年年报致股东的一封信中说，一家真正伟大的公司必须要有一道“护城河”来保证投资获得很好的回报。不过，任何能够赚取高额利润的生意“城堡”，都会受到竞争者的复制和攻击。只有像政府雇员保险公司、好事多超市等成为低成本提供者，或者像可口可乐公司、吉列公司、运通公司这样拥有享誉世界的强大品牌，企业才能获得持续成功。

说得更简单一点就是，巴菲特认为，在增收节支方面，“增收”不容易，“节支”更具有竞争力。最常见的是，同样的商品，如果你的价格比别人高出一点点，你都可能会丧失竞争力；可是如果你的产品成本能够降低那么一点点，那么你获得的可全都是利润和现金。

巴菲特说，伯克希尔公司要寻找的投资对象，是那些在稳定行业中具有长期竞争优势的公司。如果它们的成长速度迅速，当然更好；如果没有成长，那样的生意也非常值得。对于伯克希尔公司来说，只要简单地把这些并购活动中所获得的可观收益（现金）用来并购其他类似企业就行了。

巴菲特特别强调，没有谁规定说钱是从哪里挣来的就必须花在哪里，实际上这样的想法非常错误。在他看来，真正伟大的公司不但能从有形资产中获得巨大回报；而且在以后任何持续期内，它都不用拿出收益中的很大一部分进行再投资，这样就能维持一个很高的投资回报率。

他举例说，如果在某地有一家合伙性质的医院，该医院的脑外科医生是当地最好的，所以该医院的经营状况非常好，而且成长非常迅速；那么他认为这家医院的将来十分危险。因为只要这名脑外科医生一跳槽，这家合伙医院的“壁垒”就一下子消失了。

他说，这种情况就曾经出现在美国最好的医院之一梅奥诊所（Mayo Clinic）。或许你叫不出这家诊所首席执行官的名字，但你也许会知道这样的“壁垒”究竟能持续多久。相反，如果该医院的运营成本比其他同行低，那么它的破产倒闭就会比同行晚。

从伯克希尔公司的运营过程来看，巴菲特把上述原理运用得炉火纯青。他在伯克希尔公司2015年年报致股东的一封信中说，“在我们公司总部办公室工作的24名男女雇员也同样重要。他们高效地处理证券交易委员会和其他管理机构的要求，填写了30400页联邦所得税申报表——比前一年多了6000多页！他们还要监管3530项州税申报表，回应无数股东和媒体的问询，做年度报告，准备美国最大规模的年会，协调董事会的活动，对这封信进行事实审核……这份任务列表还可以写很长”。单看其中的一项，即这家拥有10.25家《财富》500强企业、全球员工总数多达30多万名的企业，其总部仅仅有24名工作人员，就会让任何一个人叹为观止！

巴菲特为什么要这样“抠”呢？在他看来，任何企业的销售收入创造的不都是利润，而费用成本所侵占的一定是利润，而且是纯利润，所以他在投资股票时总是会认真考察投资对象的费用成本是否足够低。

巴菲特在伯克希尔公司1996年年报致股东的一封信中说，公司总部的费用总额占公司纳税后净资产的比率不到2个基点（1个基点是万分之一）。1998年5月，他在伯克希尔公司股东大会上说，公司的税后运营成本相当于资本金的0.5个基点，而许多同行是125个基点。也就是说，伯克希尔公司的运营成本只相当于同行的1/250。

巴菲特早在伯克希尔公司2000年年报致股东的一封信中就说，当年公司总部虽然只有10多个人，可是却创造了以下诸多奇迹：①处理了与8家企业收购有关的全部细节，实施了广泛监督；②编制了大量的纳税申报表，高达4896页；

③顺利举办了当年的股东年会，参与人数多达2.5万人；④完成了有着400亿美元销售收入、30多万名股东这样一家大企业所需要做的一切日常工作，把资料准确送达股东指定的3660家慈善机构。

把管理费用压到最低程度，是巴菲特始终坚持的原则。他非常清楚，公司成本费用越低，投资获利就越多，他个人从中分得的获利也就越多。正如1963年他在写给父母的信中所说的那样，金钱的增长带给他很多快乐。

【巴菲特股市抄底秘诀】

巴菲特从压缩费用成本中挤出利润的做法，与其他败家子企业家截然相反。压缩费用扩大了赢利空间，这种获利又会以现金方式被巴菲特投资到其他项目中去，继续为伯克希尔公司创造利润，从而形成良性循环。

业务越容易理解越有现金

对于并购的对象，我们偏爱那些会“产生现金”而非“消化现金”的公司。由于受高通货膨胀的影响，越来越多的公司发现它们必须将所赚得的每一美元进行再投入才能维持其原有的营运规模。就算这些公司账面数字再好看，除非看到白花花的现金，否则我们对之仍保持高度警惕。

——沃伦·巴菲特

【巴菲特这样抄底股市】

巴菲特认为，当股市到达底部时，只要现金在手，想买啥股票就能买啥股票。他的一条经验是，业务越是容易理解的企业就越容易产生现金；相反，业务越是神秘的企业，就越是现金投入的无底洞。

巴菲特在伯克希尔公司1980年年报致股东的一封信中说，对于并购对象，他们偏爱那些会“产生现金”而不是“消化现金”的公司。并且一般来说，业务清晰易懂、容易理解的公司，更容易“产生现金”。

这方面最典型的例子是，巴菲特不喜欢购买那些业绩高速增长、股价一路飙升的高科技股票，即使是他的好朋友比尔·盖茨所拥有的微软公司的股票，他也从来不去碰。他认为，对于高科技股，一是他看不懂；二是这种股票不能产生现金，这与他急需拥有现金随时准备买入价格合理的上市公司的理念不符。因此，这样的股票对他来说并不是理想的投资对象。

巴菲特在伯克希尔公司2002年年报致股东的一封信中说，提到公司管理模式，这方面他的偶像是一位名叫埃迪·贝内特的棒球球童。

1919年，当时还只有19岁的埃迪·贝内特，开始了在美国芝加哥白袜队的职业生涯。没想到，当年的白袜队立刻就进入了世界大赛。第二年，埃迪·贝内特跳槽到布鲁克林道奇队，布鲁克林道奇队就赢得了世界大赛。过后不久，埃迪·贝内特好像发现苗头不对，又跳槽到纽约洋基队，而1921年洋基队却赢得了队史上第一个世界大赛[1]冠军，并且在接下来的7年中5次赢得美联赛冠军。

这个故事和企业管理有什么关系呢？巴菲特认为，这两者的道理其实是相通的，那就是：要想成为一个赢家，首先要与其他赢家一起共事。在这里，赢家也可以理解为“现金”——如果某个上市公司的业务非常复杂，怎么也看不到现金，结果就会非常不妙。

仍然以这个球童埃迪·贝内特为例，由于1927年洋基队赢得了世界大赛冠军，他因此分到700美元的奖金。别看这700美元现在不算什么，可是要知道，在当时这笔钱却相当于其他球童一年的收入，可是他却只用4天时间就得到了。

巴菲特幽默地说，他从埃迪·贝内特身上学到许多。所以你看伯克希尔公司投资的上市公司都是一些美国乃至全球一流的优秀企业，巴菲特形容这为“我经常为美国商业大联盟的超级强打者拎球棒”。

---

1 世界大赛是美国职棒大联盟每年10月举行的总冠军赛。

需要注意的是，巴菲特这里所说的公司业务或商业模式是否容易理解，是一个相对概念。投资者购买业务容易理解的股票理所当然，但是也不能反过来说，业务越是容易理解的股票就越值得买。究其原因在于，业务越是容易理解的行业，进入门槛越低，竞争很可能也越激烈，从而不容易出现业绩高增长的公司，以及中国投资者追求的那种大牛股。

也就是说，业务容易理解并不等于“业务简单”。因为每个人擅长的领域不同，所以每一位投资者对“业务容易理解”的关注点也不同。

对于巴菲特来说，消费品领域、保险业务、传媒出版行业是他容易理解的业务，而这些对于其他投资者来说就不一定容易理解了。所以，一定要从个人实际情况出发来理解巴菲特所说的这句话。

更何况，巴菲特的追求和大多数普通投资者不一样。他信奉“现金为王”，因为他需要现金去并购企业，从而追求更大的长期投资回报率。而大多数普通投资者，纯粹是为投资而投资，股票投资的目的仍然是股票投资，而不一定是投资于实业从中分红。从这个角度看，两者是不同的。

从巴菲特的投资轨迹可以看出，伯克希尔公司并不单纯追求高收益率，而是会坚持对现金资产做大比例配置，以确保保险业务的赔付需求，这对于其他机构投资者及个人投资者来说是做不到的。

研究伯克希尔公司的财务年报可以发现，该公司包括现金等价物、债券、股票等在内的保险投资组合的孳息收益率很低。其中包括股息收益率很低的股票、现金等价物、债券收益，如果剔除了这一部分来计算，剩余部分的收益率连5%也不到。

这就是说，如果单纯从股票投资角度看，不到5%的年收益率实在不算高；但现在的问题是，你不能把伯克希尔公司单纯理解为股票投资公司。巴菲特在伯克希尔公司的主要业务——保险业务中，配置了相当于保险浮存金2/3的资金，投资在现金类资产、AAA级债券上。一有需要，这些流动性高的资产马上就可以变成现金用于保险业务赔付。

除此以外，伯克希尔公司用于高风险资产投资（如股票）的资金，全都属于留存收益和资本金等类型的自由资金。需要注意的是，这种自由资金并不是像有些人所理解的那样，是挪用保险业务收入来并购企业；恰恰相反，伯克希尔公司完全没有挪用任何其他有专门用途的资金。

业内人士表示，这类自由资金给巴菲特带来的最大便利是，即使其投资5年内被套牢，不产生任何收益，也不会给伯克希尔公司的正常经营管理带来风险。从中不难看出，巴菲特投资股票与那些用贷款、借款、生活费用以及融资杠杆投资股票的投资者相比轻松多了，投资模式也更适合于长期投资。

【巴菲特股市抄底秘诀】

巴菲特在这里说的业务越容易理解就越有现金，是从他个人角度出发而言的，每个投资者对此的理解角度和理解程度都不同。不过，投资者投资那些会“产生现金”而不是“消化现金”的股票，这样的思路绝对没错。

钟情保险业的秘密所在

这类投资近年来因为我们旗下保险事业蓬勃发展，同时也因为股票市场出现许多不错的投资机会而大幅增加。股票投资的大量增加，再加上这些公司本身获利能力的增长，使得我们实际获得的成果相当可观。从去年来说，光是保留在这些公司而未分配给伯克希尔的盈余，便比伯克希尔整年度的账面盈余还高。虽然这样的情况在一般企业界并不多见，但我们预期这种情况在伯克希尔将会持续出现。

——沃伦·巴菲特

【巴菲特这样抄底股市】

巴菲特认为，当股市到达底部时，只要现金在手，想买啥股票就能买啥股票。

相对来说，伯克希尔公司偏爱收购保险公司、投资保险业务，原因之一就在于保险业务能提供大量的现金让巴菲特用于并购企业，促进投资良性循环。

巴菲特在伯克希尔公司1980年年报致股东的一封信中说，1980年伯克希尔公司保留在几家保险公司账面上的未分配利润，就超过公司全年账面盈利。虽然这样的情况在其他企业不多见，可是他预测在伯克希尔公司还会继续下去。因为在伯克希尔公司保险业务占大头，而且今后这种业务格局还将继续下去，所以总体情况不会有大的变化。

从持有现金角度看，巴菲特如此钟情于保险业务，主要就是因为保险业务能够产生大量的浮存金，可以随时供他捕捉投资机会，继续去投资内在价值大大高于股票价格的优秀企业。

正如《永久价值：沃伦·巴菲特》一书作者安德鲁·基尔帕特里克所说，巴菲特用保险浮存金投资股票，“他不是每天或者每周都买，而是一直在等待购买的合适时机。巴菲特一生投资纪律严明、握有现金，因此他等得起”。

而很显然，在美国这样一个成熟的股票市场中，股价很难大幅度偏离内在价值，只有在极端情况出现时才有这种可能。而这种极端情况之一就是金融危机——例如2008年的金融危机导致全球出现群体性恐慌，出现一大批“打折出售的伟大公司”，这就给巴菲特贪婪地投资股票创造了良机。

而为了等待这“十年一遇”的投资机会，巴菲特平时苦心经营着保险业务，“养兵千日，用兵一时”，手握充裕现金，等待最好的机会出现。

巴菲特在伯克希尔公司1998年年报致股东的一封信中说，随着通用再保险公司的加入，以及政府雇员保险公司业务的突飞猛进，伯克希尔公司股东越来越有必要了解如何评估保险业的方法了。

他说，评估保险业的过程中最应该考虑的几个关键因素是：①保险行业所能产生的浮存金数量；②产生这些浮存金数量所需要的成本；③这些因素未来的长期展望。

巴菲特解释说，伯克希尔公司的浮存金是一项公司持有但不属于公司的资金。在保险业务中，保险公司在真正支付损失理赔之前一般总会提前向客户收取保险费用。而这时候，保险公司就可以把这笔资金运用在其他投资上了。

当然，公司这样做也是需要付出代价的。因为有时候它收到的保险费用还不够用来支付将来所造成的损失，这就是浮存金的成本。

不过，从长期看，浮存金的收入大于成本就会产生结余，这时候的浮存金就有了存在的价值。把它用于其他获利率高的投资，就会产生“没有成本”的投资获利，而这正是巴菲特擅长的投资方式。

巴菲特在伯克希尔公司2005年年报致股东的一封信中说，自从伯克希尔公司2003年收购克莱顿预制房屋公司以来，管理技巧炉火纯青的凯文·克莱顿在预制房屋业务很不景气且其他许多行业纷纷亏损的背景下，依然使克莱顿预制房屋公司的业务盈利丰厚，成为伯克希尔公司的金融业务明星。

那么，凯文·克莱顿是如何做到这一点的呢？巴菲特介绍说，他主要是从几家大型银行大量买入预制房屋贷款，这种贷款在那些银行眼里既无利可图，又难以提供服务，完全是中国人概念中的“鸡肋”。

凯文·克莱顿的专业能力，再加上伯克希尔公司强大的财务实力，两者结合，使得这种业务成为一个非常有利可图的项目，达到了在同行中鹤立鸡群的程度。

伯克希尔公司在买入这项贷款时只提供了54亿美元的资金，仅仅一两年后，贷款服务量就达到170亿美元，除此以外它还持有96亿美元的贷款服务资产组合。需要说明的是，所有这些，几乎都是伯克希尔公司购入克莱顿预制房屋公司后新增的。

克莱顿预制房屋公司从伯克希尔公司借款来建立这些资产组合。由于它使用了伯克希尔公司的信用，伯克希尔公司向它额外多收了1%的利息，以弥补其借款成本。克莱顿预制房屋公司2005年支付给伯克希尔公司的贷款成本为0.83亿美元，可是纯利润却高达4.16亿美元，巴菲特对此非常满意。

由此可见，巴菲特特别钟情于保险业务的真正原因在于，它能给巴菲特提供大量的现金（浮存金），便于巴菲特用于企业并购。更不用说，在这种浮存金的背后，已经体现了保险业务的盈利。因为只有保险业务赢利了，才有真正的浮存金沉淀下来；如果保险业务成本大于支出，就表现为亏损，也就谈不上给巴菲特提供浮存金了。

【巴菲特股市抄底秘诀】

巴菲特钟情于保险业务的真正原因在于，它能给伯克希尔公司源源不断地提供大量的现金（保险浮存金），以便巴菲特用于企业并购。更不用说，在这种保险浮存金的背后，已经体现出了保险业务实现的盈利。

见好就收才有现金在手

当我在写这段文字时，整个华尔街几乎嗅不到一丝的恐惧，反而到处充满欢乐的气氛。没有理由不这样啊，有什么能够比在牛市中股东因股票大涨赚取比公司本身获利更多的报酬而感到更高兴的事呢？只是我必须说，很不幸的是，股票的表现不可能永远超过公司本身的获利表现。反倒是股票频繁的交易成本与投资管理费用，将使投资者所获得的报酬无可避免地远低于其所投资公司本身的获利。

——沃伦 · 巴菲特

【巴菲特这样抄底股市】

巴菲特认为，当股市到达底部时，只要现金在手，想买啥股票就能买啥股票。要做到这一点，平时就必须注重保持现金实力，懂得见好就收。

巴菲特在伯克希尔公司1986年年报致股东的一封信中说，在他写这份年报的时候，整个华尔街上几乎嗅不到一丝的恐惧，投资者全都沉浸在一片欢乐之中。为什么呢？因为投资者从股票投资中赚到的钱，比上市公司从经营中赚到的钱更多。换句话说，开厂还不如炒股呢！

巴菲特说，碰到这种情况可要注意了。他接着说，当时美国企业的平均投资报酬率为12%。这表明，除非出现特殊情况，否则投资者从股市中所能获得的平均报酬率不会高于这个数据。在当时这种大牛市中，巴菲特选择的方法是见好就收、保存实力，以便在未来股市下跌后抄底。而如果追涨杀入，“子弹”打光了，当今后出现绝佳投资机会时就无能为力了。

在中国读者眼里，巴菲特在这一点上最神奇的是对中石油H股买卖时机的选择。2008年3月《福布斯》杂志公布的全球亿万富豪排行榜中，巴菲特以620亿美元个人财富名列全球首富，其中就有“现金为王”的投资理念在中石油H股上的闪光。尽管受到全球金融危机的影响，但伯克希尔公司2007年的盈利额竟高达132.1亿美元，居然还比上年增长了20%。

2007年，在美国金融市场动荡的背景下，巴菲特并没有进行多少并购活动，令人瞩目的大手笔却是果断出售中石油H股。

巴菲特在伯克希尔公司2007年年报致股东的一封信中说：“去年我们有一笔很大的卖出。在2002年和2003年，伯克希尔用4.88亿美元买入中石油公司1.3%的股权。按这个价格，这个中石油公司的价值大约为370亿美元。查理·芒格和我那时感觉该公司的内在价值大约应该为1000亿美元。到2007年，两个因素使得它的内在价值得到很大提高——油价的显著攀升以及中石油的管理层在石油和天然气储备上下的大功夫。到2007年下半年，该公司的市值上升到2750亿美元。我们在将其与其他大型石油公司比较后，认为这大约是它应该有的价值。所以，我们把手里中石油的股票卖了40亿美元。”

正是巴菲特这一见好就收的举措，在伯克希尔公司获益匪浅的同时，也让他拥有了大量现金，为其2008年的抄底埋下伏笔。数据表明，2007年年末巴菲特拥有现金443.3亿美元，令人羡慕不已。

可惜的是，先知先觉的巴菲特当时的举措绝大多数人看不懂，还纷纷嘲笑他“卖早了”、与股价最高点相比少赚了多少亿美元等。天晓得，谁能在股价最高点时抛售股票？巴菲特坦言他没这个水平，他说他只知道当时的中石油2750亿美元的总市值，已经远远超过他们原先估计的1000亿美元的内在价值，是到获利了结的时候了！

巴菲特在伯克希尔公司2000年年报致股东的一封信中说，股票投资要弄懂《伊索寓言》中的公式，其中第三个变量（资金成本）相对来说比较容易理解；而要弄清楚另外两个变量，即树林里有多少只鸟、它们会在什么时候出现，就非常困难。怎么办？唯一的办法只能是估算出一个大致范围。

不过这样做带来的问题是，如果范围估计得太大，结论就会模棱两可，参考价值不大；范围估计得太小，投资价格相对于价值来说较低，投资者就会认为没有投资价值而放弃。要克服上述两种弊端，投资者就必须对目标企业的经营业务有一定的了解，并且一定要独立思考，此外不必相信其他任何大道理或歪道理。

巴菲特说，在某些情况下，任何人都不知道一片树丛中到底有多少只鸟，以及它们会在什么时候出现。

他要说的真正含义是，在一些新行业和快速变化的产业（如他所说的高科技行业）中，或者其他投资者并不了解的产业中，进行股票投资无疑有投机之嫌，因为你根本不知道它们究竟有多大的投资价值。

而既然是投机，那么投资者也就不要希望真正能从中得到多大收获。这就像你两手空空地去参加舞会，就不要期望满载而归一样。

巴菲特说，他和查理 · 芒格从来不玩这样的游戏。他的意思是说，如果没有十分把握，他是不会投资这种股票的；如果已经投资了，他也会及时退出，换成现金，等待下一次投资机会的真正来临。

巴菲特说，1999年的一份调查表明，对自己未来10年内的平均报酬率，美国投资者希望是19%，“这很明显是不当预期。对整个美国树丛来说，到2009年为止，根本就不可能藏有这么多鸟儿”。

他想说的是，如果投资者怀有如此之高的期待来投资股票，那还不如远离股市，把现金捏在手里更安全，因为希望越大，失望越大。

【巴菲特股市抄底秘诀】

巴菲特认为，股票投资要见好就收。这不但是为了保住已经到手的投资成果，而且还是为了把换取的现金捏在手里，等待下一次抄底机会来临时不至于“手无寸铁”“弹尽粮绝”。要知道，机会只会青睐有准备的头脑。

随时为抄底机会做准备

当一些大企业暂时出现危机或股票下跌，出现有利可图的交易价格时，应该毫不犹豫地买进它们的股票。

——沃伦·巴菲特

【巴菲特这样抄底股市】

巴菲特认为，当股市到达底部时，只要现金在手，想买啥股票就能买啥股票。尤其是在一些大企业暂时出现危机，或者其股票下跌到一定程度，出现有利可图的交易价格时，应该毫不犹豫地买进这样的股票。而平时，投资者要备足资金，随时随地为可遇而不可求的抄底机会做准备。

巴菲特曾经反复强调他最希望并购的企业类型。他在伯克希尔公司2007年年报致股东的一封信中说，能够让他和查理·芒格眼睛一亮的公司具有以下特征：

①业务能够被理解；

②具有持续发展的潜质；

③有一个可以信赖、有能力的公司管理层；

④具有诱人的交易价格。

如果遇到符合上述条件的公司，巴菲特主张整个买下该公司；如果管理层愿意继续留任，至少也要买下目标公司80%的股份，另外20%的股份留给公司管理层。如果这两项都达不到，那么他就会选择在证券市场上买入目标公司的一小部分股权。

巴菲特形容说，这样的公司就好比全球最有名的钻石“希望之钻”一样，哪怕你只拥有它的很小一部分权益，也会比拥有一颗人造钻石来得强。

不难看出，在巴菲特的投资生涯中，他手中随时随地握有巨额资金，虎视眈眈的就是那些符合上述条件的上市公司。

巴菲特在伯克希尔公司2000年年报致股东的一封信中说，他在伯克希尔公司从来就没指望能从一堆不成气候的公司中挑选出幸运儿来。他自认为没有这种超级能力。所以，他平时总是喜欢咀嚼有2600多年历史的《伊索寓言》中所说的“二鸟在林不如一鸟在手”这句话。就像研究某些树丛中到底有多少只鸟儿、这些鸟儿什么时候出现一样，巴菲特总是在潜心研究某些行业中到底会产生多少家值得购买的上市公司，自己买入这些公司的最佳时机在哪里。一旦机会出现，他马上就会把它们收入囊中。

巴菲特承认，他没有办法精确地估计某家公司每年的现金流入、流出状况，所以只能试着从比较保守的角度去估算，小心翼翼地寻找那些不会坑蒙拐骗的上市公司。当然，即使这样，他也还是经常会犯错。

巴菲特说，20世纪初他最通常的做法是签订协议买下整家上市公司。不过他发现，采用这种方式一般只能获得一般合理的回报；如果想要获得超额投资报酬率，则必须等到资本市场非常惨淡、整个证券业普遍感到非常悲观的时候。而一旦这种机会出现，就是他大显身手的时候了。

从中不难看出，2008年爆发全球金融危机后，巴菲特四处出击收购上市公司，实际上这正是他多年按兵不动后的一次集中行动。

伯克希尔公司的习惯做法是，当大公司出现危机和整个股市大幅度下跌后，趁机抄底股市；然后就认真经营这些公司，主要是追求市值的增长和股东财富的增加，而不是急着把它们出售变成现金。

细心的读者可以发现，伯克希尔公司在股票、债券投资中有一个非常明显的特点，那就是不追求股票的差价收入。差价收入在伯克希尔公司股票投资盈利中所占比重很小，最大的收益表现为不断增长的账面盈利。

大约是从1975年开始，伯克希尔公司的交易型证券（marketable securities）投资开始大幅度上升。投资余额按成本计算，1975年年末是1.35亿美元，1977年年末是2.53亿美元。两者之间的差额是1.18亿美元，主要来自伯克希尔公司保险业务提供的保险浮存金和利润留存。

随着投资规模不断扩大，伯克希尔公司的债券利息和股票利息收入也大幅度上升，从1975年年末的840万美元增长到1977年年末的1230万美元（均为税前）。1977年，伯克希尔公司股票投资、债券投资的买卖差价为690万美元，其中1/4来自债券投资，3/4来自股票投资。

正是从这个时候开始，巴菲特树立起了现在这样一种投资理念：重仓持股，长期投资。

巴菲特在伯克希尔公司1977年年报致股东的一封信中说，对于这一点，“大家不必看得太认真。因为我们持股部位比较大的投资，往往要持有很长一段时间，所以我们的投资绩效依据的是这些被投资公司在这期间的经营表现，而不是特定时期的股票价格。就像我们认为买下一家公司却只关心它的短期状况是件很傻的事；同样地，持有公司部分所有权（也就是股票），我们认为只关心短期盈余或者是盈余短暂的变动也是不应该的”。

他的意思是说，投资股票应该长期持有，只有当股票价格大大低于内在价值时才应该出手抄底；相反，也只有当股票价格大大高于内在价值时才应该考虑出手。除此以外，大部分时间投资者都应该按兵不动。

【巴菲特股市抄底秘诀】

一旦抄底机会来临，巴菲特便会投入巨资买入早已看好的股票。什么时候才会出现这样的机会呢？他在2008年10月1日说：“现在的股价都显得十分合理。当其他人都感到害怕的时候，就表明投资机会已经到来。”

“海底捞月”收购星座能源

在这个世界上，只有非常少的买家能够立刻拿出一张 47 亿美元的支票来。

——沃伦·巴菲特

【巴菲特这样抄底股市】

巴菲特认为，当股市到达底部时，只要现金在手，想买啥股票就能买啥股票。所以，投资者手里无论何时都要握有一定的现金，只有这样，才能在机会来临时有充裕的资金去“海底捞月”。

2008年9月，巴菲特投资47亿美元现金收购美国最大的电力行销巨头星座能源公司，就堪称是这样的一个杰作。并购业务完成后，巴菲特不无自豪地说，在这个世界上，只有非常少的买家能立刻拿出一张47亿美元的支票来。

那是2008年年初，巴菲特手中握有443.3亿美元现金，可是一直找不到理想的投资对象，所以他非常苦闷，不时发出抱怨之声。

到了2008年6月末，巴菲特手中的现金已经下降到311.6亿美元，这表明，这时候他已经开始出手抄底股市了。不过，巴菲特的投资步伐明显放大的主要时间段还是在2008年下半年。

值得巴菲特如此大手笔的收购对象究竟是哪家公司呢？资料表明，星座能源公司成立于1995年9月，是美国的一家电力公司，拥有多家子公司，其中包括一家商业能源公司和巴尔的摩天然气电气公司。

该公司的主要业务是建造和经营可再生能源，如加热、冷却和热电联产设施，服务对象遍布北美地区。除了服务工业、商业、政府部门外，该公司还为个人和家庭提供家居装修、服务电力、燃气用具、供暖、空调、水暖、电气以及室内空气质量系统的相关服务。

星座能源公司下的黄芪公司，主要业务是为调节电力传输、分配的公用事业公司，规范的天然气公用事业公司提供分销服务，业务范围覆盖整个巴尔的摩市，分布在美国马里兰州的10个县。

2007年7月1日，星座能源公司的子公司星座能源商品有限公司获得了基石能源公司100%的控股权。基石能源公司主要开展天然气供应和相关服务，客户对象主要是美国中部的工业企业。

2008年2月，基石能源公司收购了Hillabee能源中心位于美国阿拉巴马州一个774兆瓦燃气联合循环发电设施项目。2008年5月，该公司宣布即将出售其下属机构麦考德能源咨询和管理公司。

除此以外，该公司还开展商业能源业务，主要是给客户提供各种能源解决方案。

该公司的商业能源业务主要是发电运营。公司自己拥有运营和维护矿物能源和可再生资源发电设施，并且有一个核能发电站，为客户提供能源产品和服务。公司服务对象主要是信息汇总部门、商业部门、工业部门和政府部门，服务类型包括发电设施、天然气、国际煤炭期货业务等，主要为客户提供风险服务管理以及能源行业的相关商品和服务。

根据星座能源公司2134兆瓦的核能发电能力与电力采购协议，位于美国纽约的9英里核电站90%的市场份额归该公司所有，其余10%的市场份额是出口贸易。

截止到2007年12月31日，该公司商业能源业务部门分配到的公用事业、市政当局和客户的能源业务大约有3.27万兆瓦，以及4100亿单位的天然气、28亿吨的标准煤，发电能力高达8730兆瓦。

星座能源公司的商品经营、煤炭采购和后勤服务是在全球范围内开展的，为此它拥有自己的航运合资企业，通过自己拥有和经营的6艘货船，来专门运送煤炭和其他干散货物。

为了确保投资收益，并且赚取额外收益，星座能源公司委托风险资本公司管理其投资组合。风险资本公司通过采用远期合约、互换协议、期权合约、期货合约等方式，为星座能源公司打理与煤炭等能源有关的合同和商品。

受2008年金融危机影响，投资者纷纷担心金融市场的动荡是否会使能源交易业务受损，于是连累星座能源公司的股票价格一连3天暴跌了58%。

在这关键时候，2008年9月18日，伯克希尔公司旗下子公司中美能源公司宣布，将以每股26.5美元的价格，投资47亿美元现金，收购星座能源公司股权。

正如上文所述，星座能源公司因为受整体经济不确定因素的影响，短短3天时间内股价已经暴跌58%，所以巴菲特收购该股票的价格——每股26.5美元，虽然仍略高于前一天的股市收盘价，可是已经远远低于上个星期最后一个交易日的收盘价，更不用说该公司历史上的最高价了。该股票历史最高价是每股107.97美元，出现在2008年1月，仅仅是半年之前。

因此，巴菲特对这项收购非常满意。要知道，这每股26.5美元的价格可是2003年3月，即5年半以来的最低价，这无疑让巴菲特捡了一个大便宜。

不过巴菲特心里非常清楚，这种大便宜并不是谁都有能力去捡的。这也就是他所说的，即使你看中某只股票是非常有投资价值的股票，如果你手中没有一笔巨款，也只能是干着急。

换句话说，这时候手中拥有充裕的现金才有开口说话的权利。

【巴菲特股市抄底秘诀】

巴菲特信奉“现金为王”的真理。正如他所说：“在这个世界上，只有非常少的买家能够立刻拿出一张47亿美元的支票来。”普通投资者其实也一样，如果手中没有足够的现金，遇到再好的抄底机会，也只能与其擦肩而过。

策略 2

尽量不去关心眼下一时涨跌

股票投资比拼的是耐力

我们的股权投资使得资本城能够取得 35 亿美元的资金用来并购美国广播公司。虽然对资本城来说，或许美国广播公司的效益无法在短暂几年内就立竿见影，但我们很有耐心，一点也不心急。毕竟就算是才华与努力俱备，还是需要时间来发酵的。就算你能让 9 个女人同时怀孕，也不可能让这些小孩都在同一个月里生出来。

——沃伦 · 巴菲特

【巴菲特这样抄底股市】

巴菲特认为，股票投资尽量不要去关心眼下的一时涨跌，不能过于心急。股票买入后，如果股价下跌马上就抛出止损，有时或许真的能产生止损效果；但有时候则正好相反，踏空也是很危险的。

巴菲特在伯克希尔公司1985年年报致股东的一封信中说，伯克希尔公司当初投入35亿美元资金给美国广播公司，明知美国广播公司无法在短短几年内就看到效益，但是他一点也不着急。因为无论怎样的股票投资，都需要时间来发酵。

他又在伯克希尔公司1991年年报致股东的一封信中说，当时该公司最新投资的一个项目是健力士吉尼斯黑啤酒。如果把吉列公司从特别股转换成普通股也包括在内的话，伯克希尔公司当年一共有7个项目的投资时间在1年以上，其中6个项目已经好几年没变动了；唯一变动的项目是美国联邦住宅贷款抵押公司（房地美），这里所谓的“变动”，也是继续追加投资，使得持股数量有了进一步的增加。

巴菲特介绍说，伯克希尔公司的投资理念是以不变应万变，把股市当作财富重新分配中心。而他相信，财富（钱）通常会从交易活跃的投资者手里流到有耐心的投资者手里。

他说，你只要看看股市投资就知道，那些买入股票后放在那里几年不动，好像什么事也没有发生的人，个人财富反而得到了暴涨；相反，过去那些非常积极、活跃的有钱人，如房地产大亨、企业并购家、石油钻探大亨等，他们却在那里眼睁睁地看着财产一点一滴地缩水。

巴菲特以伯克希尔公司投资健力士吉尼斯黑啤酒为例，他说，这是伯克希尔公司第一次大规模投资海外公司，主要是考虑到它的赚钱方式与可口可乐、吉列剃须刀等美国公司非常接近，而考虑的不是整个股市的大环境。也就是说，健力士吉尼斯黑啤酒在巴菲特眼里是一家与可口可乐公司具有相当共性的公司，这才是真正的投资理由。

巴菲特认为，不管股市如何剧烈波动，投资者要做的事情只有一件，那就是寻找符合自己投资理念的股票。

他在伯克希尔公司1997年年报致股东的一封信中提到，关于这一点，他从职业棒球赛传奇明星泰德·威廉姆斯（Ted Williams）身上学到不少。

泰德·威廉姆斯在他的《打击的科学》一书中，把所有打击区域划分为77个框框，每1个框框相当于1个棒球那样大。他的经验是，只有当球进入最理想的框框时，他才会挥棒打击。因为他知道，只有这样做，才能保持40%的超高击球率。反过来，如果不具备这样的条件而去勉强挥杆，击球率最高只会达到23%。

巴菲特在这里真正想说的是，投资者只有耐心等待自己非常满意（包括对质地和价格都非常满意）的股票，伺机出击，才会取得最佳投资效果。

巴菲特在伯克希尔公司2002年年报致股东的一封信中说，他和查理·芒格这种小心谨慎的态度并不是原来就有的。事实上，他们一直非常喜欢投资股票，但要求买入价格必须合理。

他回顾自己61年的投资生涯，其中大概有50个年头都会出现这样的机会，并且他相信以后还会有很多这样的机会。

巴菲特的选股要求是，年投资收益率税前能达到10%的概率要相当高，这样，在扣除所得税后，净投资收益率就能够达到6.5%~7%。如果达不到这个最低目标，他宁可把现金放在账面上只拿1%的年利息，也不会去进行投资。巴菲特解释说，这是因为“成功的投资本来就必须要有耐性”。

巴菲特根据这种方法挑选出来的股票，每一笔的成功率都相当高。他在2002年回顾说，只要你把资金集中投入在少数几家财务稳健、具备竞争优势和拥有德才兼备的经理人的上市公司身上，并且能够以合理的价格买入这种企业，那么你就根本不用过多考虑眼下股市的涨跌，因为这种情况下的投资发生损失的机会相当小。

以伯克希尔公司为例，在截至2002年的38年里，如果扣除通用再保险公司和政府雇员保险公司的投资不算，投资亏损的笔数只占总投资笔数的1%。也就是说，按照这种方法进行投资的失败率只有1%。

从巴菲特的投资风格看，他确实不关心股市一时涨跌。

巴菲特信奉长期投资，而且从公开资料看，他的长期投资期限动辄就是十几年、几十年。这样的耐性，其他投资者几乎都不可能拥有。

这也恰好从一个反面证明，成功的股票投资需要比拼耐力，否则巴菲特也无法取得这样的成功。

【巴菲特股市抄底秘诀】

巴菲特认为，股票投资要有耐心，暂时的股价下跌不但不可怕，而且还会把坏事变成好事，出现换仓的好时机。他的原话是：“我们把股票市场当作财富重新分配的中心，而钱通常由积极分子手里流到有耐心的投资者手里。”

股价涨跌并不是最重要的

> 有时候我父母这样评论我，“伯克希尔股票大约上涨了4个百分点——很不错！”或者“怎么回事？上个星期下跌了3个百分点？”市场价格和对我们多数股权的评价是不相关的。在1967年年末，我们对伯克希尔公司股票的估价是25美元，而市场价为20美元；1968年年末我们的估价是31美元，而市场价为37美元。不论市场价是15美元还是50美元，我们的经营方式没有什么不同。你付出的是价格，而你得到的是价值。
>
> ——沃伦·巴菲特

【巴菲特这样抄底股市】

巴菲特认为，股票投资尽量不要去关心眼下的一时涨跌，因为股价涨跌并不是最重要的。他认为，投资者在股票投资中付出的是价格，而得到的是价值。股票的内在价值才是投资者真正需要关注的，价格及其涨跌只能作为一种辅助参考。

巴菲特在1969年1月22日的一封信中举例说，股票投资是赢利还是亏损，着眼点要放在企业经营方面上来。例如，就伯克希尔公司来说，根据巴菲特的估价，1967年其内在价值大致是每股25美元，而1968年则增长到了每股31美元，这才是最重要的。投资者如果能看到这一点，那么无论股价如何变动，都可以放心无忧，甚至还可以暗中窃笑。

他说，投资者如果一定要看股票价格，那么当伯克希尔公司1967年每股内在价值为25美元，而市价只有20美元时，拥有该股票的投资者根本就不必惊慌；如果有条件，还应当大量买入才是。相反，当1968年该股票内在价格涨到每股37美元时，希望买入该股票的投资者倒大可不必追涨杀入了。因为这时候更应该考虑的是投资风险，如果感到有必要，应该卖出股票才是。

香港中文大学教授、经济学家郎咸平认为，巴菲特信奉长期投资策略，所以你不能用短期得失来评价巴菲特的投资成败，否则就无法得到正确的结论。就好像你不能用短跑运动员的速度来衡量长跑运动员一样。

一般来说，长期投资策略是和长久稳定的股市发展相匹配的。也就是说，只有股市能够得到长期稳定的发展，长期投资才能收到应有效果。如果股市十分动荡，长期投资策略反而可能会造成损失。

郎咸平认为，对于巴菲特来说，衡量他的投资业绩，不能看他买入股票后几个月内能赚多少钱，而要看他50年来一共赚了多少钱。

2008年12月2日，郎咸平在他的个人博客中评论说："只要这次金融危机顺利解决，股票市场恢复正常，他（巴菲特）一定会大赚一笔，这是一定的。而这也是他会在这个时刻大量买进的原因。如果真像他所预期的会反弹的话，那他又会大赚一笔，说不定他又是赚钱最多的人。"

从长期投资角度看，巴菲特确实是成功者；那么，反过来从短期投资角度看，巴菲特是不是就一定会一败涂地呢？倒也不是。

例如，美国《福布斯》杂志为了在2008年10月末推出新的一年富豪排行榜，重新评估了金融危机对美国富豪身价所造成的影响。统计结果表明，巴菲特在2008年8月29日—2008年10月1日的33天内一共进账80亿美元，从而使其身价上涨到580亿美元，再次成为全球首富。与此同时，比尔·盖茨的身价却缩水15亿美元，至550亿美元。

这表明，如果真的从短期收益角度看，巴菲特也是其中的佼佼者。只不过他从来就不把这种短期收益放在眼里罢了，因为他认为股市的短期涨跌不重要，不必看得太重。

以2008年的那次全球金融危机为例，2008年10月17日，一向低调的巴菲特在《纽约时报》上发表文章认为，虽然美国经济这时候处于“糟糕”状态，但是他已经开始购买美国股票了。而实际上，在此以前的9月，当美国第四大投资银行雷曼兄弟控股公司申请破产保护时，巴菲特就已经宣布购买美国最大的投资银行高盛集团50亿美元的永久性优先股；10月1日又宣布向陷入困境的美国通用电气公司注资30亿美元，承诺以每股22.25美元的价格买入后者的普通股。

可是由于金融危机来得过于猛烈，美国股市并没有给足巴菲特应有的面子，巴菲特买入上述股票后，其价格继续下跌。不到一个月，他投资的高盛集团的股价就下跌一半，通用电气公司的股价也一路狂跌。当然，与此同时，巴菲特所持有的其他重仓股价格也都在下跌。

可以说，2008年是巴菲特抄底金融危机年，应当看到，巴菲特这时候抄底的股票基本上全都被套牢了。但从巴菲特的表情看，似乎看不到他有过多的凝重表现。

究其原因，主要有两点：

一是应该从专业角度来理解巴菲特的投资方法。巴菲特投资的高盛集团、通用电气并非普通股，而是具有10%年股息率的永续优先股。也就是说，只要这两家公司不倒闭，巴菲特就“永远没有”亏损之虞。

二是巴菲特着眼于长期投资，根本不在乎眼下股价的一时涨跌。例如他投资的富国银行、美国运通公司等都是长期持股，他从来不考虑股价的短期波动。最典型的是，他以前投资的可口可乐公司，从每股13美元时开始买入。股价一路下跌，他一路买进，最终成为大股东。而现在所有人都知道他在这只股票上有多么巨大的获利了。

【巴菲特股市抄底秘诀】

巴菲特说：“你付出的是价格，而你得到的是价值。”意思是说，投资者没必要过于关心股市的一时涨跌。他说，过多关心股价涨跌，就好比每天为自己家里正在使用的家具进行估值一样，充其量是博个好玩而已。

合适的价格胜过合适的时间

> 我很难告诉你这个时点（出手）是否刚刚好。我不会用时点的概念去衡量一个交易，我只会用价格去衡量一个交易是否合适。
>
> ——沃伦·巴菲特

【巴菲特这样抄底股市】

巴菲特认为，股票投资尽量不要去关心眼下的一时涨跌。不过，如果当价格进入你认为合适的区间后，你就可以采取行动了。在他看来，合适的买入价格要胜过合适的买入时间。

巴菲特在2008年9月完成了对高盛集团的投资。CNBC 记者问他，这时候是否为他认为的合适的出手时间，他回答说，他很难告诉人们在这个时点出手投资股票是不是刚刚好。因为他不会用时点的概念去衡量一个交易，只会用价格去衡量一个交易是否合适。

这句话很好地反映了巴菲特一贯的投资哲学，那就是：永远不会去判断股价的短期走势，而只会关心股票价格是否已经低于其内在价值。当股票价格大大低于内在价值时，这时候的投资就会产生一种安全边际效应。也就是说，这时候就表明投资良机已到。

巴菲特接着说，即使5年或10年后来看现在，一定是一个超级棒的买入时段，但是这也不意味着下一个星期或下一个月的买入时机就一定不会比现在更好。他并不知道下一个月或者未来的6个月内股市会如何发展，但他相信美国经济经过一段时间的恢复，将来会发展得更好，而那些持有股票的投资者也会好起来。

从中不难看出，巴菲特在选择买入股票时，采取的方式是Pricing（定价），即衡量股票价格和内在价值的比值；而不是Timing（时机），即衡量买入时点的早和晚。

能够较好证明这一点的例子是，在买入高盛集团和通用电气公司股票之前，贝尔斯登公司、房利美公司、房地美公司、雷曼兄弟控股公司、全球最大的保险公司美国国际集团等，都曾经希望巴菲特能投资它们，但遭到了他的拒绝。这表明，在同一个时点上，并不是谁的价格低巴菲特就买谁的股票，而是要认真经过一番性价比对照的。

因为这时候的巴菲特头脑很清醒，他更看重的是经济护城河，希望能够从具有经济护城河的公司中挑选到“伟大的公司”。

这一次巴菲特最终选择投资高盛集团和通用电气公司，实际上就表明，在他眼里这两家企业更符合其收购标准。巴菲特事后评价说：“这两家公司是美国产业的脊梁。”

换个角度看，巴菲特想要抄底金融危机，其实他自己也不知道“底”究竟在哪里，这也符合他注重选择价格而不是时机的风格。

有太多的投资者终其一生沉迷于股市何时见顶、何时探底的“猜顶和探底”游戏中，却永远无法跨入财务自由的门槛。究其原因在于，“猜顶和探底”对任何人来说都是一项不可能完成的任务，巴菲特也不例外。但巴菲特比别人聪明的是，他从来不去“猜顶和探底”，而是把精力放到考察公司内在价值和价格的对比上。

那么，巴菲特是如何衡量高盛集团、通用电气公司这两家企业的内在价值已经落到他的投资区域内的呢？除了他常用的方法外，这两家公司和巴菲特都有着深厚的渊源关系，也是一个有利条件。

研究表明，巴菲特早在10岁时就和父亲一起拜访过高盛集团。虽然当时的高盛还是一家小企业，可是从此以后他一直对高盛抱有浓厚的兴趣。

巴菲特25岁时，就和高盛集团当时的董事长西德尼·温伯格通起了热线电话。高盛集团现任董事长兼首席执行官劳埃德·布兰克费恩2003年替代升任美

国财政部长的亨利 · 保尔森出任总裁时，巴菲特是他最早拜访的人选之一。

巴菲特2006年在谈到劳埃德 · 布兰克费恩时说“他绝顶聪明”。事实上，他在美国华尔街上也确实有“最聪明的CEO”之称，这符合巴菲特要求收购的企业要拥有明星经理人的条件。

说完了高盛集团，再看通用电气公司。巴菲特和通用电气公司前董事长、被誉为“全球第一CEO”的杰克 · 韦尔奇有着长达几十年的交情。在过去，高盛集团也曾经建议过巴菲特投资通用电气公司，但巴菲特感觉价格不是太合适，所以拒绝了。而到了2008年金融危机爆发后，巴菲特认为这时候出手通用电气公司，价格应该差不多了。

由此可见，巴菲特即使要买“伟大的公司”，也会非常看重价格。只有当具备足够的价格折扣或安全边际时，他才会毅然加入。而为了这一天的到来，他有足够的耐心愿意等上几十年。

巴菲特在伯克希尔公司1991年年报致股东的一封信中说：“我们一定要以合理的价格投资，并且确保我们的被投资公司绩效表现与我们当初所评估的一致。这样的投资方法（寻找产业的超级明星），是我们唯一能够成功的机会。”

紧接着，他谦虚地说，查理 · 芒格和他的“天资实在有限”，如果不这样做，就无法“赚取足够的利益”。然后他又话锋一转说，当然，他也同样认为，其他投资者也不具备这样的“天资”。

【巴菲特股市抄底秘诀】

巴菲特认为，投资者投资股票，不该把重点放在时机的选择上，而应该放在价格的选择上来，安全边际是硬道理。从历史上看，凡是终其一生沉溺于股市“猜顶和探底”游戏的投资者，永远不可能跨入财务自由的门槛。

千万不要企图去预测股价

对于未来一年的股市走势、利率以及经济动态，我们不做任何预测。我们过去不会，现在不会，将来也不会预测。

——沃伦·巴菲特

【巴菲特这样抄底股市】

巴菲特认为，股票投资尽量不要去关心眼下的一时涨跌，因为投资者根本不可能准确预测股市。既然这样，投资者们也就没有必要在这方面枉费心机了。无论股市涨跌，都有它的内在规律，预测解决不了问题。

巴菲特在伯克希尔公司1980年年报致股东的一封信中说，对于未来一年的股市走势、利率以及经济动态，他不会去做任何预测，过去不会，现在不会，将来也不会。因为股价预测对了解股市发展没有帮助。

巴菲特在这里要说的是，股价预测只能让投资者感到自己无能为力。既然这样，也就没有必要去关心股价涨跌了，因为这种“关心”是徒劳的。他的原话是：“未来永远是不确定的。在大家普遍看好时，你只能花高价从市场买入股票，所以，不确定性反而是长期价值者的朋友。”

关于这一点，在巴菲特身上有太多的例子可以证实。

戴维·德瑞曼（David Dreman）通过研究1973—1996年24年间的美国股市走势（其中包括5个牛市和4个熊市）发现，那些基金公司的证券分析师在任何时候都无法准确预测股市。

具体数据是：他们在牛市中对股市预测的失误率为44.9%，在熊市中预测的失误率为47.4%，平均数为46.15%。其中1984—1991年的7年间，他们的平均失误率高达50%，其中有2年的失误率竟然高达57%和65%！

这很好地说明了两点：

一是这些证券分析师的所谓“预测水平”，并不比掷硬币的概率高（掷硬币的失误率为50%左右)。如果你认为这些证券分析师“有水平”，那么只能说明股市走势根本无法预测。

二是无论牛市还是熊市，股市涨跌对预测失误率基本上没什么影响。究其原因在于，牛市中的预测者普遍会对股市行情的发展持一种乐观的态度。他们的这种乐观态度会导致投资者对公司估值过高，从而以较高的价格买入股票，降低投资收益，甚至造成亏损。

该研究表明，1982—1997年，标准普尔500指数的实际年增长率为7.1%，而股市预测专家预测的此数据为21.9%，两者相差188%。容易看出，这些股市预测专家未免过于乐观了。

究其原因在于，他们希望通过这种对股市发展的乐观预测，让投资者更多地买入股票，减少抛售，从而提高股票交易量。这样，他们就能从证券经纪公司那里领到更多的工资和提成了。

由此可见，任何预测者对股市发展所做的预测，都带有个人利害关系在内，因而根本不足为信。

那么接下来问，股市预测者如果没有任何私心杂念和个人利益的纠缠，完全就事论事，是否就能准确预测股市了呢?也不能。

美国规模第二的先锋基金公司创始人、从业经历长达30年的约翰·博格尔(John Bogle)介绍说，统计资料表明，证券分析师大约只有10%的概率能够“猜中”市场是处于谷峰还是处于谷底。而投资者如果想赚钱，就必须既要猜中什么时候是谷峰，以便能及时卖出;又要猜中什么时候是谷底，以便能及时买进。连续猜中2次(成功1次)的机会只有1%，连续成功2次的机会更是只有万分之一。据他所知，30年内他从来就没有听说过有谁连续2次预测成功的。

他的这一观点与本杰明·格雷厄姆的看法完全一致。本杰明·格雷厄姆在临死前几个月告诫投资者们说:“如果说我在华尔街60多年的经验中发现过什么的话，那就是从来没有人能够成功地预测股市变化。”

说到这里，巴菲特和某对冲基金的“十年赌约”似乎也值得一提。他在伯克希尔公司2018年年报致股东的一封信中再次提到这件事。

巴菲特说，2007年他为了宣扬自己的投资信念，即从长期来看，简简单单的一笔投资标准普尔500指数基金的收益，就能轻松战胜大多数投资专家，无论这些专家是多么备受尊敬和业绩斐然。为此他提出挑战，遗憾的是，只有对冲基金 Protege Partners 总裁塞德斯出来接招。

塞德斯按约精心挑选了5只业绩最好的基金。这，实际上就意味着他挑出了5位最优秀的投资专家。因为这5只基金持有200多家对冲基金权益，实际上就相当于这5位专家后面还站着200多位投资精英。更重要的是，塞德斯在这10年赌期内可以自由调整这5只基金的投资组合。另外就是，从过去40多年来的历史经验看，标准普尔500指数基金上涨的年份要超过下跌年份。

这一切，似乎都注定巴菲特必输无疑。可结果怎么样呢？在过去的这10年间，基金管理者们一个个赚得盆满钵满，他们共同瓜分了总资产中超过2.5%的比例（旱涝保收的2%的资产管理费以及20%的盈利提成）。但投资者悲剧了——这5只基金10年间的年复合报酬率只有2.2%，而标准普尔500指数基金却高达7.1%[1]——这些投资者们经历了一个“失落的十年”。

巴菲特进一步阐释说，如果他与伯克希尔公司的两位投资经理也这么做，每人每年约可获得1.8亿美元的酬劳，但这种机制在伯克希尔公司是不可能的。

既然股市无法预测，巴菲特以及那些投资机构又是如何来争取获利的呢？

巴菲特的经验是：仿效老师本杰明 · 格雷厄姆的做法，留出一定的安全边际。

他的原则是，如果买入股票的价格只是低于其内在价值一点点，他是不可能投资该股票的。只有当买入价格大大低于其内在价值，他才会对该股票感兴趣。他认为，有了这种足够大的安全边际，投资该股票就几乎没什么风险了。

美国华尔街上的那些证券公司虽然都拥有专业的证券分析师，但这些公司还是把主要工作放在通过预测公司收益来预测股价未来走势上，每家证券公司都要投入巨资聘请专家来预测各上市公司的收益变化。事实上，预测上市公司

1　老揭 . 巴菲特的十年赌局告诉懒人们投资什么基金最省心 . 搜狐网 [2018-1-16].

收益变化的分析师才可能成为股票分析师中的明星。

当然，即使这样的大明星，预测股价的水平之差也是骇人听闻的。例如美国《机构投资者》杂志每年要从几百家基金公司中评出最优秀的股市预测分析专家，然后把他们集中在一起预测每个行业的收益变化。

结果怎么样呢？这些预测分析师明星同样是到处抓瞎：研究表明，股市平均上涨了14.1%，而这些明星推荐的股票总体上却只上涨了9.1%，低于市场平均水平35%。尤其是在他们推荐的134只股票中，达到标准普尔500指数平均涨幅的只有可怜的42种，还不到1/3！如果说这样的业绩也能当预测大师的话，真要笑死人了。

【巴菲特股市抄底秘诀】

巴菲特认为，股价波动的影响因素实在太复杂，而人的预测能力非常有限，所以谁也无法预测股价波动。投资者真正要关心的，不是股市走势和股价波动，而是目标公司未来的收益变动，否则往往会导致舍本逐末。

股市涨跌根本无法预测

我不喜欢对股市进行预测，我再次强调，我对股市的短期行情一无所知。我看到一家开在空荡荡的银行大楼里的餐馆打出的广告：“从前你的钱在这里，今天你的嘴在这里。”但今天，我的钱和嘴巴都在股市里。

——沃伦·巴菲特

【巴菲特这样抄底股市】

巴菲特认为，股票投资尽量不要去关心眼下的一时涨跌，股价涨跌无法预测，股市涨跌也是无法预测的。2008年10月17日，巴菲特在《纽约时报》上发表署名文章，重申他不喜欢对股市进行预测，对股市短期行情也一无所知的观点。

相比而言，中国股市和股民最津津乐道的就是市场预测，并且还冒出了一大批信誓旦旦的“无赖股评家”。乍一看，巴菲特的“股神”桂冠好像应该戴在他们头上似的。

2007年10月，当上海证券交易所的股票指数攀上6000点时，许多股评家预测的下一个目标是10000点，少说也有8000点。受此鼓舞的投资者热血沸腾，看也不看就倾其所有杀入其中，结果纷纷被套牢在中石油A股48元的高位上。现在去翻翻当时的股评，没有一个股评家预测到2008年年末上证综合指数会跌到2000点以下！

与此同时，巴菲特却认为中国股市已经处于狂热阶段，所以他把原来准备长期投资的中石油H股全部出手。巴菲特此次出手，在向美国政府缴纳了12亿美元税金的同时，自己也狠狠地赚了一笔。

事实上，接下来的股市并没有像那些股评家预测的那样“没有最高，只有更高”，而是急速掉头向下。许多投资者的财富开始灰飞烟灭，可是仍然有那么多股评家、股评文章在那里信誓旦旦地论述几点是“底”、几点是“顶”、什么时候要“反弹”、什么时候要“调整”。他们为了自己能捞到点稿费和讲课费到处蛊惑人心，不惜将懵懵懂懂的投资者引向邪路。

同样的一幕也发生在2015年。2015年是让所有股民终生难忘的一年，从牛市起步到漫天飞舞的疯牛，从千股涨停到千股跌停、千股停牌，进而引发流动性丧失（从6月12日全年的最高点5178.19点，猛跌到8月26日的最低点2850.71点，两个半月内跌去44.9%）；从监管层积极出手救市，到做空队伍集体缴械，包括2015年4月20日上海证券交易所全天成交量超过1万亿元人民币，从而使得过去设计时将最高成交量上限设定为1万亿元[1]的所有行情软件集体爆表：没

1 当天上海股市实际成交额达到11476亿元（与1995年、1996年上海股市两年的总成交额12063亿元相当），沪深两市总成交额为18026亿元。

有任何一位股评家是“猜”准的。[1]

而巴菲特早就说过，任何企图判断股市走向的做法都是不明智的，短线搏杀、跟风炒作更是投资中的自杀行为。相反，如果根据股票内在价值来判断股价高低，就既不用这么费神费力，又简单易懂，称之为“傻瓜投资法”也不为过。伯克希尔公司的成长史表明，巴菲特正是通过这种傻瓜投资法取得了年复合增长率19.2%、50年收益增长7990.8倍的巨大成功。

读到这里有些读者也许要笑了：19.2% 的年复合增长率？还不到2个涨停板呀！某个重要会议的召开、某个提案的上报，都可能导致某些股票连拉几个涨停板，一下子就超过“巴菲特的投资收益率”了！殊不知，这样的“涨停”，只是某些股评家捕风捉影的依据而已。

2008年3月5日，专栏作家连岳在他的个人博客中就提醒投资者要“警惕中国的股神们”，认为中国股评“无赖多”。他说，在他读了有关巴菲特的书之后，尝试着用巴菲特的投资原则在中国股市中挑选股票，结果怎么也找不到一只值得投资的股票。

他想，这要么是巴菲特错了，要么就是这个市场不对劲。但他相信巴菲特，所以在找不到任何一只值得投资的股票的背景下选择告别股市。正因如此，几年来他的财务一直很安全。

而实际上，因为巴菲特无法预测股市，所以也有“看走眼”的时候。

他在伯克希尔公司2008年年报致股东的一封信中检讨说，当年他犯了一个严重的投资错误，就是在油价和天然气价格接近最高点时大量买入了康菲石油公司的股票，没想到遭遇金融危机，下半年能源价格出现戏剧性下跌。就是在这样的情况下，他依然认为未来的石油价格会走出当时40~50美元的低谷，结果很快他就发现这种想法是错误的。到该年年底时，仅此一项投资他就已经亏损数十亿美元。除此以外，他在2008年还用2.44亿美元买了两家爱尔兰银行的股票。虽然买入价格很便宜，可是到年底时他依然损失了89% 的钱，离“打个水漂”

1 王洁．一夜间疯狂牛变身闪电熊，“股灾”带来最深刻的风险教育．北京晨报，2015-12-28.

似乎也不远了。

但这一切损失，都会在巴菲特的长期投资中被慢慢消化和吸收。

话说巴菲特不喜欢预测股市，也无力预测股市，那么他又是怎样来分散投资风险的呢？伯克希尔公司有一项主要业务是再保险。伯克希尔公司依靠其强大的财务实力，通过再保险业务分散其他保险公司的风险，同时也分散自身业务投资风险，从而使得公司相对来说可以无视短期股市波动。

巴菲特在伯克希尔公司2004年年报致股东的一封信中说，说到底，保险单只不过是一纸承诺书而已，关键要看是谁发出的。他的意思是说，这张承诺书将来究竟能不能兑现承诺，要看这家保险公司是否真正具备理赔实力。

关于这一点，对于初级市场来说还不是十分要紧。因为政府对于个人保险品种，平时会向保险公司征收一定的规费，用于支付保险公司可能倒闭时无法支付的理赔金。在财产保险、劳动保险方面也有类似的机制，这是保险行业的惯例。

可是再保险业务就不同了。一家再保险公司如果倒闭，会连累与它有业务往来的保险公司全部遭受损失。以政府雇员保险公司为例，20世纪80年代它就曾因再保险公司选择不慎而蒙受了好几千万美元的损失。

巴菲特说，从长期看，以后一二十年内发生天大的灾难，从而连累一些再保险公司发生倒闭不是没有可能。可是到现在为止，有史以来最大的损失，依然是2001年“9·11”恐怖袭击事件造成的。纽约世界贸易中心的倒塌，使所有保险公司的赔偿费用总额高达350亿美元。其次是1992年爆发的安德鲁飓风，致使所有保险公司的赔偿费用总额高达155亿美元，其中伯克希尔公司承担的损失是12.5亿美元。

巴菲特说，伯克希尔公司即使以每年平均3%~5%的比例承担赔偿费用总额来计算，每年的经营业绩依然可以有充分保障。所以，他不需要过于关注眼下股市的一时涨跌，事实上他过去也一直是这样做的。

2008年2月29日，美国《福布斯》杂志在摘要刊登伯克希尔公司2007年年报的精华内容后分析道：“20世纪，道琼斯工业指数从66点涨至11497点，看似巨大，其实每年只增长了5.3%。按这个速度，到2099年，道琼斯工业指数将会是200万点。如果有人许诺每年给你10%的增长，那么，道琼斯工业指数则必须在2099年12月31日达到2400万点。”如果有哪位股评家做出这样的股市预测，你会相信吗？

这就是复利在起作用。复利被大科学家阿尔伯特·爱因斯坦称为“世界第八大奇迹”。它神奇在哪里？以1965—2015年50年间巴菲特的投资年复合回报率19.2%为例，如果是普通的年回报率19.2%，资金翻一番需要5.2年；而年复合回报率19.2%却只需要3.7年。更不用说，巴菲特的这个年复合回报率还是在长达50年的时间跨度内考察的呢！

这就叫“路遥知马力”，不在于一两个涨停板的刺激。

【巴菲特股市抄底秘诀】

巴菲特的投资哲学是注重事实，理解内在价值，即使理解不了，也不偏听偏信任何宣传。他认为自己不会预测股市，也劝其他投资者远离股市预测。他说，那些股评家“只有用狂想装满你的脑袋，他的钱袋才会满”。

短期涨跌是不需要预测的

> 澄清一点：我无法预计股市的短期波动，对于股票在1个月或1年内的涨跌我不敢妄言。但有一种可能，即在市场恢复信心或经济复苏前，股市会上涨，而且可能是大涨。因此，如果你想等到知更鸟报春，那春天就快结束了。
>
> ——沃伦·巴菲特

【巴菲特这样抄底股市】

巴菲特认为，股票投资尽量不要去关心眼下的一时涨跌；不过有一点要注意，那就是在股市恢复信心或经济复苏前，股市有可能会大涨，所以短期操作的投资者在此以前提前进场才是。

2008年10月17日，巴菲特在《纽约时报》上发表署名文章认为，如果投资者想等到知更鸟报春，可那时春天就快结束了。

知更鸟是北美洲的一种候鸟，娇小玲珑，冬天喜欢去南方取暖，春天时飞往北方繁殖。在巴菲特居住的美国东北部，每当知更鸟出现的时候就表明春天要来了。知更鸟有个习惯，喜欢在天亮前啼叫，颇有一点公鸡报晓的味道。

每年的2、3月份，知更鸟会在屋前屋后的树丛里叫，由于数量少，并且是偶尔出现，所以往往只闻其声、不见其影，谓之为“一鸟知春”。到了春夏之交的5月，知更鸟成群结队地返回，犹如潮水般涌现，美国人称之为“鸟浪”。这时候春天就要过去，就要进入夏天了。

巴菲特在这里说这句话的真正意思是，投资者不用过于关心眼下股价的一时涨跌，只要自己看中的股票投资价值凸现，尽管海底捞月便是。如果你想等到知更鸟成群结队地出现（金融危机过去），春天（最佳投资机会）就快要过去了。

2008年金融危机愈演愈烈之时，巴菲特坚持认为，他不知道美国和中国明天会发生什么，但他确切地知道有些股票已经进入值得买入的区间，而这就够了。

在巴菲特看来，各国中央银行不断为金融市场注资，但因银行存款利率不断降低，所以这种注资就像把水注入沙滩一样，终有一天水会流出来。注资越来越多，全世界到处都是“水”，通货膨胀和货币贬值便不可避免，这时候持有现金就不如买进有投资价值的股票合算了。

以伯克希尔公司为例，伯克希尔公司的主体业务是保险，巴菲特对保险资金的配置、投资策略，有许多就是这样操作的。

例如，伯克希尔公司的保险资金配置中最大的资产是股票，其次是现金及等价物，再次是固定到期证券。巴菲特往往会在经济危机时大量投资上述资产，这与美国其他主流财产保险公司有很大不同。

说穿了，巴菲特是以伯克希尔公司资产负债结构中大量的股东权益为后盾，以现金类资产与负债的大比例匹配为基础，以股票投资收益的相对稳定性为依托的。

也就是说，伯克希尔公司资产负债结构中有大量的浮存金，这种浮存金被巴菲特当作自有资金来使用。所以，他往往会从容不迫地在股市底部投资，被套上几年也无所谓。而其他同行并不具备这种大比例的股东权益，当然也就无法模仿他了。

在具体选择哪些股票上，巴菲特因为自己本身就是公司董事长和首席执行官，所以他在评估一个企业的发展前景时，具有丰富的经验和独特的眼光，并且能够更好地把握，这也是普通投资者望尘莫及的。

顺便说一句，这也是普通投资者虽然看过不少有关巴菲特的书，并且将巴菲特的选股策略牢记在心，却无法取得与巴菲特同等投资业绩的原因之一。因为两者地位不同，视角也不同。

伯克希尔公司保险业务的投资收益，从结构来看，主要包括投资孳息收入、资本利得收入（买卖差价）两部分。

投资孳息收入又分为现金等价物、固定到期证券获得的利息以及股票（股权）投资获得的现金分红。伯克希尔公司2005年这部分收入比上年增加6.56亿美元，主要是缘于当年美国短期利率上升；2006年1—9月，伯克希尔公司这部分收入比上年同期增加6.85亿美元，其原因除了短期利率继续上升外，还在于股利收入也在增加。

由此看出，伯克希尔公司的投资孳息收入高低，主要受利率水平和现金股利的影响，而在巴菲特看来主要是受宏观经济影响。所以，他更关心宏观经济的发展趋势，而不在乎股市的一时涨跌。

伯克希尔公司2003年的保险投资组合资本利得收入（买卖差价）为29.14亿美元，2004年为17.46亿美元，2005年为7.28亿美元，2006年为8.87亿美元。其中，2005年因为把账面收益的50亿美元吉列公司股票全都换成了宝洁公司股票，所以并没有取得任何现金，实际上并没有发生买卖差价收入。这里之所以会“冒出”资本利得收入来，纯粹是会计核算方面一收一支得到的结果。

伯克希尔公司保险组合中的资本利得收入比孳息收入要少，有时候要少许多。仔细研究会发现，这是因为巴菲特长期投资理念所产生的好现象，并不是像有些读者所理解的那样，“因为股票被套牢了不能买卖，所以无法产生买卖差价收入”。

例如，伯克希尔公司2005年年末股票组合的账面盈利净额高达253.82亿美元，几乎没有一只股票是被套牢的。巴菲特投资股票，主要是想从被投资公司的股息分红中获得收入，所以根本不急于套现，这也是他不用关心股价一时涨跌的原因。

【巴菲特股市抄底秘诀】

巴菲特认为，他根本不用去过于关心股价的一时涨跌，既然确认是底部，尽管买入便是。他说：“在市场恢复信心或经济复苏前，股市会上涨，而且可能是大涨。因此，如果你想等到知更鸟报春，那春天就快结束了。”

注意力不要紧盯着记分板

这样的方式将会迫使投资者思考企业真正的长期远景，而不是短期的股价表现，从而借此改善其投资绩效。当然，无可否认，就长期而言，投资决策的绩效还是要建立在股价表现之上；但价格将取决于未来的获利能力。

投资就像是打棒球一样，想要得分，大家必须将注意力集中到场上，而不是紧盯着记分板。

——沃伦·巴菲特

【巴菲特这样抄底股市】

巴菲特认为，股票投资尽量不要去关心眼下的一时涨跌。从长期来看，投资者应当把注意力集中到关注目标公司的业绩上来，而不是眼睛只盯着股价变动。

他说，虽然投资业绩的大小最终表现在股票价格上，但必须知道，股价高低从根本上看还是取决于该公司未来的获利能力。这就像打棒球一样，运动员要想得分，就必须把注意力集中在场上好好比赛，而不是紧盯着记分板上目前的分数高低。

巴菲特认为，金融危机发生后，有些投资者担心股市走势不明朗，想等走势明朗后再进入，这种观点看上去有道理；可是，如果真的这样做，投资获利空间就会小很多。从中国股市看，这时候选择一些关乎国计民生的蓝筹股，投资收益率至少会高于一年期存款收益。

他在伯克希尔公司1991年年报致股东的一封信中说，他从来不认为那些眼睛整天盯着股价变动而买卖股票，像小蜜蜂那样飞到西、飞到东的投资方法能取得成功。他说，如果把采用这种方法的人也称为"投资者"，那就像把每天寻找一夜情的花花公子称作浪漫情人一样可笑。

巴菲特认为，投资者应当把重点放到对企业内在价值的考察上来，而不是放到关注股价的频繁变动上，为此需要留心企业的现金流量。

中国读者容易从影视剧中看到，古代商人经商记的流水账主要项目就是当天的进出货数量和金额。当天的现金收入减去付出，就是"利润"；把每一天的"利润"加起来，月末就累计成了当月"盈余"。由于古代没有铁皮保险柜，所以每个商人都有一个非常结实的蓝印花布包袱，代行铁皮保险柜的功能，账本和现金都在里面。结账时把蓝印花布包袱拿出来抖一抖，现金和账本上的记录相符，这现金账就算是轧平了。

现代企业核算中已经看不到这样的蓝印花布包袱了，取而代之的是现金流量表。在过去，企业三大传统报表中最早要求编制的是资产负债表和损益表。1988年7月，美国财务会计准则委员会（FASB）决定增加现金流量表作为新的会计信息披露方式，就是为了解决这个问题。

普通读者对现金流量表也许非常陌生，有人甚至认为与自己毫无关系，这种观点在巴菲特看来很可怕。这是因为，巴菲特是把自己投资的股票当作自己经营的企业来看待的。就像回到过去的年代，你作为老板或老板之一，却只知道做生意，从来不看蓝印花布包袱中究竟还剩下多少现金，这不是很荒唐吗？

现金流的基础是现金收付制，简单地说就是，当一笔经济业务发生后，只有收到了现金才能确认这笔收入。现金流量的计算过程很复杂，但它有一个好处，就是不会因为会计标准的不同而有所改变。就像蓝印花布包袱中的那些现金一样，无论是谁做老板、谁做记录，结果都一样，现金就是那么多。

相反，读者最关注的损益表中的盈利水平却相反。损益表的基础是权责发生制，简单地说就是，当一笔经济业务发生后，确认这是不是能作为“收入”。不是看有没有收到现金，而是在销售成立时或者履行劳务期间就要确认为收入了。

显而易见，这种方法在确认资金收入、资金支付、资产和负债时间方面，与现金的实际收支时间并不一致，而这就给做假账创造了条件。

当然，这种做假账既可能是主观的，也可能是客观的。

例如，领导授意会计做假账，虚报或瞒报经营成果，应该属于主观因素。企业都有折旧，而折旧属于一种非现金支出。合法的折旧方法有许多种，在不同年度内，采用不同的折旧方法所得到的核算结果会有或大或小的差别，这就属于客观因素。从中也容易看出，不同的折旧方法能够“合法”地调节经营业绩。

再例如，采用折旧率过高的资产折旧方法会掩盖利润，使得企业的实际现金超过利润；而一家赢利的企业如果大量投资，则会造成现金短缺，这时候不赢利企业反而可能比赢利企业的账面更好看。

更不用说，还有许多种情况会导致考察经营业绩会脱离事物的本来面目。例如，企业如果剥离了非核心业务，虽然收入会比原来大幅度减少，可是股票价格却有可能得到大幅度提高，等等。

在上述情况下，投资者与其相信经营业绩，还不如相信现金流量来得更可靠——总体来看，企业经营活动的现金流量越大，流速越快，就表明该企业财务基础越稳固，适应能力与变现能力越好，抗风险能力越强。由于现金流量表不会因为会计方法的改变而改变，所以，它要比利润表（损益表）更可靠。

【巴菲特股市抄底秘诀】

巴菲特认为，投资者与其关心股价变动，不如关注其内在价值变动；而关心内在价值变动，就应该把重点放在考察目标公司的现金流量表，而不是损益表上。过于相信损益表容易上当受骗，而现金流量表则相对可靠。

研究一下退出时机倒有必要

> 大约在 18 个月以前，我就给你们写了一封信，告诉你们说不论是环境因素还是个人因素都已经发生变化，我不得不修改我们未来的经营目标……我知道我不会用我一生的时间来追赶投资这只野兔，唯一让我慢下来的方式就是停止。
>
> ——沃伦·巴菲特

【巴菲特这样抄底股市】

巴菲特认为，股票投资尽量不要去关心眼下的一时涨跌。任何事情有开始就有结束，股票投资也是如此。与其盯着眼下股价的一时涨跌，倒不如认真考虑一下什么时候退出。当情况符合你预想的条件时就抛售股票，否则就持股不动。

巴菲特在1969年5月29日的一封信中写道，早在18个月以前他就认为，当时无论是环境因素还是个人因素都已发生变化，所以必须修改伯克希尔公司的经营目标。他的话说得很含蓄，当然，在公司没有解散时他也不便过于直截了当，实际上他说这些话意味着他想选择一个时机退出股市。

最终的结果是，这个“恰当的时机”定在了当年年末。仔细研究可以发现，巴菲特这时对投资者关于投资环境和股票形势的告诫以及准备什么时候退出股票市场，都是经过精心、严密安排的。

具体来说就是：一方面，当时的美国股市行情非常火爆，巴菲特担忧股市泡沫，所以想落袋为安；另一方面，巴菲特有限公司经过几年的迅猛发展，巴菲特个人已经拥有强大的投资实力，这时候不再需要通过合伙公司这种形式用别人的钱来投资了。

巴菲特在这封信中还说，如果把投资比作一只野兔，他并不一定能保证自己会一生追赶这只野兔，什么时候他慢下来，也就意味着他追赶这只野兔的步伐要停下来了。40多年后的今天来看这句话，可以说巴菲特追赶投资这只野兔的脚步不但没有停下来，而且依然脚步匆匆；不过从当时他解散巴菲特有限公司，控股伯克希尔公司这一举措看，当时他的脚步确实是停下来过，至少是已经变换了跑道。

像巴菲特这样的职业投资者都这样，更何况业余投资者呢！业余投资者真的有必要整天泡在股市里，一生在股海中拼搏吗？认真研究一下什么时候退出股市也是一种投资之道，所谓“回头是岸”是也。

那么，什么时候是退出股市的最佳时机呢？这里我们以1969年巴菲特解散合伙公司为例，看一看他是怎么做决策的。

资料表明，从1957年到1969年，伯克希尔公司的年平均综合收益率高达29.5%，同期道琼斯工业指数的年平均综合收益率只有7.4%。截至1969年年末，伯克希尔公司股票的发行量为983582股，市值上升到1.05亿美元；其中巴菲特有限公司拥有691441股，占70.3%。

当时伯克希尔公司的经营业务主要包括三大类：一是纺织工业；二是由国家赔偿公司及附属国家消防及海运公司经营的保险业务；三是伊利诺伊州国家银行和联合企业。此外，它还拥有《太阳报》有限公司、布莱克印刷公司和网间连接器保险公司70%的股份，但是这些业务当时并没有为伯克希尔公司创造多大的盈利。

一方面，巴菲特这时候已经厌倦了作为合伙公司领导的那种压力；另一方面，当时的股票市场又非常火爆，就在其他人普遍看好股市时，他很担心哪一天股市泡沫会突然破灭，把公司以前所赚到的钱全部赔光。当然还有第三个方面，那就是巴菲特个人拥有的资产净值已经达到2500万美元，而这时候要求加入合伙公司的人越来越多，他虽然不希望也不再需要他们加入，可是想挡也挡不回去。

几种因素综合起来，巴菲特选择了解散合伙公司，按每位股东的投资金额给他们分配应得的利润和利息。每位股东有两种选择：要么继续持有伯克希尔公司股票或者戴弗斯·菲尔德零售公司股票；要么换取现金。

巴菲特1970年2月18日在写给巴菲特有限公司合伙人的最后一封信中说，感谢所有股东放手让他进行投资操作，而不是在背后指手画脚该出什么牌、如何抓牢牌，以及说些什么其他人做得多么多么好的风凉话。否则，合伙公司不一定能取得这样的成功。

在这里，巴菲特实际上表达了他对投资动机、管理天赋、人性这三个方面的深刻理解。三者结合起来，使得巴菲特的投资策略和过程完全与众不同。他善于从多维角度来看待投资，这种方式有点像爱因斯坦看待空间、时间、地心吸引力三者之间的关系，与弗洛伊德研究人类精神及神经系统的深度一样。巴菲特的天才就表现在这里。

果然不出所料，当拥有100名股东的巴菲特有限公司正式解散后，巴菲特一直担心的股市泡沫终于在1973—1974年破灭，从而导致股市崩溃。而巴菲特则躲过了这一劫，眼看着其他人深陷于其中不能自拔。

巴菲特有限公司解散时，巴菲特把他个人的大部分资产悄悄投入了伯克希尔公司。随后，巴菲特的好友比尔·瑞恩在1970年5月成立了红杉基金会[1]。该基金会用大约1/4的资金购买了伯克希尔公司的股票；其他资金购买的股票品种基本上也仿效伯克希尔公司，伯克希尔公司买什么股票，它就投资什么股票。容

1　这里的红杉基金会，并非中国人熟悉的知名天使投资红杉资本，而是美国的一家价值型基金。由于巴菲特当年解散合伙企业后将早期投资转给比尔·瑞恩，建立了红杉基金会，所以巴菲特自称“红杉之父”。

易想见，该基金会的投资同样取得了巨大的成功。

认真研究股市退出时机，而不是等到股市暴跌时再被迫割肉，这既是一种智慧，也是一种品格。正如巴菲特1969年1月22日在一封信中所说：“我们不想通过在证券市场上玩弄各种各样的把戏赚钱。”

说得多好啊！

【巴菲特股市抄底秘诀】

巴菲特认为，当股市持续上涨时，与其把精力放在关心股价的一时涨跌上；不如劳逸结合，多长一个心眼，认真考虑一下要不要退出、什么时候退出，然后休息一段时间，等待股市大跌后再进行抄底，做大波段。

长期来看股市总是向上的

> 长期而言，股市整体是趋于利好的。20世纪，美国经历了两次世界大战、代价高昂的军事冲突、大萧条、10余次经济衰退和金融危机、石油危机、流行疾病以及总统因丑闻而下台等事件，但道琼斯工业指数却从66点涨到了11497点。
>
> ——沃伦·巴菲特

【巴菲特这样抄底股市】

巴菲特认为，股票投资尽量不要去关心眼下的一时涨跌。因为从长期来看，股市总是不断向上发展的。只要耐得住性子做长期投资，就不用过分担心眼下一时的投资亏损。

2008年10月17日，巴菲特在《纽约时报》上发表署名文章说，20世纪美国经历了两次世界大战、代价高昂的军事冲突、经济大萧条，发生了10多次经济衰退和金融危机、石油危机、流行疾病等，结果怎么样呢？道琼斯工业指数仍然从66点上涨到11497点。这表明，股市从长期来看总是向上的，所以没有必要过于关注眼下的一时涨跌。

巴菲特的这一想法与他的长期投资理念非常吻合。他认为，只有长期投资才能取得马拉松式的长期回报，即使从美国股市200年来的发展历史看，也是如此。而且越是对美国股市进行研究，就越会惊奇地发现，美国股市投资的长期回报率非常稳定，而从短期看则很不稳定！

面对2008年爆发的全球金融危机，巴菲特频频出手抄底股市，准备在优化投资结构后进行长期投资。他说，在此以前他的“个人账户上只有美国政府债券”。

容易想见，金融危机导致美国国债大幅度贬值，巴菲特当然也被套牢了，他自己从来没有否认过这一点。只不过，任何债券、股票套牢都是就短线而言的，如果从比较长的时期看，根本就不值得一提。因为从长期来看，股市总是向上的，暂时的账面浮亏说明不了什么。

更何况，从投资技术方面看，伯克希尔公司投资高盛集团、通用电气公司、比亚迪公司等，都有利于分散投资风险。从历史上看，巴菲特每一次调整投资结构，都能取得预期的效果。

例如，巴菲特在1965年接管伯克希尔公司时，该公司年销售额只有0.4亿美元，而到2015年时已经增长到1950亿美元。与此同时，公司净资产也从当时的0.24亿美元，增长到154亿美元。当时的公司业务100%是纺织品，而现在的投资组合已经发生很大改变，其中约30%是保险业务，10%是能源，其他60%是制造业、服务业和零售业。

2008年年末，在金融危机造成的一片恐慌之中，巴菲特的传记《滚雪球》出版了。书名源自他的一句名言：“人生如滚雪球，重要的是找到很湿的雪和很长的山坡。”

不难看出，“滚雪球”除了需要找到“很湿的雪”和“很长的山坡”以外，还需要时间。在具备前两个条件的同时，“滚”的时间越长，“雪球”当然也就滚得越大。在巴菲特手下，伯克希尔公司已经“滚”了51年，以后还将继续“滚”下去。

这里“很湿的雪”，是指巴菲特拥有使伯克希尔公司不断滚动、发展的资金；“很长的山坡”，是指巴菲特投资的那些优秀的上市公司。令人奇怪的是，巴菲特似乎总能具备这两个条件。

其实，这是因为巴菲特很能抓住机会。在2008年的金融危机中，他把高盛集团、通用电气公司、比亚迪公司等作为猎取目标，把它们充实到了他那个巨大的“雪球”中去。

巴菲特在这次金融危机中的抄底动作虽然见仁见智，但有一点非常有启示作用，那就是必须要在低位寻找自己“滚雪球”的“长坡”。

巴菲特在2002—2003年以低价位买入中石油H股。当时的“雪团”（成本）是4.88亿美元，“滚”了5年的“长坡”后，全部出手时其市值已经达到40亿美元，“雪球”扩大了8倍。

而这一次，巴菲特准备为高盛集团、通用电气公司、比亚迪公司提供多长的“长坡”，谁也不得而知，但有一点是明确的，那就是他永远会把价值投资放在第一位。无论投资标的放在手里多少年，只要把握好市场节奏，在低位寻找适合自己“滚雪球”的“长坡”，投资获利是一定的。

这次巴菲特抄底上述几只股票被套牢，成为许多投资者津津乐道的话题，只有巴菲特自己满不在乎。因为他是以长远投资眼光来看待这些事的，他知道这些都是“上坡”途中的小插曲。

回想1973年巴菲特投资《华盛顿邮报》公司后，不久股价就下跌了20%左右；1987年巴菲特投资所罗门兄弟公司优先股后，因为出现公司丑闻，2年内几乎赔了个精光；1988年巴菲特买入可口可乐公司股票后，由于当时处于股灾阶段，股价很快就下滑了30%；2002年巴菲特买入中石油H股后，账面亏损时间长达3年之久……即使这样，结果又如何呢？众所周知，上述每只股票后来都给巴菲特带来了不菲的回报，为巴菲特的投资经历增添了传奇色彩。

【巴菲特股市抄底秘诀】

巴菲特的投资经历证明，他曾经多次买入股票后被套牢，可是从长远来看每次他都是有惊无险。他的秘诀在于，他坚信从长期来看股市总是不断向上的，选股对象比选股时机更重要，只要买入的是好股票，那就尽管放心好了。

策略 3

股市下跌要更关心内在价值

股价波动不影响内在价值

大家一定要记得，我们的终极目标是希望能让公司每年以 15% 的稳定的速度来增加每股的实质价值。当然，公司的账面价值虽然保守了点，却是相当有用的替代性指针。不过这样的目标很难以平稳的态势达成，这在伯克希尔尤其困难。

——沃伦·巴菲特

【巴菲特这样抄底股市】

巴菲特认为，股市下跌时更要关心股票内在价值的高低。股价波动并不一定会必然导致公司内在价值发生变动。

巴菲特在伯克希尔公司 1992 年年报致股东的一封信中说，大家一定要记得，伯克希尔公司的终极目标是希望每年以 15% 的稳定速度来增加每股的内在价值。言外之意是，他对股价变动看得并不是那么重要。

他说，1992年伯克希尔公司的内在价值增长了20.3%，在过去他接手管理该公司以来的28年间，公司每股净值已经从当初的19.46美元增长到7745美元，年复合增长率约为23.6%。从绝对数看，1992年伯克希尔公司的净值增加了15.2亿美元，可以说相当可以了。不过其中98%来自公司盈余和投资组合的增值，只有2%是因为发行新股得到的。

伯克希尔公司1992年流通在外的总股本是115.2万股，比1964年10月1日的113.8万股只增加1%多一点。这表明，伯克希尔公司对股票发行控制得很严。巴菲特认为，除非发行新股所得到的价值与所付出的成本相符，否则不会考虑发行新股。而在他看来，这样的情形很少，所以伯克希尔公司的股本总数变化不大。即使是1993年发行的这部分新股，也是因为在回购1992年4月1日所发行的可转换特别股时，部分投资者不想要现金，只想领取伯克希尔公司普通股的缘故。当然，其中有一部分是在1992年转换的，还有相当一部分要在1993年内完成转换工作。

为什么要啰里啰嗦地说这些呢？巴菲特认为:“（伯克希尔）公司的账面价值虽然保守了点，却是相当有用的替代性指针。不过这样的目标很难以平稳的态势达成，这在伯克希尔尤其困难。”

他的意思是说，虽然伯克希尔公司的内在价值可以通过账面价值估算出来，但这两者之间并不一定会自然吻合。在许多时候，股票价格的变动并不一定会导致内在价值发生改变。

巴菲特在伯克希尔公司2009年年报致股东的一封信中认为，衡量业绩的一个理性且坚定的标准就是股票的内在价值，只是因为内在价值很难精确计算，所以只能粗略地用账面价值来代替。需要注意的是，账面价值在一般情况下都会大大低于内在价值，在伯克希尔公司就更是如此。尤其是在伯克希尔公司的重要领域——保险业务中，两者之间的差额更大。但即使如此，股票的这种账面价值仍然是追踪其内在价值变动的最有用工具。

仍然以伯克希尔公司为例，根据会计准则的规定，伯克希尔公司的保险业务所持有的股票，必须以市场价格进行公示。自从1979年以来，一般公认会计准则（GAAP）都是这样规定的，即要求以市场价格而不是原来的市场价格与成本孰低法来公示，从而导致上市公司之间无法进行比较。

为了方便公司股东了解这个问题，巴菲特从1992年开始，每年在伯克希尔公司年报的第一页，用表格的形式，把伯克希尔公司每年内在价值的变化与标准普尔500指数（含现金股利）做比较。

为此，他提醒投资者注意以下三点：

一是伯克希尔公司有许多业务每年的获利水平不受股价波动影响。

归根到底，这样的获利水平是根据企业内在价值，而不是股票价格计算出来的。不过，内在价值虽然不受股价波动影响，却与投资结构有关。

例如在伯克希尔公司早期，纺织业务占相当大的比重，如果纺织业务经营业绩发生变化，会在较大程度上影响整个伯克希尔公司的业绩；发展到中期，伯克希尔公司的保险业务占最大比重，所以保险业务的经营业绩与公司最终经营业绩的关联度最大；近期，伯克希尔公司的业务结构又有了新的改变，公司内在价值的权重也会随之有相应改变。

二是伯克希尔公司的投资获利是要纳税的，而标准普尔500指数是以免税为基础计算的，这里有一个很大的区别。

巴菲特认为，在把伯克希尔公司内在价值和标准普尔500指数进行比较时，纳税是必须考虑的因素。作为企业，公司的每一笔收入，包括证券投资收益和资本利得，都必须纳税，这是理所应当的；可是股票指数的计算基础却是免税的。不了解这一点，就无法正确估算内在价值。

举个简单的例子：如果在这之前的28年中，伯克希尔公司只投资标准普尔500指数，虽然这时候它的毛收入与标准普尔500指数相同，可是它纳税后的净收入却要低得多，最多只有72%左右。

三是伯克希尔公司今后的业绩将不会像过去那么好。

巴菲特几乎每年都要在伯克希尔公司年报致股东的一封信中强调这一点，他的理由是：随着资本规模越来越大，伯克希尔公司要取得像过去那么高的投资回报率难度越来越大。而实际上，巴菲特这样说还有另一重含义，那就是希望股东们降低业绩回报预期，不至于希望越大，失望越大。

他说，做出这样的预测有违自己初衷，因为他和查理·芒格从来不愿意预测股市。不过他在这里敢这样预言，实际上就是认准一个理，即无论股价如何波动，从长期来看总不会超越其背后所代表的企业。从短期看，两者当然会经常背离；而从长期看，两者又具有必然的联系。

【巴菲特股市抄底秘诀】

巴菲特认为，股价波动不一定会影响内在价值。内在价值和股价之间虽然有联系，但长期来看，后者必定低于前者，所以重点要考察内在价值。他说，“套句棒球常用的术语，我们的表现主要是看长打率而不是打击率”。

目光瞄准现金充裕的股票

> 内在价值是一个非常重要的概念，它为评估投资和企业的相对吸引力提供了唯一的逻辑手段。内在价值可以简单地定义如下：它是一家企业在其余的生命中可以产生的现金流量的贴现值。
>
> ——沃伦·巴菲特

【巴菲特这样抄底股市】

巴菲特认为，股市下跌时更要关心股票内在价值的高低，尤其是目标公司的现金是否充裕。在他看来，充裕的现金是目标公司度过“寒冷冬天”的能量，是投资者应该考察的重要方面。

巴菲特在伯克希尔公司1996年年报致股东的一封信中说，内在价值为评估投资和上市公司的相对吸引力提供了唯一合乎逻辑的手段。内在价值的简单定义是，一家企业在未来的生命中可以产生的现金流量的贴现值。

仔细理解巴菲特的上述观点，就知道为什么他总是对投资对象是否具有充裕的现金如此关注了。追根溯源，他在这方面主要是受了他老师本杰明・格雷厄姆的影响。

本杰明・格雷厄姆投资哲学的核心，就是寻找每股价格低于每股净现金的上市公司。也就是说，他认为，投资者要善于用低于1美元的代价去买到1美元的现金，而不是总想着以高于1美元的价格去卖出这1美元的现金。相对而言，前者比后者要容易得多。

按照本杰明・格雷厄姆的这种思路去选股票，当买入这1美元的代价绝对低时，投资者甚至能“免费”得到股票，而这样的机会往往就出现在金融危机发生、股价暴跌之时。

从中不难看出，为什么巴菲特要积极抄底股市了。因为相对而言，金融危机发生后，股票的内在价值相对更高，价格更便宜。

巴菲特始终认为，估计企业内在价值最正确的模型，应当是约翰・威廉姆斯（John Burr Williams）1938年在《投资价值理论》一书中提到的计算公式。这个公式简单地说就是：任何股票、债券、公司的价值，取决于在资产的整个剩余使用寿命期间预期能够产生的、以适当的利率贴现的现金流入和流出。

按照这一观点，现金充裕的股票，投资风险就相对较低，投资回报就相对较大，即使做不到“进可攻”，也能做到“退可守”。所以在整个2008年内，有太多的投资者都在股市中寻找“净现金公司”作为抄底目标。

所谓“净现金”，是将目标公司持有的现金减去流动负债（一年内到期的负债）与非流动负债的现金净额。

受整个宏观环境影响，净现金公司的股票价格虽然也会下跌，可是它却一定不会破产，更不会被清盘。更何况，金融危机中各企业现金都很紧张，现金充裕的公司因为在这方面没有后顾之忧，就能随时抄底原材料股票和进行对外投资，为未来的盈利计划打下良好的基础。

不用说，将来形势一旦好转，净现金公司的股价随即就能至少回升到其现金水平，这一点是毫无疑问的。所以，投资者一直持有该股票也是可以的。

应当注意的是，目光瞄准现金充裕的股票非常重要，但不能把它作为投资股票的唯一依据。因为与现金相比，更重要的还是目标公司的业务发展前景，以及其未来业务是否需要过分消耗现金等方面。

例如，有些上市公司充裕的现金并不是通过业务赚来的，而是通过集资、发行股票得到的，对这样的公司投资者要保持一份警惕。因为这种充裕的现金有些“来路不正”，将来很可能会因为公司业务前景不好而被消耗殆尽，甚至使这些公司变为净负债公司。

不过实事求是地说，考察一家上市公司的现金是否充裕并不是一件简单的事。更何况，还存在着各种方法之间的比较、选择呢。

例如，巴菲特投资上市公司的方法是，首先对该公司的内在价值进行评估，以确定自己买入该股票的每股价值究竟是多少，然后再与该股票价格进行比较，看它是否已经进入合理的买入区域。

巴菲特认为，内在价值和账面价值是不同的。“内在价值”是经济学概念，表明企业预期未来的现金流量有多大的贴现值；而“账面价值”是会计学概念，表明该企业通过经营管理形成了多大的资本积累。

简单地说，内在价值告诉你的是未来的预期收入有多少；而账面价值告诉你的是过去的历史投入有多少。巴菲特认为，了解目标企业的未来比了解其过去更重要；相应地，也就意味着内在价值比账面价值更重要。

在具体计算净现金时，巴菲特认为，不能简单照搬照抄根据会计准则计算得到的现金流量，这其中应当减去“年平均资本性支出”这一项。

具体计算方法是：

现金流量＝财务年报上的收益＋非现金费用－企业为了维护其长期竞争地位和单位产量用于厂房、设备的年平均资本性支出

巴菲特承认，要得到这一结果会有一定的难度，而且每个人针对同一家公司的这一指标所做出的评估结果也会不同。但他坚持认为：“我宁愿要模糊的正确，也不要精确的错误。”

【巴菲特股市抄底秘诀】

巴菲特认为，股市下跌时更要关注目标企业的内在价值。这种内在价值与现金流量是密切相关的，正因如此，投资者要特别关注目标公司的现金是否充裕。现金充裕应该作为是否值得投资某股票的重要依据，但不是唯一依据。

优秀公司不需要向别人借钱

> 这些《财富》500强可能让你大开眼界。首先，相对于本身支付利息的能力，它们所运用的财务杠杆极其有限，一家真正好的公司是不需要借钱的；第二，除了有一家是所谓的高科技公司，另外少数几家属于制药业以外，大多数公司产业相当平凡普通，大部分现在销售的产品或服务与10年前大致相同（虽然数量或价格，或两者都有，比以前高很多）。这些公司的记录显示，充分运用现有产业地位，或是专注在单一领导的产品品牌之上，通常是创造企业暴利的不二法门。
>
> ——沃伦·巴菲特

【巴菲特这样抄底股市】

巴菲特认为，股市下跌时更要关心股票内在价值的高低。内在价值高低的表现之一是负债。他认为，优秀的上市公司一般不需要向别人借钱，也就是说，负债率低的企业中更容易出现内在价值高的股票。

巴菲特在伯克希尔公司1987年年报致股东的一封信中说，如果你仔细观察《财富》500强企业会发现，这些企业的对外负债很少，由此他得出结论，“一家真正好的公司是不需要借钱的”。

他说，这些企业从行业来看，它们的产品和服务与5年、10年前相比并没有什么大的不同，只有一家是所谓的高科技企业，另外还有少数几家医药企业。

它们之所以能取得“暴利”，关键是依靠它们在这个行业中处于领导地位的产品品牌以及领先的产业地位。

巴菲特说，通过对1977—1986年10年间美国《财富》杂志的研究，其中1000家企业中只有25家能够连续10年平均股东权益报酬率达到20%，并且没有一年低于15%的标准。再从它们在股票市场上的表现看，不用说它们都是股市中的宠儿，它们中有24家的表现超过标准普尔500指数。

那么，为什么会出现这种情形呢？巴菲特认为，这说明这些上市公司的服务、产品线、制造能力、市场等方面已经相对成熟，或者根本就处于各自所在行业的领导地位，竞争优势不可削弱，所以它们才会出现持续很多年一成不变的经营模式。相反，如果这些公司为了改变而改变，反而有可能增加犯错误的机会，这就像要在一片动荡不安的土地上建造一座固若金汤的城堡一样困难重重。说得更透彻一点就是，具有稳定特质的企业是创造持续高利润的关键。

巴菲特话锋一转说，上述规律其实在伯克希尔公司身上就表现得很突出。伯克希尔公司旗下的那些子公司打造出了优异的成绩，可它们所从事的业务其实就相当平凡。只不过，那些职业经理人把重点放在了保护企业本身、控制成本上。他们根据公司现有能力来不断寻找新产品、新市场，巩固原有优势，从来不受外界诱惑。这些才是问题的关键。

为了说明现金、外债与优秀上市公司之间的关系，巴菲特在伯克希尔公司1991年年报致股东的一封信中，以媒体企业为例来加以说明。

巴菲特说，多年来人们一直以为新闻、电视、杂志产业的获利能力能以每年6%左右的比率不断增长，而且永无止境，根本不必依靠额外资金。看得出，这也是巴菲特过去喜欢投资媒体行业的主要原因。

因为在这些企业中，每年的折旧费用与资本支出差不多，所需营运资金相当少，以至于账面上反映的、扣除无形资产摊销前的利润水平，几乎就等于可以自由分配运用的利润。也就是说，媒体企业几乎每年都可以拥有6%的稳定的现金流。

对于这笔现金流，如果以10%的折现率来计算现值，那么相当于一笔2500

万美元的投资，每年产生100万美元的税后净利润，其税后本益比就是25倍，税前本益比就是16倍左右。

巴菲特说，现金就是现金，无论它是通过经营媒体企业得到的，还是通过经营钢铁企业得到的，都一样。投资者之所以看中媒体企业，原因在于预期它不需要股东另外投入资金，就会像过去那样继续成长，发展相对稳定。而钢铁企业的发展则具有明显的周期性。

众所周知，伯克希尔公司在媒体企业上有相当大的投资，如《布法罗日报》公司、《华盛顿邮报》公司、资本城 / 美国广播公司等。虽然这些企业因为受大环境的影响，股价有大幅度滑落，但其内在价值并未受到多大的影响。正如伯克希尔公司的企业原则一样，巴菲特不会把用在这些企业上的专项资金用于其他方面。虽然事实上他的确出售过一些股票，但比例很小，几乎可以忽略不计。巴菲特坚持认为，优秀企业不需要从外面借款，而伯克希尔公司旗下的那些子公司大多数属于这种类型。

巴菲特说，1991年《布法罗日报》公司、资本城 / 美国广播公司、《华盛顿邮报》公司的经营业绩都比同行要好得多。

20世纪80年代，美国许多媒体企业都纷纷并购，只有巴菲特按兵不动，所以资本城 / 美国广播公司、《华盛顿邮报》公司的负债都很少，仅仅手上的现金就足够偿还所有债务。正因如此，这些公司的资产缩水并没有因为有负债而增大比率。

巴菲特因此高兴地说，在美国所有主要媒体中，大概只有这两家媒体没有债务拖累了；而早期那些进行过大量并购的媒体企业，除了经营业绩大幅度缩水外，还要同时背负至少相当于年利润5倍以上的负债——换句话说，它们今后5年内的经营业绩都已经被吞噬了。

【巴菲特股市抄底秘诀】

巴菲特认为，优秀的上市公司负债率很低。一方面，它们有充裕的现金，不需要过多负债；另一方面，它们正因为负债率低，因此未来的发展包袱也小。所以，巴菲特抄底股市时，偏爱那些负债率低的股票，喜欢轻装上阵。

阅读客观、翔实的财务年报

在伯克希尔公司，所谓翔实的报告，代表着今天如果角色互换，我希望各位能够提供所有我们想要知道的信息。这包含了目前经营的重大讯息，以及 CEO 对于公司长远发展的真正看法。当然，要解释这些讯息必须辅以相关的财务资料。

——沃伦·巴菲特

【巴菲特这样抄底股市】

巴菲特认为，股市下跌时更要关心股票内在价值的高低。而股票内在价值的高低，可以通过阅读客观、翔实的财务年报领悟出来。

巴菲特在伯克希尔公司2000年年报致股东的一封信中说，在伯克希尔公司，所谓“客观、翔实的财务年报”，是指巴菲特站在投资者角度看，该报表也能为他提供他所想要的所有信息，包括公司经营的重大信息以及公司首席执行官对企业长远发展的看法。当然，这不该是夸夸其谈，应当有必要的财务数据加以佐证。

巴菲特认为，投资者应当十分重视阅读公司财务年报，因为可以从中得到许多有用的信息。他不但从小就开始研读报表，而且直到现在，他每天的主要工作还是阅读报表。他像别人阅读报纸那样读报表，每年阅读的报表数量达几万份。

甚至，许多重大投资项目，巴菲特完全是在阅读报表后做的决策。例如，他投资4.88亿美元在中石油 H 股上，就既没有实地考察该公司，也没有和该公司的任何高级管理人员取得联系、沟通，而仅仅是连续阅读了该公司两年的财务年报，就做出了投资决策。

那么，怎样来阅读财务报表呢？

巴菲特介绍说，他和查理·芒格对财务报表中关于人员、工厂、产品介绍等方面的内容不感兴趣，有关扣除折旧摊销后的税前盈余，更让他们看得胆战心惊。他的意思是说，公司管理层不要以为自己大嘴一张自吹自擂，或者进行财务造假，就会吸引投资者购买其股票，虽然这种情况也经常见到。

他说，对于那些似是而非的会计准则，他一向持怀疑态度，因为公司管理层很可能会借助它们来掩盖一些事实。

除此以外，他也不喜欢读那些公关部门、公司顾问提供的资料。道理很简单，这些人都是公司的“吹鼓手”，只会一味地说好话。

巴菲特最喜欢看的内容是首席执行官亲自解释公司实际发生的状况。这里强调两点：一是事实；二是需要首席执行官亲自出面来解释，而不是通过公关部门、公司顾问或其他什么人来演绎。

巴菲特说，客观的财务报表要达到的要求是，所有投资者都能同时得到相同的信息，退而求其次，也要尽可能做到这一点。

以伯克希尔公司为例，它的做法是，通常会把财务季报、财务年报安排在星期五股市收盘后，通过公司网站统一对外公布。

这样做的目的是，所有投资者，包括公司股东以及其他关心伯克希尔公司的人，都能及时得到重要信息；并且在星期一股市开盘之前，大家有足够的时间来吸收、消化相关信息。

美国证券交易监督委员会主席阿瑟·列维特（Arthur Levitt）上任后，一直致力打击上市公司选择性披露信息的做法。在巴菲特看来，上市公司选择性披露信息违背了客观、翔实的报表披露原则，相比个人投资者，会使投资机构和投资顾问得到更多的信息，这是一种堕落行为。不过，在阿瑟·列维特的努力打击下，这种状况已经有了根本好转。

巴菲特提醒说，虽然阅读报表要关注上市公司首席执行官对未来业绩成长的分析，但他和查理·芒格都认为，和对股票市场进行预测一样，首席执行官对公司未来的发展和业绩进行预测也是相当危险的，并且是不恰当的；更不用说，如果他们是在证券分析师和公关部门的要求下被迫这样做的话，就更应该提高警惕了。

虽然首席执行官的心里有一个发展目标，公开发表个人见解也不是什么坏事，但如果这样的观点过于肯定，就可能会给投资者带来误导。例如某上市公司在报告中宣称，将来的年平均增长率能够维持在15%的水平上，这就可能会带来一系列麻烦，进而误导投资者。

巴菲特这样说，是在告诫投资者对财务报表中出现的任何描述和承诺都要保持一份警惕。与其轻易相信它们，不如自己动手算一算它们的内在价值究竟有多少来得更可靠。

说得更明白一点就是，当看到某家公司报表中承诺今后的业绩增长率年平均能达到15%的时候，许多投资者会深信不疑，可是巴菲特却会持怀疑态度，因为这种高标准只有极少数企业才能做得到。

他举例说，从历史上看，20世纪七八十年代，即使在美国业绩表现最好的200家上市公司中，年利润增长率能够保持在15%的也只有极少数。他说他可以和读者打赌，今年（2000年）在美国业绩表现最好的200家上市公司中，能够在接下来20年里年平均成长率保持在15%的公司，绝对不会超过10家。

他认为，财务报表中有些话说得过于绝对，不但会误导投资者，而且还可能毁掉整个公司。因为首席执行官的承诺放在那里，到时候眼看目标实现不了了，这些公司就会采取各种非经济手段来“完成”任务；如果这样做还不行的话，它们就会开始做假账。所有这些，都是需要投资者警惕的。

【巴菲特股市抄底秘诀】

巴菲特认为，在股市下跌过程中，投资者更要关注企业内在价值，通过阅读客观、翔实的财务报表可以领悟出内在价值来。客观、翔实的财务报表应能解答投资者的所有疑问；同时，投资者又要谨防被报表中的花言巧语和过高承诺所迷惑。

不要被股价波动蒙蔽双眼

我们深信对股票和债券价格所做的短期预测根本是没有用的，预测本身只能够让你更加了解预测者，但对于了解未来毫无帮助。

——沃伦·巴菲特

【巴菲特这样抄底股市】

巴菲特认为，股市下跌时更要关心股票内在价值的高低，而不要去预测股市未来走向，避免被股价波动蒙蔽双眼。

针对股市波动剧烈时投资者通常更关注股价波动幅度、股市未来方向的做法，巴菲特奉劝投资者，不要对股市走势、利率以及将来的经济动态做任何预测。他说他自己就是这样做的，因为他相信，这种预测不会给股票投资带来任何帮助。既然这样，又何必去做这些无用功呢？更何况，这种东西“研究”多了，势必会误导自己做出错误的投资决策。

巴菲特认为，股市的投资风险主要是指股票价格高于价值的部分，而不是股票价格本身的高低，以及过去的股价波动情况。

也就是说，如果某只股票的内在价值高于价格，这只股票就有投资价值；反之亦然。他认为股市波动是没有规律的，因而他对市场有效理论不屑一顾，尤其是其中的 β 系数理论。

市场有效理论认为，衡量投资风险，可以用某股票过去价格的波动范围通过精确计算来定义，这就是希腊字母 β 。当某只股票的 β 系数为1.0时，表明它是被市场认可的，投资风险不大；当 β 系数达到1.2时，表明其投资风险较大；当 β 系数达到1.5时，表明其投资风险更大了。

根据这样的理论，每只股票的投资风险大小，都可以通过精确计算它过去的价格波动范围得出。

以至于到最后，美国华尔街上的那些证券商们一开口就问某只股票的 β 系数是多少，而全然不关心它究竟是一只什么样的股票。在他们眼里，什么样的股票似乎倒无关紧要了。这颇有些像眼下相亲时一张口就问对方是什么学历、多少月薪，全然不顾对方究竟是一个怎样的人一样。

β系数理论看起来有道理，而且越想越有道理，可实际上是荒谬的歪理。写到这里，笔者想起了一则与此类似的笑话。

有一家婚姻介绍所推出了电脑征婚业务，只要你输入择偶条件，电脑就会自动配对出结果来。于是一位妙龄女士开出了以下两个条件：①要帅；②要有车。一按回车键，电脑搜索的结果是“象棋”。

女子有些不服气，重新输入两条征婚要求：①要有漂亮的房子；②要有很多钱。电脑告诉她，最符合条件的是“银行”。

她继续输入两个要求：①要长得酷；②要有安全感。结果搜索出来的对象是“奥特曼”。

这位女子不死心，一口气把上述所有条件全都输了进去：①要帅；②要有车；③要有漂亮的房子；④要有很多钱；⑤要长得酷；⑥要有安全感。最后得到的结果是“奥特曼在银行下象棋”。

虽然这是一则笑话，可是如果投资者想通过简单计算拟投资股票过去的价格走势，而直接得到投资建议，岂不是像这位小姐电脑征婚一样可笑吗？过于关注择偶条件，最终就会得出可笑的结果，与所需要的实际情况南辕北辙。

所以，巴菲特认为，投资者任何时候都不要被股票价格蒙住双眼，要把重点放在关注目标公司的内在价值上。尤其是当股市下跌时，不要因为拟投资股票价格比过去下跌了许多就以为它有投资价值了，这是没有道理的。判断某只股票是否有投资价值，需要把其价格与内在价值相比较，这才是正确的态度。

有一次，在伯克希尔公司举行的股东大会上，一位股东问：“为什么要用β系数来衡量投资风险？”巴菲特一针见血地指出，β系数只能用来衡量股票价格波动范围，不能用来评价股票投资风险。

对此，他以1973年买入的《华盛顿邮报》公司为例来加以说明。当年，《华盛顿邮报》公司的股票市值（股价乘以总股本）只有0.8亿美元。如果它的市值下跌到0.4亿美元，这时候用 β 系数理论来解释，β 系数不是下跌了，而是上升了。也就是说，用0.4亿美元买入该公司的所有股票比用0.8亿美元买入该股票的投资风险还大，这不是胡说八道吗！巴菲特说，他实在想不出这种理论的合理性何在。

他又说，1980年，美国某农场的价格是每英亩2000美元，后来价格跌到每英亩600美元时，他收购了这家农场。如果用 β 系数理论来解释，他似乎不应该在600美元时买入，而应该在2000美元时买入似的，因为后者的“投资风险更小”！

巴菲特说，如果投资者不去关注股票的内在价值，而是只关心其价格变动，就会不知不觉地受市场有效理论的影响而误入歧途。面对每天波动的股市指数和股票价格，想要通过某种精确的数学方法来计算，这本身就是不可能得到正确结果的。

【巴菲特股市抄底秘诀】

巴菲特认为，投资者不能被股价波动蒙住双眼。千万不要以每天涨涨跌跌的价格波动来衡量投资风险。能够衡量投资风险的指标只有一个，那就是内在价值。股价波动如果没大到影响企业内在价值，那它就与风险无关。

追涨杀跌是毫无道理的

市场有效理论的倡导者们，似乎从未对与他们的理论不和谐的证据产生过兴趣。很显然，不愿意宣布放弃自己的信仰并揭开神职的神秘面纱的人，不仅仅存在于神学家之中。

——沃伦·巴菲特

【巴菲特这样抄底股市】

巴菲特认为，股市下跌时更要关心股票内在价值的高低，千万不要只随着股价涨涨跌跌在那里追涨杀跌。追涨杀跌的做法在下跌通道中很危险，也毫无道理，很容易造成投资损失。

为什么这样说呢？巴菲特认为，追涨杀跌的理论依据是市场有效理论，而他对此不屑一顾，甚至说视其为“政敌”也不为过。

长期以来，证券投资中一直盛行着市场有效理论。美国华尔街上的那些证券商和商学院的教授们，都把市场有效理论视为经典理论来对待。

市场有效理论的代表人物是美国第一位诺贝尔经济学奖获得者、美国麻省理工学院教授保罗·萨缪尔森。

1965年，他发表文章《论准确预测价格的随机性》，提出了一个对所有股民都具有致命诱惑力的观点，那就是：股票价格的未来波动“总是有影子的”，它们总会反映在股票价格的涨跌起伏上。

这就是说，虽然股票价格的波动是随机的、很难掌握的，但是只要对某只股票价格的以往波动情况进行考察，就可以判断它将来的价格变动方向以及投资风险大小。

他的原话是，“风险分析成了众人皆知的一些信息，基本上是无价值和不完整的，股票的走向仍取决于（未知的）新信息，它仍是不可测的”。

那么在这种情况下，股票投资怎样才能避免风险呢？该理论认为，这就要通过精确的测算，寻找最佳入场时机了。

市场有效理论认为，无论什么时候，证券市场的运行都是“有效”的。也就是说，当股市信息被披露得很充分时，每只股票的价格涨跌幅度都会趋向股指平均数。

换个角度看，每只股票价格的涨跌并非杂乱无章，在它背后实际上隐藏着某种信息——当股票价格发生波动时，投资者会条件反射似的行动起来，以自己的买入、卖出行为，让股票价格重新回到与股票指数涨跌幅度大致相同的地步。

更通俗地说就是，当某只股票的价格上涨过快时，投资者不要高兴得太早。因为将来它的价格上涨速度一定会减缓，甚至会掉头向下，以配合股市大盘的涨跌幅度。这时候，投资者应将操作重点放在考虑逢高减仓上。相反，当某只股票价格下跌速度过快时，投资者也不要过于惊慌。因为将来它的价格下跌速度一定会减缓，甚至会止跌回升，它同样需要保持与股市大盘同样的涨跌幅度。这时候，投资者应将操作重点放在考虑逢低建仓上。

对照目前中国股民的操作手法，几乎可以说完全是这样。这正好说明了中国股民受市场有效理论的影响已经根深蒂固，这也是今天中国股民信奉追涨杀跌的理论依据。

可是巴菲特认为，这种投资方法完全没有道理。就好比说，某个人原来脚上穿的42码鞋太大，准备上街去买双新鞋。他在挑选新鞋时，很可能会直截了当地挑选一双41码的鞋。理由是，既然原来的那双鞋太大了，那么现在买一双尺寸较小的鞋就一定是合适的。

可是现实生活中很少有人会这样做。一方面，虽然原来42码的鞋太大，但也不表明41码的鞋就是最合适的，或许是40码呢？另一方面，既然你自己上街买鞋，那为什么不亲自用脚试一试呢？这不是很方便吗？

再说了，即使是同样尺码的鞋，也可能有大有小，就像同样一件商品在电子秤上所称得的分量大小也可能不一样。虽然从理论上看不该如此，但实际上这种情况很常见，有生活经验的人对此都有体会。

巴菲特认为，无论生活还是投资，实际情况都会很复杂，市场是不可能用“有效”两个字来概括的。即使是他自己抄底股市，他也从来没有奢望过在精确的底部抄，过去的实践一再证明了这一点。

就在其他投资者渴望在底部买到股票，然后在顶部抛出，以求收益最大化时，巴菲特始终坚持一条原则，那就是“模糊的正确远胜于精确的错误”。这看上去显得非常无力，也比较谦虚，但实际上真的没有看到过有谁能真正在最低点买入、在最高点抛出的。

所以，巴菲特的“猜底”和“抄底”从来都不是刻意的，而是在对价格与内在价值的大致判断中得到的。

研究表明，巴菲特有90%以上的股票一买便被套。为什么被套？无非就是买入价格不是在精确的底部。就连被公认为他最成功的对可口可乐公司的投资，也是他买入不久就被套牢30%。另外就是1973年他刚买入《华盛顿邮报》公司，恰逢美国经济低迷，道琼斯工业指数下跌了40%，他买入该股票两年后才回到成本价。

可是，这对他来说又有什么关系呢？什么事都没有，并且他一直持有这些股票到现在。能看到，每当被人讥笑"买高了"或"被套了"时，巴菲特总能淡然处之。因为他要的只是一个"模糊的正确"，而不是多数人自作聪明所追求的那种"精确的错误"。正因如此，他才会成为全球股市投资界独一无二的"股神"，因为那些每天追涨杀跌的散户不具有他那样的非凡见识。

巴菲特历来反对追涨杀跌，认为这根本就是错误的。在他看来，股价涨跌的方向不是向股指平均数回归，而是向内在价值回归。就好像倒塌的房屋是向着地心而不是地平面倒下一样。

要知道，巴菲特的一生深受大学老师本杰明·格雷厄姆的影响，甚至当年他就读哥伦比亚大学商学院研究生，就是冲着本杰明·格雷厄姆去的。今天回过头来看，本杰明·格雷厄姆开创的价值投资理论确实是巴菲特一生的追求，并且这一理论在他手里得到了进一步的发扬光大。虽然价值投资理论在市场有效理论者面前如同"异端邪说"和"旁门左道"，但巴菲特一生都坚信并坚持这一观点。

并且，巴菲特用自己的亲身经历和骄人成绩，无情否定了市场有效理论。截至2015年年末，伯克希尔公司51年来的股票净值年平均增长率高达19.2%，大大超过同期标准普尔500指数6.4%的年增长率，这就是最好的证明。如果市场真的"有效"，那么从这么长的一个时间段来考察，他的长期业绩回报就应该在6.4%附近。

值得一提的是，虽然保罗·萨缪尔森把巴菲特的成功归于对方"情报搜集"给力，可搞笑的是，他一生中唯一购买的一只股票正是巴菲特的伯克希尔公司股票。这还是他2009年年末去世后其子女发现的，他在生前可一直是秘而不宣。也许他是不好意思说，也许他是为了验证巴菲特的投资业绩会不会真的超过“有效”的市场。无论如何，他的这一举动都耐人寻味。

这样做的当然还大有人在。例如，美国加州大学著名经济学家阿门·阿尔奇安，他一边认为巴菲特的成功完全缘自巴菲特特殊的有利地位，而不是其与众不同的投资策略；一边心安理得地购买着伯克希尔公司的股票。

【巴菲特股市抄底秘诀】

巴菲特认为，投资者追涨杀跌的做法是错误的，市场不可能总是“有效”的，甚至从来就没有“有效”过。股市投资当然有风险，但衡量风险大小的依据不是看它的价格是上涨还是下跌了，而是要看它的内在价值。

长期持有质地优秀的股票

> 我奉行一条简单的信条：别人贪婪时我恐惧，别人恐惧时我贪婪。当前的形势是恐惧正在蔓延，甚至吓住了经验丰富的投资者。当然，对于竞争力较弱的企业，投资者保持谨慎无可非议；但对于竞争力强的企业，没有必要担心它们的长期前景。这些企业的利润也会时好时坏，但大多数会在未来 5 年、10 年或 20 年内创下新的盈利纪录。
>
> ——沃伦·巴菲特

【巴菲特这样抄底股市】

巴菲特认为，股市下跌时更要关心股票内在价值的高低。只要是质地优秀的股票就值得长期持有，而不用过于担心股市是涨是跌。2008年10月17日，巴菲特在《纽约时报》上发表署名文章认为，在金融危机中，投资者不用过于关心眼下股价的一时涨跌，那些竞争力强的企业大多数会在未来5年、10年或20年内创下新的盈利纪录。不用说，抄底股市也应该首选这类竞争力强的股票。

他是这么说的，又是怎么做的呢?

拿2016年上半年来说，全球包括中国银行股业绩都大幅度滑坡，比2008年全球发生金融危机时更低。尤其是中国、美国和欧洲的那些超大规模的银行，股价纷纷跌破净资产，最低的是花旗银行和美国银行，市净率都在0.6倍以下。令人惊讶的是，唯有伯克希尔公司重仓持有的富国银行一花独放，在全球超级银行中唯一一家将股价维持在净资产以上，市净率在1.2倍左右。并且，唯有它在2008年金融危机和之后的欧债危机中毛发无损，而且其股价逆势上涨了近6倍，这还不包括历年的分红在内。

在2008年金融危机之前，富国银行的规模比花旗银行、美国银行都要小。可是8年过去后，它一跃成为美国最大的商业银行，市值相当于花旗银行和美国银行两家之和。[1]

明白了这一点，你或许就能理解巴菲特当初在金融危机中为什么会对富国银行情有独钟，并逢低加仓了，因为它质地好。

关于这一点，伯克希尔公司本身就是一个很好的例子。巴菲特的全球代言人罗伯特·迈尔斯2004年11月访问中国时就认为，在这以前的5年里，伯克希尔公司取得了非常令巴菲特满意的经营成果。

怎么个满意法呢?读者在伯克希尔公司网站上查阅相关数据可以得知，从巴菲特1965年收购该公司起至2004年，其中只有一年（即2001年）是亏损的，其他年份全都赢利。具体是，2001年伯克希尔公司业绩下跌6.2%，而这是在当年“9·11”恐怖袭击事件爆发，全球股市普遍下跌的背景下发生的。2004年之后有一年也是亏损的，即2008年伯克希尔公司业绩下跌了9.6%。考察其背景，2008年爆发金融危机后，当年的标准普尔500指数下跌了38.5%，中国上证综合指数跌幅更是高达65.4%。伯克希尔公司9.6%的亏损绝对算是跑赢大市了。

1 全球超级银行股价齐跌，仅巴菲特的富国银行金身不破．腾讯网[2016-4-13].

仔细研究可以发现，伯克希尔公司的经营业绩从1965年至2015年除了这两年亏损外，其余年份的业绩回报差不多都在标准普尔500指数的2倍左右。所以，巴菲特经常用伯克希尔公司的账面价值减去标准普尔500指数所得到的差额，来作为伯克希尔公司的价值增值，以此告诉股东伯克希尔公司是赢利的。

如果把伯克希尔公司每年的赢利水平从大到小排列，可以发现一个非常有趣的现象，那就是：当标准普尔500指数出现下跌的时候，伯克希尔公司的业绩回报水平反而更高；相反，在标准普尔500指数上涨速度非常快、业绩回报水平相当于平均数3倍的时候，伯克希尔公司的业绩回报水平倒有可能很一般。伯克希尔公司的这一特征在2008年以来表现得尤其突出。

另一个比较典型的例子是1997年，当年标准普尔500指数出现了下跌，而伯克希尔公司的业绩增长比率却高达31.9%，两者相抵后其业绩增长比率高达39.3%。因为分母是负数，所以这时候伯克希尔公司的增长率就无法说究竟增长多少倍了。同样典型的还有2013年，当年标准普尔500指数上涨了32.4%，虽然伯克希尔公司的业绩增长率也高达18.2%，可是相比之下，仍然低于前者14.2个百分点。

正如巴菲特在伯克希尔公司2012年年报致股东的一封信中所说的那样，2012年伯克希尔公司虽然创造了240.8亿美元的收益，公司账面净资产增长了228亿美元，增长率达4.6%，可却是过去47年来第9次落后于标准普尔500指数的增长幅度。而在这9年中，有8年，标准普尔500指数的涨幅在15%以下，这再次证明伯克希尔公司的发展速度在“逆风时相对跑得更快”。不过，如果用5年作为一个周期来衡量的话，伯克希尔公司的业绩则从来没有一次落后于标准普尔500指数的增长速度。

数字表明，从1963年到2003年的40年间，在以高科技股票交易为主的美国纳斯达克股票市场上，投资者的平均持股时间是0.5年；在以历史悠久的蓝筹股交易为主的美国纽约股票市场上，投资者的平均持股时间是1.0年。而伯克希尔公司股东持有该公司股票的时间平均长达27年。长期以来，大约有97%的、持有该股票的投资者根本就没有进行过交易，而是买入股票后就压在箱底做长期投资。

所有这些，都令巴菲特感到非常欣慰，这也从一个侧面证明了伯克希尔公司的投资者同样在践行着长期投资的理念。或许正如巴菲特所说的那样，他们认为这是一只质地优秀的股票，所以根本不看受金融危机影响的股指已经下跌了多少，而是寄希望于它“在未来5年、10年或20年内创下新的盈利纪录”呢！

巴菲特在伯克希尔公司1996年年报致股东的一封信中说，当时他正在研读可口可乐公司1896年的年报。请注意，这是一份整整100年之前的年报，但巴菲特觉得这时候研究它还不晚；并且，经过这样长的时间跨度之后，更容易发现一只质地优秀的股票会具备哪些品格特征。

巴菲特说，1896年的可口可乐公司虽然已经是当时冷饮市场的领导者了，可是那也不过只有10年光景。当时的公司总裁阿沙·坎德勒（Asa Candler）面对14.8万美元的年销售额表示：“我们从来没有放弃告诉全世界，可口可乐是一件能够提升人类健康与快乐的最卓越超凡的东西。”

正是有了这样的雄心壮志和目标，可口可乐公司100年来得到了快速发展，可乐糖浆的年销售量从那时的11.6万加仑增长到32亿加仑，增长了27000多倍。

巴菲特高兴地说，投资者在这100年间的任何时候买入这只股票都是合理的，而不论当时的股市环境如何，至少他是这样认为的。

他的依据是，在这100年间，可口可乐公司强有力的竞争优势和主导地位从来没有发生过改变。伯克希尔公司投资股票时，虽然也同样会追求可以预测的未来，但是更关心这只股票的本质。

巴菲特引用阿沙·坎德勒的话说：“从今年（1896年）3月开始，我们雇用了10位业务员，在与总公司保持密切联系的前提下巡回各地推销产品，我们的业务范围基本上已涵盖整个美国。”

巴菲特说，这就是他心目中的销售力量。可口可乐公司能够保持100年不败的纪录，正是长期贯彻这一理念的结果。

【巴菲特股市抄底秘诀】

巴菲特认为，股市下跌时投资者保持一份谨慎无可非议，但更正确的做法是投资那些竞争力强的股票。他以可口可乐公司100年来的发展历史证明，这样的股票业绩以5年、10年、20年的眼光来看，都是会创纪录的。

钻石质地的泰珂洛公司

我们宁愿拥有天然钻石的一小部分，也不要100%的人工钻石。而刚刚提到的那些公司堪称为天然的稀有宝石。更难得的是，我们不是只拥有现在这一些，以后还会得到更多更多。

——沃伦·巴菲特

【巴菲特这样抄底股市】

巴菲特认为，股市下跌时更要关心股票内在价值的高低。无论金融危机如何严重，像天然钻石般的稀世珍宝总是值得拥有的。他在伯克希尔公司1994年年报致股东的一封信中说，他宁愿拥有天然钻石的一小部分，也不要100%的人造钻石。归根到底，就是因为两者的内在价值完全不同，前者才是真正的稀世珍宝。

2008年9月21日，巴菲特动用10亿美元，通过他拥有的以色列刀具制造商伊斯卡（Iscar Ltd.）公司，购买了日本汽车及飞机工具机械厂商泰珂洛公司（Tungaloy）71.5%的股权。

泰珂洛公司是伊斯卡公司在日本收购的最大一家企业。伊斯卡公司此次收购的目的是进一步拓展其在东南亚地区的业务范围，扩大产品生产线。在此以前，伊斯卡公司在中国、韩国都已经设有生产线。在巴菲特看来，泰珂洛公司就是一颗天然钻石。

2008年9月22日，日本野村控股公司旗下的一家子公司发表声明，证实了这一消息。此消息说，该公司持有的泰珂洛公司71.5%的股权将在2008年11月末转让给伯克希尔公司旗下的一家子公司，即伊斯卡公司。

泰珂洛公司是日本最早开发钨合金钢工具的企业，至今已有70多年历史，是全球钨合金行业内三大领导者之一，销售网络遍及全球，在同行中拥有很高的声誉，与日本三菱企业、住友公司并驾齐驱。尤其是在微型钻头项目方面，它更是位居全球同行第二位。

泰珂洛公司是1950年2月成立的，注册资本为8000万日元。该公司主要从事粉末冶金产品的硬质合金刀具和陶瓷的生产、销售，时有员工2700人。2007年，其销售额为4.5亿美元，其中3亿美元是在日本实现的。

1934年，日本东芝公司的前身——东京芝浦电气和东京电力芝浦制作所两家公司，正式成立了一家联合特别合金公司。1935年，产品进入美国得克萨斯州市场。第二次世界大战期间，该公司90%的机器被炸毁，1950年恢复建设，并且分离出泰珂洛公司来。

1958年，泰珂洛公司改用现在的公司名称“TOSHIBA TUNGALOY株式会社”。该公司1961年在日本名古屋开设了一家工厂，1962年在东京证券交易所上市。该公司1995年在中国厦门开设厦芝厦门有限公司技术部；2003年在中国上海成立泰珂洛超硬工具（上海）有限公司，在厦门设立泰珂洛超硬工具有限公司。

泰珂洛公司在基础材料硬质合金刀具、技术服务方面拥有全球一流的技术，并且交货期短，所以在业内获得很高评价。

2004年年初，日本东芝公司决定把泰珂洛公司的车削钢材用硬质合金刀具品种减少50%，以便集中力量开发和生产新型刀具材料，大大缩短开发周期。

减少刀具品种的范围主要是对钢材进行车削加工所用的硬质合金刀片，品种从当时的1万种减少到5000种。而实际上，该公司2003年年末就已经实现将原来从接受订货到发出产品所需的4个星期缩短至2个星期。现在刀具品种减少一半后，其生产成本又降低了15%。接下来，该公司又继续减少回转刀具所用传统材料，各类新材料制品全面向涂层化过渡，这更是大大提高了刀具产品的经济效益。

2004年年末，日本野村控股公司通过管理层收购，取得了泰珂洛公司的控股权。当时，泰珂洛公司被从日本东芝公司分拆出来。日本野村控股公司以357.5亿日元的代价，买下泰珂洛公司94%的股权，然后就变更企业名称，在东京证券交易所摘牌。

巴菲特在伯克希尔公司1996年年报致股东的一封信中说，无论是整体收购企业还是买下这家企业的一部分，大家都会发现，伯克希尔公司特别喜欢那些变化不大的公司和产业。究其原因在于，巴菲特特别希望能够买到可以持续拥有10年、20年竞争优势的公司。

他说，那些快速发展的产业，或许能让人在一夜之间就获得暴利，可是它们无法提供他所想要的稳定性。虽然他和查理·芒格也像其他美国公民一样，欢迎新的观念、新的产品、新的方法，以提升生活水准；可是显而易见，作为投资者来说，一味追求热门、流行的产业，就像去太空探险追求新奇、刺激一样，行为虽然令人喝彩，可是要他自己上场，还是算了吧！

现在已经过去了20年，巴菲特所说的这段话的精神依旧未变。从伯克希尔公司控股泰珂洛公司来看，泰珂洛公司完全符合他的投资标准。也正因如此，他才一下子就收购了该公司71.5%的股份，可见决心之大。

【巴菲特股市抄底秘诀】

巴菲特认为，抄底股市，眼睛要盯着那些具有钻石一般质地的优秀股票。他特别提醒大家，要买天然钻石，而不是人造“钻石”，因为两者的内在价值有天壤之别。伯克希尔公司已经拥有这样一些钻石，以后还想拥有更多。

这次抄底依然没买中石油

也就是在我去中国的前段时间，我清空了中石油的全部股份。很多朋友想知道其中的原因，甚至给它戴上了政治的帽子。在此我再次声明一下：中石油是一家非常优秀的企业，也有着很好的管理团队，我清空中石油股份完全是商业行为，跟我的投资理念有关。至于我会不会再次投资中国市场，我的回答是：可能会，但不是现在。也许会有很多人告诉我，中国的经济发展空间还很大，现在的估值也算合理。但我投资不是从宏观角度，而是从更微观的角度进行评估的。中国股市可能还有少量价格相宜的股票，但要点石成金相当困难。我自己只投资熟悉的行业，以及寻找有盈利增长潜力的公司。目前正有意在全球物色入股大企业的机会，但我质疑在中国市场是否仍能物色到优质的吸纳目标。

——沃伦·巴菲特

【巴菲特这样抄底股市】

巴菲特认为，股市下跌时更要关心股票内在价值的高低。这时候与其关心宏观环境，不如从更微观的角度评估投资目标内在价值的高低。巴菲特2008年1月8日在《致中国股民的一封信》中说，这次中国股市下跌后，已经有少量股票值得投资了，“但要点石成金相当困难”。或许，这就是巴菲特这次抄底股市仍然没有投资中石油的原因。

中石油是巴菲特当年投资中国股市买入的第一只股票，按理说它是巴菲特的中国“初恋”，他对它应该是有感情的。可是在这次股市抄底中巴菲特却并没有重温旧爱，这充分说明巴菲特没有用感情代替理智。

2007年11月5日，中石油A股上市。上市之前，所有人都满怀激情，期待着这只当时全球市值第一的股票能够在股市中有一番杰出的表现。

事实也是如此。中石油A股的发行价为每股16.70元，上市第一天开盘价达到48.60元，比发行价上涨191%；收盘价为43.96元，比发行价上涨163%，可以说已经有一番表现了。

可是在此之后，中石油A股就一路下跌，一直跌到1周岁后的2008年11月

5日的收盘价10.63元。至此，股价已经下跌了75.8%，只剩下不到第一天收盘价的1/4。不过在巴菲特看来，这样的价格依然显得过高，这是他在金融危机期间抄底股市时遗忘中石油的主要原因。

想当初，就在中石油A股即将上市，所有人都希望它的股价能够在H股基础上再上一层楼时，巴菲特不动声色地抛出了他已经持有4年的中石油H股全部股票。

当时几乎所有投资者都对巴菲特的这一举措不理解。因为就在中石油A股即将上市时，市场已经把中石油H股的价格推上了20.22港元的高位，好多投资者想买这只股票都还买不到，巴菲特却“不识好歹”地通通抛光，被一些人讥笑为“愚蠢”。

甚至有人为他计算过，虽然中石油H股为他创造了超过7倍的业绩回报，可是如果他能再坚持那么一会儿，稍晚一些卖掉中石油H股，至少还能多赚28亿港元。

可贵的是巴菲特懂得见好就收。随着时间的推移，讥笑巴菲特愚蠢的人越来越少，佩服他有先见之明的人越来越多。

经过一年时间的检验，巴菲特当初抛售全部中石油H股的做法被证明完全正确。因为就在中石油A股价格下跌75.8%的同时，中石油H股的价格也同样下跌了75%以上。

中石油H股是2000年在香港上市的，发行价为1.27港元，上市不久后就跌破发行价，最低探底到1.10港元。就在市场非常不看好这只“垃圾股”时，巴菲特在研究了中石油2003年的财务年报后，陆续在1.10~1.20港元不断地买入中石油H股，累计股数高达11.09亿股；后来，又在1.61~1.67港元增持8.58亿股。最终巴菲特持股数量增加到23.48亿股，成为中石油第三大股东。

巴菲特当时对中石油H股价格低于内在价值的判断非常正确。在接下来的7年中，中石油H股的价格节节攀升，2007年6月末已经达到每股11.49港元。

而就在中石油即将发行A股、H股，股价开始提升时，巴菲特开始了抛售中石油H股的行为。7月12日，巴菲特出售1690万股中石油H股，每股平均价格12.441港元；8月29日，再次出售9265.8万股，每股平均价格11.473港元；9月6日，再度出售2800.4万股，每股平均价格11.47港元。至此，他的持股比例由11.05%下降到8.93%。

2007年9月24日，中石油A股发行顺利过关，在这一利好消息的冲击下，巴菲特第二天就大手笔地卖出中石油H股2.205亿股。这是他当年7月以来第二次抛售中石油H股，也是规模最大的一次，其持股比例迅速下降到5.44%。

在全球嘲笑巴菲特犯了一个低级错误时，他们终于看到中石油H股和A股的价格双双跳水，一直跳到2008年11月5日的每股5.80港元，下跌幅度高达78%，重新回到2005年年初的水平。

巴菲特在这次抄底金融危机时看到，随着国际原油价格不断下跌，虽然中石油H股的价格只有A股的一半，可是股价仍然有一定的下跌空间。也就是说，这时候投资中石油股票的最佳时机还没有到来。所以他并不认同这时候中石油的投资价值，而是对它持旁观态度。

【巴菲特股市抄底秘诀】

巴菲特认为，在股市下跌通道中，仍然要关心上市公司的内在价值是多少，而不是一看到股价在下跌就以为投资机会来了，不管什么股票都敢买。在巴菲特看来，这样的投资是盲目的，有点舍本求末，将来是要吃苦头的。

策略 4

分期建仓，没有最低，只有更低

分期建仓是一种策略

像可口可乐与吉列这类公司，应该可以被归类为“永恒的持股”。分析师对这些公司在未来一二十年饮料或刮胡刀市场的发展进行的预测可能会有些许不同，而我们所说的“永恒”并不意味着这些公司可以不必继续贯彻在制造、营销、包装与产品创新上的努力。只是，就算是最没有概念的观察家或者其最主要的竞争对手，也不得不承认，可口可乐与吉列在终其一生的投资生涯中，仍将在其各自的领域中独领风骚，甚至于它们的优势还有可能会继续增强。过去 10 年来，两家公司原有极大的市场占有率又扩大了许多。而所有迹象显示，在往后的 10 年间，它们还会继续以此态势扩大版图。

——沃伦 · 巴菲特

【巴菲特这样抄底股市】

巴菲特认为，股市下跌过程中的分期建仓没有最低，只有更低。分期建仓并不讲究是否到了一个最低的点位，其实它是一种策略。巴菲特在伯克希尔公司1996年年报致股东的一封信中说，哪怕是最没有水平的证券分析师或其主要竞争对手，也不得不承认，可口可乐公司和吉列公司今后仍然会在各自的领域内独领风骚。巴菲特的言外之意是，类似这样的股票，投资者可以“永恒地持有”，每次股价下跌都可以分期建仓，什么时候买入都是正确的。

在2008年抄底金融危机过程中，巴菲特并没有找到类似于可口可乐公司、吉列公司这样的股票，可是他却以另一种方式，即投资优先股的方式，在高盛集团、通用电气身上变相实现了他所期待的效果。

2008年9月23日，美国第一大投资银行高盛集团宣布，伯克希尔公司投资高盛集团50亿美元，购买了其优先股。

受金融危机影响，当时的高盛集团正在从美国最大的投资银行变为第四大商业银行（按资产计算）。所以它需要通过公开发行普通股融资25亿美元。最终，高盛集团的融资总额达到75亿美元。

请注意，巴菲特在这里投资50亿美元购买高盛集团公司的股票，以及接下来在2008年10月1日投资30亿美元购买通用电气公司的股票，都属于永续优先股，两种永续优先股的年股息率都是10%。

在过去，中国投资者对什么是优先股基本上没概念。所谓“优先股”，是指投资者享有某些优先权利的股票，它具有股息率固定、股息分派优先、剩余资产分配优先、一般没有表决权的特点。从这些特点看，巴菲特购买的这种优先股，既具有普通股的某些特性，又具有某些债券的性质，能够保证他取得像投资可口可乐公司、吉列公司那样的稳定回报。

所谓“优先股的年股息率10%”，实际上表明这种永续优先股相当于年息10%的可转换债券。巴菲特投资高盛集团、通用电气公司，主要考虑的就是股息率固定、股息分派优先等条件，并且他可以在一定期限内按照确定的价格将这些优先股转换成公司普通股。

在中国 A 股市场上，投资者看到的都是普通股，与巴菲特购买的这种优先股是两种类型不同的股票。机构投资者在买入优先股时，通常会和上市公司协商一个分红比率，例如上面所说的 10%。

优先股不同于普通股，它是一种固定收益性质的投资。无论投资公司赢利状况如何，只要不破产，它就要每年向投资者支付固定的投资回报。

优先股能够比普通股优先得到分红，优先股分红完了才会轮到普通股分红，普通股分红完了才会轮到投资者分享利润。优先股得到的收益是固定的，例如 10% 就是 10%；而普通股的分红是不固定的。

这表明，普通股分红虽然要在优先股之后，可是其比率却可能比优先股的分红比率更高，当然也可能更低。具体怎样，要看上市公司的经营业绩和股利分配政策。

优先股的收益是固定的，从这一点上来看，它有点像债券。但它和债券不同的是，债券是有期限的，而它是永续的，也就是说没有期限。优先股可以享受分红，从这一点上看，它有点像普通股。但是它和普通股不同的是，普通股能够享受公司发展带来的成长收益，而它只能享受固定的收益；并且普通股拥有投票权，而它没有。

这就可以看出，巴菲特买下这样的股票后，既可以选择永远持有，每年享有 10% 的利息；也可以选择在适当的时候把它们换成普通股。

你如果没有看懂这一点，一看到巴菲特在分期建仓过程中所买的某些股票价格下跌了，就嘲笑他被套了，那么实际上你才是可笑的。因为优先股和普通股是两种完全不同的类型，简单地以股价来判断是否被套，实在是搞错了概念。

读者如果能换个角度看问题，或许能看得很清楚：因为巴菲特选择的是永久持股，所以他根本无须看这两只股票的价格下跌到什么地步，只要这两家公司不破产，那么他每年都能获得 10% 的利息。而且股价越是下跌，这 10% 的年利息相对来说还越高。

再说了，就算这两家公司将来真的要破产，公司清盘时，在资产清算分配顺序上，优先股也要比普通股高（当然，比公司债券要低）。从这一点上来看，一旦公司破产倒闭，优先股的投资风险要比普通股小得多。

另外，目前这两家公司发行的债券年利率也还不到10%。从这个角度看，说巴菲特投资这样的股票“包赚不赔”也不为过。

【巴菲特股市抄底秘诀】

巴菲特认为，分期建仓主要不是看股价，它是一种策略。只要某只股票的内在价值已经进入值得投资区域，而你又认为这样的股票值得长期持有，那么，这时候它的每一次股价下跌或许都是你分期建仓的好机会。

建仓时仓位不要太重

更夸张的是，目前市场参与者对于一些长期而言明显不可能产生太高价值，甚至根本就没有任何价值的公司，给予极高的市值评价。然而，投资者依然被持续飙涨的股价所迷惑，不顾一切地将资金蜂拥投入这类企业当中。这情形就好像是病毒一样，在专业法人与散户间广为散播，引发不合理的股价预期，而与股票本身应有的价值明显脱钩。

——沃伦·巴菲特

【巴菲特这样抄底股市】

巴菲特认为，股市下跌过程中的分期建仓没有最低，只有更低，所以分期建仓时仓位不要太重，并且要时刻保持手里有足够的现金。

巴菲特在伯克希尔公司2000年年报致股东的一封信中说，股票投资者往往会对一些长期来看并没有太高价值或根本没有价值的上市公司给予过高的评价，

“这情形就好像是病毒一样”。

不难看出，很多投资者即使在抄底股市时也是如此。所有投资者，包括巴菲特在内，都可能会有看走眼的时候。这时候怎么办？最好的办法就是不要满仓进入，而是留有余地。

就拿2008年巴菲特抄底金融危机的一系列举措看，他真正用于抄底的资金还不到其总资金的10%。可以说，不论这部分资金将来的损益有多大，对伯克希尔公司的总体影响都不会大。更何况，巴菲特抄底后手中仍然握有大量的现金，一旦股价继续下跌，他还可以继续补仓。

事实上，巴菲特也知道他抄底金融危机后被套是必然的，只是他不方便说罢了。因为谁都知道当时整个美国的股市走势是整体向下的，巴菲特作为“股神”不可能连这一点也看不到。

但巴菲特的心态好就好在仓位不重，用一些中国股民的话来说就是“买一点玩玩”。以玩的心态抄底股市，心情当然就轻松得多了。

读者容易看到，虽然巴菲特动辄出手几十亿美元，这样的投资额让其他投资机构自叹不如；可是对巴菲特来说，这些投资即使不能称之为小菜一碟，但至少比重也不大，由此造成的投资风险当然在其可控范围之内。

更不用说，巴菲特着眼于长期投资，这种由于股市震荡而引起的一时涨跌，根本就不在他的关注范围之内。

不过，对于中国投资者来说，应该注意的是，既然像巴菲特这样的“股神”也无法避免抄底后被套；那么，对于普通投资者来说，在股市下跌通道中就应该以规避风险为主。面对股市的不确定性风险，多看少动，等到风险处于收尾阶段时再出手也不迟。

最简单的道理是，普通投资者手中的现金不多，如果看不到金融危机什么时候会结束，不妨等它跌透，暂时选择空仓观望，以静制动。空仓观望、不投资，是这种特定阶段股票投资的一种境界。

从另外一个角度看，巴菲特在这个时候抄底金融危机，也有他不得已的苦衷，那就是他所说的在此以前“他的个人账户上只有美国政府债券”。既然原来只有政府债券，现在在股市低谷时“随便买一些”股票，有助于分散他的投资风险。

说得更透彻一点就是，巴菲特的账户上原来只有美国政府债券，由此推断，想必这也不是一个小数字；面对金融危机影响下美国债券急剧贬值的现实，巴菲特很可能也处在一个“有苦没法说”的阶段，在股市底部买上一点股票，能起到摊低投资成本的作用。

在这方面，埃里克·萨尔兹曼（Eric Salzman）的观点可能会给大家带来一些启发。他曾经先后担任过贝尔斯登公司董事总经理、房地美公司风险经理、瑞士信托银行策略师、美国财政部监管者，他的经历和观点注定了他的意见在美国抵押贷款领域具有某种代表性。

他认为，在这次金融危机中，高盛集团刚刚转型为商业银行，刚拿到执照，就获得巴菲特50亿美元的投资，从某一个角度看，高盛集团和巴菲特都是真正的“超级英雄”。只是令他怎么也想不通的是，在此以前他并没想到巴菲特会做这样的投资。

之所以这样说，并不是说投资高盛集团有什么不好，但显而易见的是，高盛集团的业务并不是巴菲特一直以来最喜欢的那种保险行业。它不能获得大量的现金，并且许多业务还是巴菲特一直竭力躲避的，在公司经营中承担着巨大的风险。

埃里克·萨尔兹曼说，唯一可以解释的是，巴菲特把这一举措看作是一项“爱国”投资，是在关键时刻为政府分忧解难。

不过在外人看来，巴菲特的这一举措除了因为“爱国”，可能也实在是迫不得已。与其说是“爱国”，不如说他是把这当作自己抄底金融危机中分期建仓的一部分来看待。

【巴菲特股市抄底秘诀】

巴菲特认为，股市底部的形成有一个过程，谁也不知道真正的底部在哪里，知道了也没法保证就能买到最低价。所以，最好是仓位不要太重，用中国话来说就是“摸着石头过河”。

不必在意建仓时被套

高盛是一家不同寻常的机构。该公司拥有无与伦比的全球业务，拥有久经考验和深谋远虑的管理团队，拥有人才储备和财务资本，能够延续其卓越表现。

——沃伦·巴菲特

【巴菲特这样抄底股市】

巴菲特认为，股市下跌过程中的分期建仓没有最低，只有更低。对于自己一直认为是质地优秀的股票，这时候就可以开始介入了；即使介入后被套，也不必过于在意，要相信自己的分析和判断。

2008年9月，巴菲特在投资50亿美元购买高盛集团的永续优先股后表示，高盛集团是一家不同寻常的机构。该公司拥有无与伦比的全球业务，拥有久经考验和深谋远虑的管理团队，拥有人才储备和财务资本，他相信该集团以后能够延续其过去的卓越表现。

读者容易看到，巴菲特自己的观点与上节埃里克·萨尔兹曼的观点有很大不同。无论巴菲特的上述表述是发自内心还是言不由衷，都无法改变这样两个事实：一是巴菲特投资高盛集团后，高盛集团的股价继续大幅度下跌，巴菲特被深深套牢了；二是巴菲特被深深套牢后依然悠然自得，因为他买入的是永续优先股，只要不卖出这些股票，他就永远可以享受10%的年末分红，而仅此一项分配就已经够可以的了。

由此有人总结说，巴菲特大量收购上市公司，并不意味着股市见底。因为从历史上看，巴菲特从来就“不是”一位抄底高手，也“没必要”成为一名抄底高手，原因是他仅仅购买优先股每年固定获得10%的分红就可以确保旱涝保收了。巴菲特的态度是，他只承认自己投资股票从来不看股指高低，而是更关心上市公司的内在价值。

巴菲特觉得，只要认为某只股票物有所值就可以大量买入。所以容易看到，在巴菲特抄底的那些股票中，许多一套就是好几年，可是他从来不急不躁，更不后悔。因为他知道，这些股票买入时其内在价值就已经显露出来了；更何况，他的买入价格要比市场平均价格低得多——如果连他也被套牢了，那就几乎没有人不被套了。

以巴菲特掌控的伯克希尔公司为例，就在2008年10月，巴菲特一连投入上百亿美元抄底金融危机时，伯克希尔公司的股价在短短的一个星期内下跌18%，每股价格跌至11.31万美元，巴菲特的身价缩水超过100亿美元。于是，有太多的人嘲笑他“抄底失败”了。

如果从普通投资者角度看，这种观点似乎没错，因为几乎所有投资者都遇到过这样的事——追涨杀跌，然后被深套其中。可是，如果用这种观点来看待巴菲特，无疑太肤浅了。

为什么？不是因为巴菲特是全球首富，是“股神”，而是因为他的投资理念使他根本就不看股票价格的一时涨跌。既然这样，如果你还要用股价涨跌来衡量他的投资业绩，就是不恰当的。就像一个书呆子只喜欢看书，不喜欢打扮一样，你和他讨论流行时尚就很不讨巧。

如果从短期看，巴菲特买入高盛集团、通用电气公司、比亚迪公司等股票后确实是被套了，可是这又有什么关系呢？问题的关键在于，不是巴菲特的这些投资行为是不是可笑，而是其他人应该好好理一下自己的投资思路。这时候认真看一看巴菲特的投资思路，恰好是一个学习的好时机，能够从中得到诸多启发。

当时的宏观背景是，在美国，个人消费在美国经济中所占比重超过2/3。受金融危机影响，美国人的个人消费水平也大大下降，而且下降速度实在惊人。为此，美国财政部长亨利·保尔森2008年11月明确表示，这种现状会迫使政府不得不停止收购银行的不良资产，从而把金融救援重点转向教育、住房等非银行消费领域。

受此影响，高盛集团、摩根士丹利等金融类股票价格随之跳水，从而连带巴菲特在每股100美元以上买入的高盛集团股票价格也跌到了每股70美元以下。

可以说，这时候的巴菲特买入股票后被套是必然的。不只是巴菲特，这种下跌情况下，任何人买入股票都只能被套。这一点都不奇怪，因为市场走势只有一个，那就是向下。可是对于这种暂时被套，做长期投资的巴菲特一点都不紧张，因为这样的事例他经历得多了。

巴菲特在伯克希尔公司1994年年报致股东的一封信中说，伯克希尔公司先后在1967年买入了国家产险公司，1972年买入了喜斯糖果公司，1977年买入了《布法罗日报》公司，1983年买入了内布拉斯加家具店，1986年买入了斯科特·费策公司……要知道，当时这些公司的情况也都非常困难。他在评估这些收购案例时，关心的并不是道琼斯工业指数的具体走势、美国联邦储备委员会的态度或美国总体经济的发展，而是这些上市公司本身的发展前景。只要这些投资目标本身的内在价值不错，买入价格又可以接受，那投资者就不用过多去考虑其他因素。

用巴菲特的这一观点来看他在2008年抄底金融危机时被套的那几只股票，结论不就一清二楚了吗？

【巴菲特股市抄底秘诀】

巴菲特认为，不要过于在意建仓后被套，因为在不断下跌的行情中谁都无法避免买入后被套。巴菲特的经验是，更应该关心拟投资股票本身的内在价值，而不是股票指数的具体走势，质地优秀的股票就值得长期持有。

不必在乎短期账面盈亏

对于买进股份，我们注意的只是价格而非时间。我们认为，因为忧虑短期不可控制的经济或股市变量，而放弃买进一家可合理预期长期前景的好公司，是一件很愚蠢的事。为什么仅是因为短期不可知的猜测，就放弃一个很明显正确的投资决策呢？

——沃伦·巴菲特

【巴菲特这样抄底股市】

巴菲特认为，股市下跌过程中的分期建仓没有最低，只有更低，所以分期建仓时没必要过于在乎账面盈亏，不以一时成败论英雄嘛。

巴菲特在伯克希尔公司1994年年报致股东的一封信中说，对于股票投资，他首先考虑的是股票价格（确切地说，是股票价格与内在价值相比，是否已经进入一个值得投资的区域），而不是买入的时间。如果因为从短期来看有一些令人担忧的因素就放弃买入一家好公司，这是很愚蠢的。

关于这一点，从巴菲特2008年抄底金融危机时的几只股票上容易看出来。

2008年9月23日，当巴菲特宣布以50亿美元购入高盛集团永续优先股的消息时，当时的高盛集团股价在125美元以上，而巴菲特签约的普通股可转换价为115美元。可是没过多久，高盛集团的股价就暴跌到55.18美元，与他买入时的股价相比已经跌去一大半，离115美元的普通股可转换价也可谓是遥不可及。

可是在巴菲特看来，这些都只是暂时的账面浮亏，从长期投资角度看，这些根本就不用放在心上。

同样的一幕发生在巴菲特投资通用电气公司上。2008年10月1日，当巴菲特承诺以每股22.25美元买入通用电气公司普通股时，当时的通用电气公司股价是每股24.50美元，此后就一路下滑，没过几天就跌到14.45美元。

巴菲特的上述态度，是一以贯之的。要知道，当巴菲特宣布购入高盛集团的股票后，该股价格一连上涨了3天，从每股125美元上涨到138美元。如果巴菲特这时候以这个价位抛出该股，短短3天就可获利10亿美元。但这绝不是巴菲特的投资风格，他对此忽略不计，根本没把它放在心上，因为他的目光看得更远。

要知道，投资高盛集团，不但是美国爆发次贷危机以来巴菲特对金融行业的第一次大规模投资，而且也是巴菲特20年来第一次投资华尔街上的公司。他认为，美国遭遇如此规模的金融危机，政府不可能不救市；而只要美国政府出面救市了，他就可以确认当时已经到了股市的底部，今后的获利空间是明摆着的。

果然不出所料，就在巴菲特大谈特谈政府救市重要性的时候，美国政府抛出了一个7000亿美元规模的紧急经济稳定法案。有意思的是，关于这个法案，第一次并没有在美国众议院获得投票通过。可是巴菲特并不着急，而是稳坐钓鱼台，他相信这个法案早晚是会通过的。

2008年10月1日，巴菲特在接受记者采访时（这时候7000亿美元紧急经济稳定法案第一次被否决，第二次会议还没有召开），首先给各方面都戴高帽子，他说："就目前情况而言，监管部门所采取的各项救市措施都基本合理。"然后，他话锋一转就开始施加压力了："希望能看到美国国会的努力，这样就能让美国经济在未来6个月内出现转机。"

巴菲特话音刚落，7000亿美元紧急经济稳定法案就在美国参议院和众议院获得通过，巴菲特赌赢了。这时候，巴菲特马上宣布，他将拿出美国政府救市行动总投入的1% 的现金（即70亿美元）投入金融市场中去，帮助美国金融市场恢复流动性。

读者完全可以把它看作是巴菲特的一次规模更大的股市抄底——除了巴菲特，这时候还有谁能拿得出这么多现金来呢？这个底可铁定是他的了。有了这样的"底"来垫底，巴菲特何必还在乎一时的账面盈亏呢！

在巴菲特看来，短期市场波动是非常正常的现象，如果眼光总是盯着短期市场波动，计较股指的一时涨跌，就是违背长期投资理念的。

以巴菲特长期投资的富国银行、美国运通公司为例，即使单纯从股价角度看，当时这两只股票的价格也不高；如果从长期角度看，巴菲特在扣除从这些股票身上得到的每年分红后，其持股成本更是大大低于当时的股价。

所以，站在巴菲特的角度看，更能看出长期投资的奥秘所在。如果做不到这一点，那就只能说明自己的功力还不够，只会用简单的股价进行对比，而不会用历史的、发展的眼光来看问题。

从伯克希尔公司旗下子公司持有的股指期货对赌协议看，那就更要用长远眼光来看问题了。

该协议规定，从2019年开始的某个特定日期，如果股市指数低于巴菲特卖出该合约时的点位，巴菲特就要承担客户亏损的风险。而当时离2019年还有整整10年，到那个时候标准普尔500指数是否会高于2008年的点位呢？巴菲特估计，至少有60%的可能性。如果从美国股市100多年的发展历史看，到那时候标准普尔500指数低于2008年的可能性几乎是0。

从这一点上看，巴菲特抄底金融危机中买入的几只股票，无论买入后它们的价格是涨是跌，只要能耐心放到2019年，投资亏损的可能性也是0。

【巴菲特股市抄底秘诀】

巴菲特是一个标准的“老江湖”，他看问题看得远，也沉得住气，根本不在乎“小鱼小虾”们眼里的那种一时得失，所以他才会钓到“大鱼”。确实，只要在整个股市处于底部区域时建仓，这时候股价的一时涨跌就不必看得太重。

抄底并不是那么好抄的

虽然查理·芒格跟我本人终其一生追求永恒持股，但能够真正让我们找到的属凤毛麟角。光是取得市场领导地位并不足以保证成功，看看过去几年来通用汽车、IBM与西尔斯这些公司，都曾是领导一方的产业霸主，在所属的产业都被赋予无可取代的优势地位，大者恒存的自然定律似乎牢不可破，但实际结果不然。也因此，在找到真正的真命天子之前，旁边可能还有好几打假冒者。

——沃伦·巴菲特

【巴菲特这样抄底股市】

巴菲特认为，股市下跌过程中的分期建仓没有最低，只有更低。他自己从来没说过他会抄底股市，所谓“抄底”是别人强加给他的形象说法。在他来看，只要内在价值到了值得投资的区域就可以买入，无所谓抄底不抄底这种说法。巴菲特在伯克希尔公司1996年年报致股东的一封信中说，虽然他和查理·芒格一生都在追求永恒持股，可是值得他们永恒持有的股票却是凤毛麟角。仅仅因为某家公司处于行业的领导地位还不够，所以，谁都不要轻易说自己在最低价位买到了一只好股票。

巴菲特的股市投资经历非常丰富，他深深知道不要妄谈股市抄底的风险。想当年他的老师本杰明·格雷厄姆在1929年美国股市泡沫破灭后抄底1931年股市，结果导致破产；巴菲特的“精神父亲”菲利普·费雪（Philip A. Fisher, 1907—2004年）在1929年美国股市泡沫破灭后，也大量买入自认为很便宜的股票，结果几天之内就损失了几百万美元。

中国大陆有一位基金投资者，当初在中国台湾股指达1000多点时进场，在股指涨到10000点时全部抛空，原来的50万元资金增值到8000万元，她手上掌握的全都是现金。后来当股指上冲到12000多点时她依然不为所动。而当股指重新跌到7000点时，她觉得这时候应该可以抄底了，于是全仓进入。只是没想到，3年间股指又跌掉5000点，回到2000点，结果使得她的财富也跟着重新回到原来50万元的起点。

香港有位投资家，1972年股指上涨到1200点时看空股市，结果差一点遭到公司解雇。1973年股指上涨到1773点后大幅度下跌，一直跌到1974年7月的290点，他想这时候股市应该到底了吧？于是他拿出全部积蓄50万港元抄底某只蓝筹股。当时该股票的价格已经从1973年的每股43港元跌到5.8港元，只是没料到在后来的5个月内股指暴跌到150点，该股票的价格也只剩下1.1港元，这次抄底让他巨亏了81%。

所以巴菲特告诫投资者，股市抄底并不是那么好抄的，究竟有没有到达底部，可谓见仁见智。拿2008年金融危机来说，巴菲特与同样著名的国际投资大师吉姆·罗杰斯（Jim Rogers）的看法就截然相反。

就在巴菲特忙于抄底金融危机时，吉姆·罗杰斯却依然看空美国股市，他认为2008年的美国股市非常像1931年，股市还将继续下跌。他的原话是，"股市已经创出底部了，但这还不是最终底部"。

后来的事实印证了美国股市的发展轨迹符合吉姆·罗杰斯的观点。一个明显的事实是，自从巴菲特买入高盛集团、通用电气公司的股票后，即使他发表唱多股市的署名文章，美国股市依然不争气，依然在一个劲儿地暴跌，并且创出了5年以来的新低点。

显然，这时候投资者如果跟随巴菲特一起抄底，短期内必然逃脱不了被严重套牢的结局；相反，如果追随吉姆·罗杰斯的观点按兵不动，则不但可以避开被短期套牢的命运，而且还会捡到更便宜的股票。

这一现实说明两点：一方面说明，巴菲特从来不认为别人说他能抄底股市的观点是正确的，因为在一个下跌的市场中没有最低，只有更低；另一方面说明，巴菲特没有抄到底（事实上他也根本不关心这一点），并不表明他的投资就是失败的。

最好的证明是，2007年巴菲特抛空中石油H股后股价一路上升，面对那么多人的嘲讽和惋惜，巴菲特却不为所动，但最终事实证明他的决策是正确的。如果他在股市最高点时出售股票，凭他那么大的股票持有量，在短期内根本无法走得掉。当整整一年过后的2008年年末，中石油H股价格跌到6港元以下时，还有谁嘲讽巴菲特当初以每股平均13港元的价格抛掉该股票吗？一个也没有。

从历史上看，巴菲特确实谈不上是抄底专家。对此他自己也坦言，他无法估计股市的短期波动，对股票在一个月或一年内的涨跌不敢妄言。但事实证明，他对股市行情的判断往往会比市场走势提前一到两个季度，而这就已经足够了。

人人都想抄底，然而在巴菲特眼里，所谓“底部”并不是一个点，而是一个区域。并且，这个区域指的不是股指，而是股票内在价值。只要股票内在价值进入值得投资的区域，他就认为可以抄底了。

从这个角度看，巴菲特和吉姆·罗杰斯的观点交锋并不存在谁对谁错，主要是两人投资理念不同，是中长期投资和中短期投资的区别。

对于中国投资者来说也是这样：如果你是中长期投资者，并且投入资金较多，那么建议你效法巴菲特，分期分批建仓；如果你是中短期投资者，投入资金不多，又喜欢博一博，那就效法吉姆·罗杰斯，暂时看空股市，等到股市行情真的面临转机时再买入也不迟。

【巴菲特股市抄底秘诀】

千万要记住，股市抄底并不是那么好抄的。在巴菲特眼里，所谓“底部”并不是一个点而是一个区域；并且，这个区域指的不是股指，而是股票内在价值。当股票内在价值进入值得投资的区域时，投资者就可以抄底了。

会控制风险才能接飞刀

在寻找新的投资标的之前，我们选择先增加旧有投资的仓位。如果一家企业曾经好到让我们愿意买进，我想，再重复一次这样的程序，应该也是相当不错的。若是能够，我们很愿意再增加在喜斯糖果公司或斯科特·费策公司的持股，但要增加到 100% 的比例实在是有困难。不过在股票市场中，投资者常常有很多的机会可以增加在他有兴趣的公司的持股，像去年我们就扩大了我们在可口可乐与美国运通的持股数。

——沃伦·巴菲特

【巴菲特这样抄底股市】

巴菲特认为，股市下跌过程中的分期建仓没有最低，只有更低。所以投资者分期建仓时要有相应的心理承受能力，要首先学会“怎样用手接住从空中下落的刀子”，这样才不至于因为刚买入股票就被套而坏了情绪。巴菲特在伯克希尔公司1994年年报致股东的一封信中说，股市中投资者常常会有很多机会在他感兴趣的股票上进行投资或追加投资，像他在1993年就增加了在可口可乐公司、美国运通公司身上的持股数量。

应当注意的是，投资者首先要学会控制风险。因为当金融危机来临时，股票价格总是起伏不定，甚至一路下行，这时候买入股票无异于“接下落的刀子”。投资者只有学会这种技巧，才可以真正地去抄底股市。

关于这一点，从2008年巴菲特投资高盛集团、通用电气公司股票中就能很好地看出来。在巴菲特买入这两只股票之前，它们的价格都在大幅度下跌。当然，巴菲特买入这两只股票后，它们的价格依然在大幅度下跌。从整个过程看，巴菲特这时候投资这两只股票就像是在用手去接空中落下的刀子，需要一种高超的技巧。

在这里，巴菲特的技巧表现在两方面：

一方面，巴菲特买入的这两只股票，都是“优先股 + 每年10% 的股息 + 认股权证”。这实际上是他为这两项投资加了3道保险：

首先，如果今后5年内这两家公司的赢利状况良好，业绩表现不错，股价高于行权价，巴菲特可以行权套利，从中获得超常收益。

其次，如果今后这两家公司的赢利状况不佳，巴菲特至少每年可以从中获得10% 的股息分红。

最后，退一万步说，这两家公司最终要破产倒闭，但因为巴菲特购买的是优先股，所以他具有先于普通股东的求偿权。

这样看来，巴菲特的这种投资无论如何都是合算的。

另一方面，巴菲特还有一条更长的安全边际线，那就是在他一直非常看重的财务安全方面，这两家公司比他原来拒绝收购的几家公司要好得多。也就是说，这两把从空中落下的刀子刀口并不锋利，甚至它们根本就是两把用塑料泡沫做的刀，用手去接相对来说安全得多。

巴菲特提醒投资者，在学会控制风险方面，一定要认清股票的基本面，对它的内在价值做出大致判断，千万别轻信媒体的宣传。

他在伯克希尔公司1994年年报致股东的一封信中说，1951年当他还是一个21岁的小伙子时，他就担任了股票经纪人，当时政府雇员保险公司的股票要占到他个人投资组合的70%。25年后他在政府雇员保险公司面临倒闭危机时，通过伯克希尔公司买下了该公司的大部分股权，凭什么？就凭他对政府雇员保险公司有深入的了解，对其内在价值有理性的判断，他认为这时候对其进行投资对他来说是安全的。

另外一个例子是《华盛顿邮报》公司。他说，20世纪40年代他用于股票投资的资金中，有一半来自递送该报纸的收入。正因为巴菲特对该公司有连续几十年的了解，所以当30年后《华盛顿邮报》公司股票上市后出现股价大幅度回调时，伯克希尔公司趁机买下了它大部分的股权。

还有一个同样的例子是可口可乐。巴菲特说，投资可口可乐公司可以说是他人生中从事的第一笔商业交易。当他还只有五六岁时，就从爷爷开的小卖部里批发可口可乐卖给邻居家的小朋友，从中赚取批发价与零售价之间的差额了。直到50多年后，他“才终于搞懂真正有赚头的还是那糖水”。他的意思是说，与赚取批零差价相比，坚持长期持有可口可乐公司的股票，才称得上是“真正有赚头”的投资。

以上这些成功案例，都来自巴菲特的亲身经历。巴菲特从这些投资中取得了巨大的获利回报，而且几乎没有任何投资风险。巴菲特深深懂得，投资这些股票的安全边际线在哪里。相反，他如果轻信他人宣传，就必定会因为没有主见而出问题。

巴菲特在伯克希尔公司2000年年报致股东的一封信中说，他和查理·芒格一直以来就对那些财务年报花里胡哨的上市公司能否实现其承诺的业绩表示怀疑。并且他一再警告投资者，不要在外面一听到或一读到有关伯克希尔公司的好消息或坏消息就信以为真；即使这些消息被刊登在最权威的媒体上，也是如此。

他举例说，2000年12月29日刊登在《华尔街日报》头版头条上的一则短讯，用肯定的语气报道伯克希尔公司正在大量买进康赛可公司（Conseco）与Finova的债券，然后在投资理财专栏的专题报道中再次详细报道了这一消息，并且还有鼻子有眼地指出金额有几亿美元等。可实际上，伯克希尔公司虽然确实是在买进Finova的公司债券和银行债权，可是金额却与上述报道有天壤之别；而至于买进康赛可公司债券的行为，则根本就是没有影子的事。如果根据这样的消息来决定投资，可想而知风险有多大。

【巴菲特股市抄底秘诀】

巴菲特认为，只有当投资者学会了如何控制风险，才有可能在不断下跌的股市中抄到底。学会控制风险的唯一方法，就是正确判断拟投资股票的内在价值究竟有多大，而不是轻信小道消息，包括那些所谓权威媒体的报道。

看看有没有额外认股权

> 大家必须记住的一点是，我们的可转换特别股大部分的价值其实是来自固定收益的特性。意思是说，这些有价证券的价值不可能低于一般不具转换权的特别股；相反地，它们会因为拥有可转换的认股权而具有更高的价值。
>
> ——沃伦·巴菲特

【巴菲特这样抄底股市】

巴菲特认为，股市下跌过程中的分期建仓没有最低，只有更低。所以，这时候为了减少抄底股市导致的新的投资风险，他会特别注重看看目标股票有没有额外认股权。他在伯克希尔公司1990年年报致股东的一封信中说，大家必须记住的一点是，伯克希尔公司可转换特别股的大部分价值是来自固定收益；这些可转换特别股和特别债券的价值，不可能低于一般普通股。

巴菲特特别指出，有几家报纸杂志把伯克希尔公司可转换特别股的价值和普通股价格混为一谈，是错误的。

在巴菲特看来，认股权是他抄底金融危机时特别看重的一个方面，这可以从2008年伯克希尔公司投资高盛集团和通用电气公司的协议中看出来。

伯克希尔公司和高盛集团签订的投资协议显示，巴菲特这次投资的50亿美元优先股，每年都可以从高盛集团获得10%的固定收益。高盛集团虽然可以在任何时候回购这部分股权，但必须支付给伯克希尔公司10%的违约金。除此以外，伯克希尔公司也可以通过证券交易所获得对高盛集团普通股的购买权。在未来的5年内，他可以随时随地以每股115美元的价格购买50亿美元的高盛集团普通股。

巴菲特买入这些优先股时，高盛集团的股票价格是每股125美元，后来曾经一度跌到每股88.8美元。从表面上看，巴菲特买入这样的股票被套好像是吃亏了，可是他只要按兵不动，不行使认股权，就不会产生任何实质性亏损。这就是巴菲特说不要把特别股和普通股混为一谈的原因。

同样的道理，伯克希尔公司和通用电气公司签订的投资协议规定，巴菲特这次投资的30亿美元的优先股，每年可以从通用电气公司身上获得10%的固定收益，3年后被溢价10%回购。除此以外，伯克希尔公司也可以通过证券交易所获得其普通股购买权，在未来5年内，以每股22.25美元的价格购买30亿美元的通用电气公司普通股。巴菲特买入通用电气公司优先股时，通用电气公司的股票价格是每股24.50美元。

在这里，读者可以具体看看巴菲特投资上述股票的风险究竟在哪里。

从本质上看，巴菲特投资上述两只优先股的获利可以分为两部分：一部分是年息高达10% 的公司债券；另一部分是行权期长达5年的美式认股权证。

不用说，10% 的固定分红已经很高了，至少大大超过同期美国国债的收益率。而与此同时，巴菲特更看重的是可能获得的超额收益，即今后5年内获得购买普通股的权利。

虽然从当时来看，这两只股票的价格都下跌了不少，可是这只是未来5年时间段内的第一步，谁知道今后5年中股市走势会发生什么样的变化呢？这是其一。其二，巴菲特很可能会从这两只股票上获得可能存在的超额收益，而不需要再付出任何成本，所以被套几乎无从谈起。

当然，也不能说巴菲特在这里就没有任何投资风险了，这不但不符合客观实际，而且也不符合辩证唯物主义观点。归根到底，任何投资都是风险和收益并存的，没有风险也就不会莫名其妙地产生收益。

巴菲特投资高盛集团、通用电气公司这两只股票，主要的风险在于这两家公司宣布破产时，巴菲特将会面临损失巨额本金的风险。也就是说，如果这两家公司宣布破产倒闭，别说收益了，巴菲特原来投资在这两只股票上的本金都将有可能化为乌有。

虽然根据优先股的性质，它仍然属于公司净资产范畴，并且在公司破产倒闭清算的顺序中，能够排在普通股之前得到偿付，但排在债权人之后。从经验看，宣布破产倒闭的公司往往已经资不抵债。也就是说，破产清算中的资产连偿付债权人都很可能不够，就更轮不到优先股获得赔偿了。

显而易见，巴菲特投资这两家公司时也充分考虑到了这一点。通用电气公司、高盛集团都是全球数一数二的大企业，除非美国经济真的面临崩溃，否则政府绝不会坐视这样的龙头企业破产不管。换句话说，巴菲特相信这两家公司破产的概率微乎其微。

从巴菲特的角度看，一方面，他出手投资高盛集团、通用电气公司的时机选择得非常有利，否则对方也不可能答应他那么苛刻的入股条件；另一方面，虽然这样的投资非常稳健，可是巴菲特仍然牢牢记着本杰明·格雷厄姆曾经说过的两条价值投资原则：第一是保本，第二也是保本。这就是巴菲特投资股票常常以优先股为主的原因所在。

巴菲特显然早就意识到了这一点。他在投资通用电气公司后发表声明："通用电气是美国企业在全球市场上的一个象征，我对它未来几年的业绩抱有信心。"恐怕，这就是一个最好的注脚。

巴菲特是何许人也？如果没有这重重保障，一贯坚持"现金为王"原则的他，恐怕是不会轻易出手的。所以，读者如果没有理解巴菲特为什么特别偏爱投资优先股的玄机，就不要动辄嘲笑巴菲特投资股票也被套了，这样会露出你的外行形象的。

【巴菲特股市抄底秘诀】

巴菲特认为，抄底金融危机时避免风险的秘诀之一，就是尽可能购买可转换特别股和特别债券。他透露，伯克希尔公司特别股的大部分收益来自固定收益，而不是股价波动，可不要把可转换特别股和普通股混为一谈。

物有所值，不是底部也能买

> 并非完美，但计算账面价值仍不失为衡量实质价值长期成长率的有效工具。只是单一年度净值的表现与标准普尔 500 指数的比较，其意义已不若以往。主要原因在于，我们股票投资仓位包含可转换特别股在内，占我们净值的比重已经大幅下降，从 20 世纪 80 年代早期的 114% 到 2000 年的 50%，也因此股市波动对我们净值的影响程度已经大不如前。
>
> ——沃伦·巴菲特

【巴菲特这样抄底股市】

巴菲特认为，股市下跌过程中的分期建仓没有最低，只有更低。即使某股票价格不是处于最低阶段，投资者只要觉得物有所值，照样可以投资该股票。他在伯克希尔公司2002年年报致股东的一封信中说，由于股票投资占伯克希尔公司投资的比重在逐年下降，所以股市波动对伯克希尔公司净值的影响程度已经大大不如从前。

他认为，股票只要物有所值，不是处于股市底部也能买。究其原因在于两点：一方面，他从来不相信对股市走势的短期预测，所以根本搞不清什么时候是股市真正的“底部”（当然，也不会有人比巴菲特更了解）；另一方面，他始终认为股票的内在价值是投资者最应该关注的。

关于对股市短期行情的预测，巴菲特在伯克希尔公司1992年年报致股东的一封信中说，他一直以来都认为，股评家唯一的价值，就是让算命先生看起来像那么回事。他的意思是说，没有股评家的“预测”，股市依然会这么走；而现在有了股评家的“预测”，才使得那些轻信股评的人以为，股市的运行轨迹真的好像是由股评家们“预测”出来的。

巴菲特说，他和查理·芒格一直把短期的股市预测看作是“毒药”，他提醒投资者要把“毒药”放在家里最安全的地方，避免让“孩子”[1]拿到。

巴菲特认为，投资者没有必要过于关心短期内的股市走向会如何。因为股市发展自然有它的客观规律，而这种规律至今还没有人掌握，否则就又滑向了市场有效理论。投资者只要觉得某只股票的内在价值进入了值得投资的区域，无论这时候有没有到达股市底部，都可以买入该股票。

那么，在2008年抄底金融危机中，巴菲特自己究竟又是如何考虑并具体操作的呢？

首先，他在受金融危机影响，股市大幅度下跌，由此造成大多数人产生恐

1 巴菲特说话历来幽默，他这里真正指的是那些偏信股评、像孩子一样幼稚的股民。

惧感的时候开始投资，暗合了价值投资者低买高卖的精髓。

其次，因为不知道股市下跌的底部究竟在哪里，所以巴菲特的抄底行为非常谨慎，他首选的投资方向不是普通股，而是风险较低的优先股。其投资数额虽然看起来非常大，动辄就是几十亿美元，可是这要看与谁比，这个数额占伯克希尔公司的投资比重并不大。

这样做的好处是，巴菲特能够做到“进可攻，退可守”：一旦股市继续下跌，他还有足够的资金用于补仓；如果股市从此掉头向上，那么他也已经摊低了原来的持股成本，降低了安全边际线。

最后，巴菲特还留有一手，通过购买优先股，在尽可能降低投资风险的同时，用获得认股权利等手段来保留将来获取超额利润的机会，而这是投资普通股所不具备的优势。

巴菲特在伯克希尔公司2000年年报致股东的一封信中说，“价值创造”是一种荒唐的说法。他的意思是说，投资者不要相信股评家这样的言辞——毫无内在价值的股票却能够创造出价值来。

在中国股市，这些股票就是典型的“概念股”——没有任何业绩可言，全凭一个时髦概念在进行炒作。他说：“打死我都不相信，那些终其一生不赚钱甚至是亏钱的企业，能够创造出什么价值来。它们根本是在摧毁价值，不管在这期间它们的市值曾经有多高，都一样。”

在巴菲特看来，投资者同样是不可能“创造”股票价值的，只能转移财富。就像《伊索寓言》中所说的树林和鸟的关系一样，有些不法之徒的“树林”里根本就没有半只“鸟”，却想从股票投资者（包括他们的朋友与亲人）的口袋里骗走大笔金钱。但事实证明，泡沫市场只能创造出泡沫公司来。而任何泡沫都是经不起针刺的。当泡沫破灭时，必定会有一大批菜鸟不可避免地收获一堆教训。

巴菲特警告说，在多数情况下，这样的上市公司其账面价值和实际价值之间没有一点点关联。例如利顿实业公司（LTV）与鲍德温联合公司宣布破产前，经过会计师鉴证的财务年报显示，它们的账面价值净值分别有6亿美元和4亿美元，结果说破产就破产了。相反，另一家上市公司Belridge石油，1979年以36亿美元的高价卖给壳牌石油时，其账面价值净值却还不到2亿美元。

在巴菲特眼里，戳穿泡沫股票的“针”人人都有，那就是运用内在价值的评判方法来衡量所有股票。对于一只股票而言，通过对比其内在价值与股价，马上就能看出这只股票是不是有泡沫、是否值得投资，这个方法太简单了。

【巴菲特股市抄底秘诀】

巴菲特认为，股票的账面价值和实际价值是两个概念，有时候它们毫无关联。所以投资者在分期建仓时，不用过多地关心股票价格，更不必关心股市有没有到达底部。只要你觉得它的内在价值进入投资区间，没到底部也能买。

股价上涨求稳不求快

我们的投资组合还是没有多大变动，我们打盹时赚的钱比起醒着时赚的多很多。按兵不动对我们来说是一项明智的行为，就像是我们或其他经理人不可能因为谣传美国联邦储备委员会可能调整贴放利率，或是华尔街那帮土匪大幅改变他们对股市前景的看法，就决定把旗下高获利的金鸡卖来卖去一样。我们也不会将拥有部分所有权的好公司股票任意出脱。投资上市公司股票的秘诀，与取得100%的子公司的方法没有什么两样，都是希望能够以合理的价格取得拥有绝佳竞争优势与德才兼备的经理人。也因此，大家真正应该关心注意的是这些特质是否有任何改变。

——沃伦·巴菲特

【巴菲特这样抄底股市】

巴菲特认为，股市下跌过程中的分期建仓没有最低，只有更低，因为所谓股市底部的形成，总得有一个反复振荡、不断夯实的过程。在这个过程中，你所投资的股票价格上涨不必求快，而是要求稳。巴菲特在伯克希尔公司1996年年报致股东的一封信中说，当年伯克希尔公司的投资组合依然没有多大的变动，他形容说，他“打盹时赚的钱比起醒着时赚的多很多”。

他的意思是说，当他看准某只股票并且买入该股票后，基本上就不去考虑短期内的股价波动了，无论股价下跌还是上涨都是如此。在巴菲特看来，股价急速上涨并不见得是好事，长期投资追求的是“稳”，而不是“快”。

从巴菲特的投资策略看，他通常会选择质地优秀的股票，然后在低价位或价格合理时买入。不用说，每当金融危机来临时，那就更是他抄底股市的好时机了。

巴菲特的这种投资方法，客观上排除了那些快速上涨的热门股，例如那些巴菲特看不懂的高科技股。热门股的主要特征就是高估值，只有估值过高才可能成为热门股，这也是巴菲特在20世纪90年代没有投资高科技股、网络股的主要原因。这些股票根本就不在巴菲特的选股范围内。

巴菲特选择的股票类型，基本上都是涨得比较稳健，而不是快。许多中国投资者抱怨巴菲特的法则在中国股市不适用，其根本原因还在于他们的心态和巴菲特有根本的不同。

试想，中国股市中的投资者现在有几个是倾向于长期投资，不要求短期内股价迅速上涨，最好每天都是涨停板的？那些所谓股评家推荐的股票，恰恰是以三五天内的涨幅能达到多少为标准的，甚至干脆就猜第二天是涨是跌、幅度多大。这与巴菲特的投资理念截然相反，所以双方不可能有共同语言，彼此看不惯就对了。

巴菲特在伯克希尔公司1992年年报致股东的一封信中说，伯克希尔公司的股票投资策略15年来一直没有变，而且选择股票投资所采用的评估方法也和买下一家公司的全部股份没什么两样，要求对拟投资股票了解，并且具有长期的远景，由德才兼备的人来经营管理，具有非常吸引人的合理价格，等等。但是，考虑到当时的市场环境，原来要求的“非常吸引人的合理价格”改成了“吸引人的价格”。

巴菲特解释说，在他眼里，所谓“吸引人的价格”，与其他股票分析家的价值法和成长法这两种截然不同的方式，或者这两种方式交替使用得到的结果是不一样的，虽然他过去也经常采用这些方式。

巴菲特认为，价值法和成长法从根本上看是一致的。在计算一只股票的内在价值时，成长是一件很重要的事，而且巴菲特相当看重这种成长的稳定性。成长因素所起的作用，会使股票内在价值从很小变为很大。当然，这种影响作用有可能是正面的，也有可能是负面的。

巴菲特认为，如果专门提价值法，那根本就是一句废话。如果买股票不是因为这只股票有价值，那怎么还算得上是投资呢？或者，如果某只股票没有内在价值或者内在价值不高，将来却希望以较高的价格卖出去，这根本就是一种投机。虽然这种投机行为不违法，也不违背良心道德，可是巴菲特认为，这和玩吹气球的游戏没什么两样。

毫无疑问，股票的成长性通常会对其内在价值产生正面影响，却不代表就是内在价值。如果上市公司把大笔资金投入无法产生相应业绩的项目上去，成长性当然是有了，可是内在价值不但不会提高，而且还会减少。所以，投资者一定要注意股票所在的行业、历年来的报酬率，其发行公司有一个优秀的经营管理层、未来发展前景明朗等因素。

用巴菲特的话来说就是：“只有当每投入的1美元可以在未来创造超过1美元的价值时，成长才有意义。至于那些需要资金却只能创造出低报酬的公司，其成长对于投资者来说反而是有害的。”

他介绍说，根据上述原则，最值得你投资的股票，都应该是那种在相当长的一段时间内，能够把大笔资金运用到报酬率相当高的投资项目上的股票；相反，最不值得你投资的股票，就是那种总是把大笔资金用在报酬率相当低的投资项目上的股票。

显而易见，前者这样的股票是可遇而不可求的，并且这样的股票大部分都不需要太多的投入，所以投资者能够通过发行这些股票的公司每年发放的大量红利或者回购股票，从中普遍受益。

【巴菲特股市抄底秘诀】

巴菲特认为，分期建仓要特别注重拟投资股票的成长性，首选那类在一个相当长的时期内善于把大笔资金运用在高报酬项目上的股票。这类股票的特征是通常不需要太多的追加投入，而且每年可以给股东分红。

策略 5

合理利用市场先生的不理智

市场先生总是不理智的

事实上，真正的投资者喜欢波动还来不及。本杰明·格雷厄姆在《聪明的投资者》一书第 8 章中便有所解释，他引用了市场先生的理论：市场先生每天都会出现在你面前，只要你愿意，就可以从他那里买进或卖出你的投资。他老兄越沮丧，投资者拥有的机会越多。这是因为市场波动的幅度越大，一些超低价格就越有机会出现在一些好公司身上。很难想象这种低价的优惠，会被投资者视为对其有害。对于投资者来说，你完全可以无视他的存在，或是好好利用这种愚蠢的行为。

——沃伦·巴菲特

【巴菲特这样抄底股市】

巴菲特认为，市场先生是不理智的，所以才会出现股票价格大大背离内在价值的现象，而这正是投资者买卖股票的好时机。他在伯克希尔公司1993年年报致股东的一封信中说，真正的投资者喜欢股市波动还来不及，因为投资者可以利用市场先生不理智的股价波动，买进自己认为有投资价值的股票。

巴菲特说，他的老师本杰明·格雷厄姆在《聪明的投资者》一书中早就指出，市场先生越沮丧，投资者以超低价格买入好公司股票的机会就越多。他对这一点深信不疑，并且一生都在利用市场先生不理智时打压股价的机会，抄底股市。

巴菲特在伯克希尔公司2011年年报致股东的一封信中说，当年伯克希尔公司旗下最大的5家非保险企业——伯灵顿北方圣太菲铁路、伊斯卡工具、路博润化学、马尔蒙、中美能源公司的营业利润均创下了历史的最好成绩，税前利润合计超过90亿美元。而实际上，这就与伯克希尔公司利用市场先生的不理智——确切地说就是，这些年来经济形势低迷，尤其是2008年爆发了全球金融危机——加紧收购有关。要知道，这5家企业中有4家是在7年以内收购的。7年前，伯克希尔公司还只拥有这5家企业中的1家，即中美能源公司，其税前收益也仅有3.93亿美元。仅仅7年过去后，伯克希尔公司的税前盈利就从3.93亿美元急剧增长到90亿美元以上，这样的业绩无疑是十分喜人的。

巴菲特2008年1月8日在《致中国股民的一封信》中也提道："投资者要留意中国股市急涨。市场目前过热，中国股市表现非常强劲，但当有这么多人愈来愈醉心于炒股，应注意他们是用什么价钱去购买，而不应兴奋过度。因为不同国家的股市都会有一天走到极端，就像美国的高科技股热潮。当很多人对股市趋之若鹜，报章头版只刊载股市消息的时候，就是应该冷静的时候了。"

紧接着，巴菲特又搬出他的老师本杰明·格雷厄姆关于市场先生的比喻，告诫投资者，市场先生对投资者最有价值的地方，不是他的脑袋而是他的钱袋。市场先生表现得越愚蠢，投资者就越可以忽略甚至利用他，而绝不要受他的影响，一屁股摔倒在地，否则就要出现灾难性结果了。

市场先生理论和市场有效理论是相对立的。巴菲特从1976年开始在美国加州大学斯坦福商学院杰克·麦克唐纳德的课堂上给来自全球的学生讲课，两人合作讲授一门课程的时间长达27年之久。

顺便一提的是，除了巴菲特，巴菲特的搭档查理·芒格以及巴菲特非常敬重的菲利普·费雪，也都在杰克·麦克唐纳德的课堂上给MBA学生讲过课。尤其是菲利普·费雪，当他接到他以前的学生杰克·麦克唐纳德的邀请后，从1968年开始讲授投资管理学、企业融资与私募资金、公司财务3门课，一直讲到2000年。而当时他已身患重病，并且93周岁了！

杰克·麦克唐纳德坚信：市场并不总是有效的；市场因素和股票价格之间总会出现偏差。从本质上看，这和市场先生理论是一致的。

当时，这所大学里的主流观点却是市场是有效的，并且先后有两位金融学教师比尔·夏普、梅隆·斯特尔斯获得诺贝尔奖。在他们眼里，股票价格能够准确反映市场上所有的相关因素。

不难看出，作为唯一一位讲授基础投资和价值投资课程的教授，杰克·麦克唐纳德在观点上是很孤独的。除了上述3位客座教授外，他几乎得不到其他任何人的观点支持。而为了证明他的观点正确，他甚至不得不亲自指导学生怎样用0.5美元去买到1美元的东西。

杰克·麦克唐纳德认为，市场因素和股票价格之间的价值差，是投资者完全可以发现的。他说，只要你静下心来潜心研究该公司的内在价值，然后将其与股票价格进行对照，你就可以发现这个价值差到底有多大。

那么，具体怎样来操作呢？杰克·麦克唐纳德说，投资股票就像试驾一架新飞机一样，为了保证万无一失，你要同时紧盯着所有仪表盘，而不能只看某一方面。

例如，如果你只看飞行速度表，不关心飞行高度，那么你虽然能保证飞行速度，却难免会把飞机撞到山上去；如果你只关心飞行速度和飞行高度，却不看油量表，那么虽然你能够保证航向正确，却会因为随时断油而出现麻烦；陀螺自动驾驶仪虽然可以保证飞行平稳，却不能保证为了达到一定高度所需要的飞行速度。

总之，你不能只看某个方面，当然也不能眼睛总盯着所有仪表盘，你也要不时地看一下天空，以避开可能到来的暴风雨。要知道，任何一个指示仪都不足以让你安全地飞行，把它们结合起来才是最重要的。

杰克·麦克唐纳德说，而到了这时候，你自然就知道该公司的内在价值是多少了。将此内在价值与当时该公司的股票价格一对照，你马上就能判断它是否值得投资了。

具体地说，投资者不能只看目标公司的收入和每股收益增长，而对该公司的长期发展目标不闻不问，因为这就好像飞机驾驶者只盯着速度仪而对其他方面置之不理一样。

更重要的是，投资者在考察目标公司的现金流量时，不能忽略其资产负债表上有多少负债。否则，丰沛的现金流就可能会在不经意间灰飞烟灭，反而成为投资瓶颈。许多股票的价格开始时扶摇直上，最终却因为基础业务缺乏资金支持而一落千丈，这样的教训值得吸取。

【巴菲特股市抄底秘诀】

巴菲特的成功正是他经常利用市场先生的不理智的结果。他从老师本杰明·格雷厄姆身上得到教诲，在与同事杰克·麦克唐纳德长达27年的合作授课中，不断加深对市场先生的理解，为他取得超额回报奠定了基础。

市场不理智时投资者要理智

看到我们高达34.1%的超高报酬率，大家可能忍不住要高呼胜利口号，并勇往前进。不过，若是考量去年股市的状况，任何一个投资者都能靠着股票的飙涨而大赚一票。面对多头行情，大家一定要避免成为一只嘎嘎大叫的骄傲的鸭子，以为是自己高超的泳技让自己冲上了天。殊不知，面对狂风巨浪，小心的鸭子反而会谨慎地看大浪过后池塘里其他的鸭子都到哪里去了。

——沃伦·巴菲特

【巴菲特这样抄底股市】

巴菲特认为，市场先生是不理智的，所以才会出现股票价格大大背离内在价值的现象。可是市场先生可以不理智，投资者却不可以不理智，这是对投资者的起码要求。巴菲特在伯克希尔公司1997年年报致股东的一封信中说，投资者不要看到伯克希尔公司当年取得了34.1%的超高报酬率就高呼“胜利万岁”。在当时的股市行情下，几乎所有投资者都能通过股市飙升大赚一票，这没有什么好奇怪的。理智的投资者反而要注意，当市场先生的这种不理智过去之后，自己将来的位置在哪里。

巴菲特虽然被誉为“股神”，可是发生在他身上的投资失误仍然非常多。有一次，他在美国佛罗里达大学演讲时，有人希望他谈一谈投资上的失误，他笑着说：“你有多少时间？”他的意思是说，我的投资失误太多太多了，你有多少时间听我一一叙述？

不容置疑，几乎所有投资者的失误都是由于不理智造成的。如果多问几个为什么，这些失误原本可以避免，包括巴菲特在内。

不过巴菲特解释说，就他和查理·芒格而言，最大的失误不是做了什么，而是没做什么。伯克希尔公司有太多的并购机会，可是每当机会来临时他们却会有些犹豫，所以错过了太多的能够赚取几十亿美元的投资机会。

究其原因在于，巴菲特一贯坚持不投资自己不熟悉的行业，其中最典型的是他因为不懂高科技股票而没有投资微软公司，从而丧失了从微软公司股票身上赚大钱的机会。

巴菲特对此毫不后悔，他坦言自己一开始就不懂微软公司的业务，所以无法衡量这家公司的内在价值。从这一点上看，巴菲特是非常理性的，知道“君子有所为，有所不为”。

不过他也检讨说，本来有一只非常值得投资的医疗保健股票，如果投资该股票可以赚得几十亿美元，而伯克希尔公司却错过了这一投资机会。而且这一投资机会还是在美国总统克林顿推出医疗保健计划，使得医疗保健行业获益匪浅的情况下出现的。在20世纪80年代中期，伯克希尔公司也应该投资受美国政府支持的一家大型机构——房地美公司的股票的。如果它真的投资，至少也能获得几十亿美元的收益，结果错过了这样的好机会。

在巴菲特看来，每隔几年，股票市场总会有一次不理智行为发生，而这时候正是理性投资者抄底的好时机。不过，如果是在股市高涨的时候，再加上头脑不理智，投资者就往往会犯错误。

巴菲特开玩笑说，当美国股市狂热的时候，他往往会提前抛掉股票换成现金。可是当大把大把的现金抓在手里不知道怎么办才好时，查理·芒格总会劝他去酒吧转一转，不要总是闷在办公室里，以免头脑一热做出什么不理智的投资行为来。

他举例说，他过去购买美国空军运输公司（US Air）股票的决策，就是在这种状态下做出的。没有人逼着他投资该股票，可是由于他看到该股票的价格实在便宜，便不管这个行业根本不值得投资。结果，这笔投资最终几乎全军覆没，一共损失了约3.6亿美元。

巴菲特幽默地说，后来他简直想开设一个800免费电话，每当他要购买航空公司股票时就拨打这个电话，对电话接线员说自己很愚蠢，经常犯错误。这样，经过接线员的一番劝导后，他原来可能会实施的不够理性的投资行为就可能会大大减少了。

那么，普通投资者应该怎么做呢？巴菲特认为，投资者虽然可以从自己过去所犯的错误中吸取教训，但最关键的还是要“坚持做你懂的生意”。就好比说，如果仅仅是在鸡尾酒会上听人们提起某只股票，或者该股票的一些成交量和技术指标看上去不错，或者仅仅是因为该股票经营业绩不错，等等，就超出自己的能力范围投资，或听从其他人的建议去投资，这样的投资行为就是不理性的。

他说：“当你做决策时，你应该看着镜子里的自己，扪心自问，‘我以每股55美元的价格买入100股通用汽车的股票是因为……’你要对自己所有的购买行为负责，你必须时刻充满理性。如果投资理由不充分，你的决定只能是不买。”

【巴菲特股市抄底秘诀】

巴菲特认为，市场先生可以不理智，股价可以起伏不定，但投资者一定要理智。当你买入某只股票时，一定要多问几个为什么。你必须对自己的行为负责，必须时刻充满理性。如果投资理由不充分，那你就不能买。

理性投资具有两大特点

β 学者所架构的理论，根本就没有能力去分辨销售宠物玩具或呼啦圈的玩具公司与销售大富翁或芭比娃娃的玩具公司所隐藏的风险有何不同。但对一般普通投资者来说，他只要略懂消费者行为，以及形成企业长期竞争优势或弱势的原因，就可以很明确地看出两者的差别。当然，每个投资者都会犯错，但只要将自己集中在少数相对容易了解的投资个案上，一个理性、知性与耐性兼具的投资者，就一定能够将投资风险限定在可接受的范围之内。

——沃伦·巴菲特

【巴菲特这样抄底股市】

巴菲特认为，市场先生是不理智的，可是投资者的投资行为要理智。这种理性投资有两大特点，一是确定股票的内在价值是多少；二是能以比较大的价格折扣买到该股票。

巴菲特在伯克希尔公司1993年年报致股东的一封信中说，相信 β 理论的那些学者只知道考察 β 系数大小，但是他们根本无法分辨销售宠物玩具或者呼啦圈的玩具公司，与销售大富翁与芭比娃娃的玩具公司，两者之间所隐藏的投资风险究竟有多大不同。每一位投资者当然都会犯错误，但如果他的投资集中在少数几只相对容易了解的股票上，那么他就能把投资风险限制在可以接受的范围内。

那么，投资者怎样才能做到这一点呢？巴菲特以他自己的亲身经历给投资者做了示范。

例如，在评价某只股票的内在价值时通常有3种方法，分别是资产清算价值法、持续经营法、市场经济法。

巴菲特的观点是，如果要采用持续经营法来评估某公司的内在价值，就必须知道该公司的现金流和折现率，而这两个变量是很难确定的。对于无法确认究竟会产生多大现金流的股票，巴菲特懒得去进行评估，从而就不会购买该股票。

最典型的例子是，巴菲特认为他没有能力去评估微软公司将来能产生多少现金流，所以虽然他和比尔·盖茨私交很不错，但是依然没有去投资微软公司。

在对现金流进行具体折算时，巴菲特采用的折现率是美国长期国债的收益率。在他看来，把上市公司的现金流和美国国债收益率相比，有两大可取之处：一是收益稳定，而且比较高；二是负债率低。

相反，如果某只股票的债务水平较高，巴菲特就会因为担心与之关联的财务风险太大而宁愿放弃投资该股票。究其原因在于，即使投资该股票的交易成本较低，这种投资也会因为各种不可预见的风险而成为雪茄烟蒂式投资的。

1988年，巴菲特在投资可口可乐公司时是这样考虑的：

当年可口可乐公司的年收益率为6.6%（市盈率15倍），比市场平均水平高出30%。当年可口可乐公司的股东收益为8.28亿美元，而当时美国30年长期国债到期收益率为9%。如果用这9%作为折现率计算，可口可乐公司的内在价值应该是8.28÷9%＝92亿美元，这就是1988年可口可乐公司净现金流量现值。

与此同时，可口可乐公司的市场价值为148亿美元，这可以通过当时它的股票价格与总股本相乘而得到。148÷92＝1.6倍，这一数据表明整个市场投资者愿意以1.6倍内在价值的价格投资该股票，这实际上已经考虑到了该公司未来的成长性。

在巴菲特看来，当时他投资可口可乐公司的价格从绝对值来看并不低，但如果考虑到该公司未来不需要增加资本就可以增加现金流量的因素，他认为投资该股票仍然是非常理性的。

他说，从过去的7年看，1981—1988年可口可乐公司的净现金流年平均增长速度达到17.8%。如果在他投资该股票后的10年中，其净现金流年增长速度能达到15%，那么第10年该股票的净现金流就会高达33.49亿美元；即使从接下来的第11年起，该股票的净现金流增长速度降低到5%，仍然以美国长期国债30年期9% 的收益率为折现率计算的话，1988年可口可乐公司股票的内在价值还有483.77亿美元。

退一步说，如果在他投资该股票后的10年中，其净现金流年增长速度只能达到12%，按照上述方法计算，1988年可口可乐公司股票的内在价值还有381.63亿美元；如果其净现金流年增长速度只能达到10%，1988年可口可乐公司股票的内在价值还有324.97亿美元；即使情况糟糕透顶，在他投资该股票后的10年中，其净现金流年增长速度只能达到5%，该股票的内在价值还是会有207亿美元，仍然大大高于当时148亿美元的市场价值。

经过这样一番计算便得知，巴菲特投资可口可乐公司，如果从内在价值来考虑，无论如何都是合算的，这也表明这项投资是非常理性的。

【巴菲特股市抄底秘诀】

巴菲特认为，每一位投资者都可能会犯错误，但把投资目标集中在自己充分了解并理解的股票上，就可以把投资风险控制在自己能够承受的范围内。而要做到这一点，一是能计算股票内在价值，二是买入价格要低。

看问题至少要看到 5 年后

1983 年，公司的净值由原来每股 737 美元增加到 975 美元，约成长 32%。但我们从未把单一年度的数字表现看得太认真，毕竟没有什么道理要把企业反映盈余的期间与地球绕行太阳公转的周期画上等号。反而我们建议，至少以5年为一周期，来评断企业整体的表现。若5年平均利得要比美国企业平均来得差时，便要开始注意了（就像歌德所观察到的，到时要注意我们所提出的解释，万一要是失败了，解释的理由可能会有一大堆）。

——沃伦·巴菲特

【巴菲特这样抄底股市】

巴菲特认为，市场先生是不理智的，所以才会出现股票价格大大背离内在价值的现象。正因如此，投资者要把目光放长远一些，看问题至少要看到5年之后，以5年为周期来评判股票的整体表现。

他在伯克希尔公司1983年年报致股东的一封信中说，他从来就没有把某个年度的数字表现看得太认真。在他看来，把考核股票业绩的期限与地球围绕太阳公转的周期（1年）画上等号，“毕竟没有什么道理”。所以他建议，考核股票投资业绩的时间至少是5年，而且到时候如果业绩不像原来自己设想的那么理想，不要找出一大堆理由来解释。

目光要看到5年后，那究竟看什么呢？巴菲特说，毫无疑问是看股票的内在价值。内在价值的计算比较复杂，而且每个人对内在价值的判断各不相同，所以以账面价值来代替内在价值也未尝不可，因为它不但保守而且合理。

例如，截至1983年，伯克希尔公司19年来的账面价值从每股19.46美元增长到975美元，年平均增长率约为22.8%，这就是一个主要指标。不过需要提醒投资者的是，账面价值和内在价值并非一回事。

巴菲特举例说，如果父母花同样的钱，供一对双胞胎读到大学毕业，即使两个孩子所花总学费的“账面价值”一样，他们未来的“内在价值”（所能获得的回报）也肯定不一样。他提醒说，无论市场先生如何不理智，投资者都要头脑清醒地以内在价值为评判标准。

他以伯克希尔公司为例，该公司1965年在巴菲特刚刚接管经营时的账面价值是每股19.46美元，这时候的账面价值就明显高于内在价值。究其原因在于，当时的账面价值主要源于那些无法赚到合理报酬的纺织设备，这就好像父母把钱花在不会读书的孩子身上一样，是注定收不到预期的投资回报的。

可是到了现在（1983年），情况就大不一样了，伯克希尔公司的内在价值大大超过了账面价值。这主要表现在两点：

其一，根据会计准则规定，伯克希尔公司的保险业务所持有的股票要以市场价值记账；可是，除了保险业务的其他业务，却只能以成本与市场价格孰低法入账。

而到1983年年末，伯克希尔公司的非保险业务市场价格超过成本价至少有7000万美元（税前）或5000万美元（税后）。显而易见，这7000万美元或5000万美元，理应属于内在价值的一部分，但现在根据规定却不能被列入账面价值内。

其二，伯克希尔公司庞大的经济商誉，毫无疑问也是其内在价值的一部分，可是从数量来看，经济商誉要远远高于反映在账面上的会计商誉。

简单地说，会计商誉会随着折旧年份的推移慢慢减少，经济商誉则会随着时间的推移迅速扩大。巴菲特在他长达几十年的投资生涯中，特别欣赏那些拥有商誉、只需运用少量有形资产的股票，在他的投资品种中，或多或少都能看出这一点。

巴菲特认为，评估股票内在价值，就是为了更好地进行买卖决策。那么，他自己又是如何做到这一点的呢？这里以他买入《华盛顿邮报》公司时所做的分析来加以说明。

1973年，《华盛顿邮报》公司的股票市值为8000万美元，而据巴菲特估计，该公司的市场价值应该在4亿~5亿美元。毫无疑问，这时候他应该选择买入该股票，而且越快越好，因为两者差额太大了。

他的测算依据是：《华盛顿邮报》公司1973年的净利润为1330万美元，折旧摊销为370万美元，资本性支出为660万美元；所以，当年该公司股东自由现金流量应该为1330－660＋370＝1040万美元。而这时候，如果用1973年到期的美国长期国债利率6.81%为折现率对其进行折现的话,《华盛顿邮报》公司的市场价值应该为1040÷6.81%＝15271万美元，相当于当时其市场价值8000万美元的2倍。

在巴菲特看来,《华盛顿邮报》公司作为一家媒体，资本性支出将会与折旧和摊销费用相抵。也就是说，该公司的股东收益会与净利润大体相等，即达到1330万美元。按照这样的规律进行测算,《华盛顿邮报》公司的市场价值应该为1330÷6.81%＝19530万美元。

至此，这些测算的前提条件还仅仅是股东收益的增加速度与通货膨胀速度相等。可是在巴菲特看来，大多数报纸媒体在它们的社区内处于垄断地位，具有价格操纵权。也就是说,《华盛顿邮报》公司有能力以高于通货膨胀率的价格来收费，如果它把实际价格提高3个百分点应该对发行没什么影响，而这样却能把内在价值提高到3.5亿美元。

还有一点请不要忘记,《华盛顿邮报》公司历史上的平均经营利润率高达15%，而当年经营利润率却只有10%。如果通过努力，其经营利润率能恢复到15%，那么该公司内在价值便能增长到4.85亿美元。

【巴菲特股市抄底秘诀】

巴菲特提出，投资者的眼光至少要能看到5年后。无论考察并购对象还是衡量伯克希尔公司的业绩，他自己就是这样做的，这非常令人钦佩。正是通过上述一系列分析，他做出了抄底《华盛顿邮报》公司的重大决策。

目光瞄准老牌、名牌、大牌

事实上，费切海默正是我们想要买的公司类型。它有悠久的历史，有有才能的管理人员，他们品格高尚，乐在工作，且愿意与我们一起分享公司经营所带来的利益。所以，我们很快地就决定以4600多万美元买下该公司84%的股权，这与我们当初买下内布拉斯加家具店的情况很类似。

——沃伦·巴菲特

【巴菲特这样抄底股市】

巴菲特认为，市场先生是不理智的，在股价波动较大的背景下，投资者要特别关注一些老牌、名牌、大牌上市公司。巴菲特在伯克希尔公司1986年年报致股东的一封信中说，当年他买下费切海默公司，原因之一就在于它有着悠久的历史、优秀的企业管理层，这和他以前购买内布拉斯加家具店的情况很相近。

其实，巴菲特并购企业是出了名的不喜新厌旧，甚至还相反，特别喜欢投资一些有些年头的老企业，像美国运通公司、富国银行、宝洁公司、可口可乐公司等，都是如此。它们分别成立于1850年、1852年、1837年、1866年，由此，巴菲特偏好投资“老古董”的风格略见一斑。

巴菲特认为，这些老牌、名牌、大牌股票之所以能走到今天，本身就说明它们经受住了历史的考验，它们的业务和业绩表现相对稳定，最多只是会遇到一时困难发生严重危机。但“大难不死，必有后福”，只要它们一息尚存，就能东山再起，给投资者以巨大的回报。

以2008年10月巴菲特大手笔抄底处于金融危机中的高盛集团、通用电气公司、美联银行来看，它们就都符合老牌、名牌、大牌的特征。

高盛集团创建于1869年，总部设在美国纽约，在日本东京、英国伦敦、中国香港设有分部，在全球23个国家拥有41个办事处。高盛集团的所有业务运作，都建立在紧密一体的全球基础之上，由优秀专家为客户提供专业服务。它是全球历史最悠久、规模最大的投资银行和证券公司之一，向全球提供广泛的投资、咨询、金融服务。在2008年金融危机爆发前，它是美国最大的投资银行，金融危机中改组为商业银行，从而摇身一变成为美国第四大商业银行。

通用电气公司创建于1892年，是全球最大的电器和电子设备制造企业，并且生产军火武器，产值占美国电工行业总产值的1/4左右。2007年该公司销售额1727亿美元，净利润222亿美元，股票市值3285亿美元，员工总数31.5万人。该公司由多个基本业务集团构成，如果单独排名，其中有13个业务集团位于全球500强企业行列。

美联银行创建于1879年，2001年合并瓦霍维亚银行后沿用了后者的名称，所以又叫瓦霍维亚银行。美联银行是全球向零售、经纪人、公司客户提供金融服务的最大企业之一，核心业务是普通银行、资本管理、资产管理、投资银行。

从另一个角度看，巴菲特敢于收购老牌、名牌、大牌企业，无疑与他手中掌握的雄厚的现金实力息息相关。2008年10月3日，巴菲特控股的富国银行与美联银行宣布就150亿美元并购计划达成协议。这一方面说明了富国银行具有强大的经济实力，同时也让全球看到了富国银行要在美国东部扩大业务范围的决心。

关于这一点，投资大师吉姆·罗杰斯可谓看得清清楚楚。他说，巴菲特投资高盛集团“确实进行了一笔非常划算的交易。如果我们其他人也能以这样的条件和价格成交，同样是笔好买卖，因为这些资产总有一天会反弹的”。

巴菲特投资股票时是这样，经营自己的伯克希尔公司也是如此。

他在伯克希尔公司2002年年报致股东的一封信中提醒说，金融衍生产品就好像是大规模杀伤性武器。从短期看，其中潜伏着危险；从长期看，这些危险还是致命的。5年之后的2007年爆发的次贷危机，就表明他的这种担心和预见得到了验证。

正是出于这种考虑，伯克希尔公司的保险业务很早就退出金融衍生产品市场，即使在股市暴涨的时候，巴菲特手中的现金也超过300亿美元。因为在他看来，这时候的股票市场已经严重超值，很难再有值得买入的股票。而只要他手中握有现金，当将来机会出现时，主动权就掌握在他手里了。在抄底金融危机中，巴菲特及时投资上述老牌、名牌、大牌上市公司，就是这种主动出击的有力证明。正如美国富勒·塞勒（Fuller & Thaler）资产管理公司高级副总裁丁专鑫所说：“巴菲特想买高盛不是一年两年，而是很长时间了，这次是个千载难逢的机会。”

所以，投资者如果因巴菲特买入这些股票后短期内被套就笑话他，实在是一种肤浅的看法。加拿大 TD 资产公司投资管理副总裁吴雅楠一针见血地指出："从短期来说，巴菲特的投资存在风险。他目前所持有的通用电气和高盛的股权价值暂时全都已归于0，他是在看它们长期的价值。"

也就是说，巴菲特是在赌这些股票从长期来看将会有一个很好的业绩表现，而这也正是他一贯的做法。

【巴菲特股市抄底秘诀】

巴菲特认为，市场先生是不理智的，许多上市公司经它这种不理智三下两下折腾，就奄奄一息，甚至破产倒闭了。所以，那些业绩优良，并且经得起历史考验的老牌、名牌、大牌公司，更适合作为长期投资对象。

拥有志同道合的管理层

> 是什么将伯克希尔公司捆绑在一起？是我们建立的文化，也就是我所相信的事情。在开始，文化是由个体而逐步强大的，但一段时间后它便建立了自身的要素，人们自发选择来加入这一文化。董事自发选择成为董事，我们付给董事每年仅仅 900 美元，我认为这不会在其他任何地方发生。
>
> ——沃伦 · 巴菲特

【巴菲特这样抄底股市】

巴菲特认为，市场先生是不理智的，投资者要想避开市场的这种不理智，就应当考察目标公司的管理层是否与自己志同道合。因为只有你放心的公司管理层，才能经营好你投资的股票。2008 年 5 月 20 日，巴菲特在瑞士洛桑国际管理学院座谈时表示，他只有对公司管理层"一见钟情"，才会大笔投资该公司。他说，将伯克希尔公司捆绑在一起的是企业文化。下属公司经理中有些人他三四年都没有见过，因为他们中有些人喜欢和他交谈，有些人则不喜欢，这两种方式他都能接受。不过，他们应该有一个共同之处，那就是热爱他们的企业，让巴菲特感到投资他们的公司是可以放心的。

关于这一点，可以从伯克希尔公司收购以色列伊斯卡刀具公司中看出来。

伊斯卡刀具公司首席执行官埃坦・韦特海默介绍说，2005年10月他给巴菲特写了一封信。这封信虽然只有1.25页，可是他在信中陈述了足够多的财务信息，所以巴菲特一眼就能从中看出伊斯卡刀具公司是一家非常出色的公司。

更为重要的是，巴菲特从中还看出埃坦・韦特海默属于那种自己愿意与之合作的伙伴。没过多久，巴菲特就向这家公司投入了40亿美元的资金。

另外值得一提的是，巴菲特并没有去这家公司进行实地考察，甚至也没有派律师进行客户尽职调查。这就不免有些让人奇怪了：巴菲特这关乎40亿美元的投资决策竟会如此“轻率”地做出吗?

对此，巴菲特2008年5月20日在做客瑞士洛桑国际管理学院时谈到，他个人认为，商学院教材中反复强调的尽职调查，其实并不是必不可少；相反，对合作者的信任感才是最重要的，而且是“100%的重要”。

巴菲特说，收购上市公司时他并不会核对每一份合同，而是把重点放在以合适的价格购买合适的公司、选择合适的合作伙伴上，设想该企业在5年、10年、20年后会发展成什么样子。如果由于一个小小的错误多付或少付了1%的费用，对他来说没什么。

巴菲特说，他个人资产的99%都在伯克希尔公司，所以他比任何人都关心伯克希尔公司所收购的企业是否具有长久竞争优势、是否拥有令他信任的出色的管理层。而这样重大的事情，他认为是无法通过律师或其他任何团队去评估的，必须由自己把关。

巴菲特说，伯克希尔公司总部当时一共只有19个人，其中有10~12个人是搞财务的，其他人基本上都是处理一些诸如回复邮件之类的工作，所以根本没有力量去做尽职调查。

以以色列伊斯卡刀具公司为例，巴菲特收购该企业时的确没有派任何人员去进行所谓“检查”“验收”，他需要的是信任。至于他本人，也仅仅是在收购该企业几年后才去过一次现场。

巴菲特收购伊斯卡刀具公司后，该公司首席执行官每隔几个月就会有一次与巴菲特共喝咖啡的机会。但这时候他们基本上不讨论下一年度的发展目标，而是该公司首席执行官向巴菲特提供一份每月财务报告。

对于巴菲特来说，有些公司管理层喜欢向他汇报，有些则不喜欢，他对此都满意，他从来不召开什么例会。有些公司管理层三四年都没有和他联系过，他也不会生气，而且觉得很正常。

不过，巴菲特通常每隔两年就会给他们寄一封长达2页的信，提醒他们一些事，主要是要求他们热爱自己的企业，不允许他们给公司造成丝毫的名誉损失。其中有两件事是他们必须做的：一是公布退休金计划；二是遇到任何不正常的高额资本支出，一定要与巴菲特事先取得联系。

瑞士洛桑国际管理学院家族企业研究中心主任认为，巴菲特的这种行为确实有违常理，因为商学院的课程一直都在强调尽职调查是如何如何重要。

但是巴菲特认为，这其实并不奇怪，能够把伯克希尔公司旗下76家企业融合在一起的，只能是伯克希尔公司所特有的企业文化。巴菲特说，开始时文化是由个体逐渐强大起来的，但过了一段时间后，它便建立了自身的各项要素，他人便会自发地选择加入这一文化。

巴菲特说，伯克希尔公司旗下这些企业，属于各种各样的类型。公司管理层大多是MBA毕业，但也有几个只读完高中，还有少数没有任何学历。有一点是共同的，那就是他们虽然具有不同的风格，但对自己的企业都有着无比大的热情，他们拥有让其他人愿意跟他们一起上刀山、下火海的潜质。

为了呵护公司管理层的积极性，巴菲特从来不搞恶意收购。

他举例说，当他持有《华盛顿邮报》公司9%的股份时，看到首席执行官凯瑟琳·格雷厄姆脸色不好看了，于是马上表态说：“我不再买入你们的股票，就这么简单。”为什么呢？他解释说：“我不希望管理层因为我们购买他们公司的股票而不满意，因为如果他们不满意，就会做很多蠢事，比如发行更多价格低廉的股票。我希望他们做明智的事情。因此，如果他们感到不满意，我们就不会再继续购买。”[1]

【巴菲特股市抄底秘诀】

巴菲特说：“我爱共同合作的人。如果我认为企业主管人会搅乱我的胃口，那么我就会放弃交易。”巴菲特收购企业时是这样，投资者购买股票时也应该如此。只有目标公司管理层能够让你感到放心，你的投资才相对可靠。

不理智的市场有利用价值

投资者必须了解，在各种金融机构当中，快速成长的机构通常蕴藏着天大的问题，有时甚至可能存在重大舞弊。要真正测试衍生性业务的获利能力，就必须在无成长的状态下，只有等浪退了才知道是谁在裸泳。

——沃伦·巴菲特

【巴菲特这样抄底股市】

巴菲特认为，市场先生是不理智的，投资者应该庆幸的是，对自己而言，不理智的市场反而是有利用价值的。巴菲特在伯克希尔公司2004年年报致股东的一封信中说，金融衍生产品发展过快，这表明这时候的市场是不理智的。以金融机构为例，金融衍生产品如果快速发展，通常会蕴藏“天大的问题”；只有在这股浪潮退去以后，你才能知道究竟有谁在裸泳。

毫无疑问，次贷危机引发全球金融危机，直接导致金融衍生品这股浪潮彻底

1 石伟编译．巴菲特：投资不要超出自己的能力范围．腾讯网 [2016-2-9].

退去。这时候的巴菲特异常兴奋，因为究竟是谁在裸泳他一看一个准。高盛集团、通用电气公司、美联银行等股票，就可以看作是市场不理智时的“裸泳者”，它们被巴菲特看到了“私处”，进而收入囊中。

换句话说，如果没有这次金融危机，上述公司不会面临困难，巴菲特说不定就不会投资这些股票；或者说，在巴菲特看来，投资这些股票的最佳时机还没有出现。

从巴菲特的投资实践看，利用自律和市场的愚蠢来抄底股市的案例可谓比比皆是。

再看中国股市，短期投机行为非常普遍，这股力量正是主导股票价格涨跌的主力军。对于长期投资者来说，这时候就会出现一个个可以利用市场不理智趁机抄底的好机会。

国外股市中也经常会有这种不理智行为。1901 年美国股市崩盘，就既不是因为经济萧条或受经济周期循环因素的影响，也不是因为上市公司的经营业绩不好或总体形势发生逆转，更不是因为有什么对企业发展不利的信息传出来，而纯粹是因为投资者在做空市场。

一些投资机构做空市场，进而其他投资机构担心类似的事情会波及其他公司，于是这种情绪蔓延开来，像滚雪球一般。投资者纷纷加入疯狂抛售的行列，结果推动了整个股市价格的不断下跌。

而理性投资者这时候可以对暂时的股价下跌视而不见，同时趁机买入自己原来看好的股票进行长期投资。这样，短则一年半载，长则三年五年，理性投资者必定会有巨大的获利回报。

1987 年，美国股市崩盘。除了固定投资组合避险策略发生恶性循环外，还正好发生了特殊事件。这就击中了整个股市的要害，使得几乎所有投资者都加入了疯狂的股票抛售行列中去，以至于出现了市场先生“裸奔”的行为。

巴菲特认为，市场先生的愚蠢和贪心永远都存在，所以，这样的不理智行为会一再发生，从而给理性投资者一次次以低价买入股票的好机会。

相反，对于那些不理性的投资者来说，无论市场处于狂躁阶段，还是处于安定阶段，他们都会因为贪心不足而疲于奔命、自相残杀，这一点很像旅鼠。

旅鼠是一种非常普通、可爱的小动物，常年居住在北极圈，比普通老鼠小，春天时会从冬天居住的干燥地区移向夏天居住的潮湿地区。

旅鼠的繁殖能力特别强。研究表明，一对旅鼠从每年的3月份开始生育，仅仅到半年之后的8、9月份，包括它们的第一代、第二代，一直到第八代在内，繁殖数量可达164万只。即使存活率只有一半，也有82万只，密度之大可想而知。

尤其是在特定的年头，旅鼠更会数量大增。一般三四年为一个周期，这时候它们的数量可以达到巅峰状态。到这时，这些旅鼠就像天兵天将似的，不知道一夜之间是从哪里冒出这么多来的。

由于数量太多，缺少食物，焦躁不安的旅鼠们，虽然原来很胆小（请不要忘了还有“胆小如鼠”这个词），现在却变得无所畏惧，即使面对天敌，也敢于挑衅，甚至主动进攻。实际上，它们这是一种以卵击石的自杀行为，目的是以此来降低“鼠口密度”。

可是，旅鼠的数量实在太多，靠天敌来消灭已经无济于事，于是它们会留下很小一部分扎根故土，其余的全部向大海方向迁徙。

它们的迁徙速度很快，一天能达10英里，而且常常是几百万只一起跋山涉水，沿着一条笔直的路线勇往直前，一直奔向大海，直至跳海身亡，最终漂尸海面。

在巴菲特看来，那些不理智的投资者就像旅鼠一样自作自受。投资者如果是理智的，就应当充分利用市场的不理智，以静制动，当股票价格大大低于内在价值时买入，当股票价格大大高于内在价值时卖出。坐收渔利，当然也就轻松而自在了。

在这里，随便举个国内股市中的例子。

中国有位普通股民名叫杨宝忠，1993年偶尔进入股市，3年内痴迷于技术分析，亏得一塌糊涂。绝望之时，1996年他读到国内第一篇介绍巴菲特的文章，于是开始身体力行价值投资、长期投资理念。

2015年3月，他手上有4只股票。2014年，他全年只有6次账户交易，其中有4次还是分红记录。他的100万元的本金，全年收益率69%，年末总资产高达170万元。在过去的两年中，他的看盘时间累计未满8小时。[1]

【巴菲特股市抄底秘诀】

巴菲特认为，成功的投资者需要培养一种性情，以便在股市剧烈波动时避免做出不理智举动。市场先生越是狂躁不安，理性投资者从中抄到底的可能性就越大。换句话说，要想乱中取胜，首先你自己不能乱了阵脚。

以所有者眼光来看待投资

> 看过这张伯克希尔公司2004年市价超过6亿美元的股票投资表的人或许会以为这些股票是根据线型图、营业员的建议或公司近期的获利预估来进行买卖的。其实，查理跟我本人根本就不理会这些，而是以企业所有权人的角度看事情，这是非常大的区别。事实上，这正是我几十年来投资行为的精髓所在。打从我19岁时读到格雷厄姆《聪明的投资者》之后，我便茅塞顿开。在此之前，虽然我早已进入股市，但实际上对投资根本就没有一点概念。
>
> ——沃伦·巴菲特

【巴菲特这样抄底股市】

巴菲特认为，市场先生是不理智的，所以投资者要以所有者的眼光来看待投资，不要急功近利。有谁因为自己的孩子犯了错就抛弃他呢？巴菲特在伯克希尔公司2004年年报致股东的一封信中说，他和查理·芒格几十年来一直从企业所有者的角度来考察自己的投资行为，这才是他的投资精髓所在。这和那些根据

1　杨宝忠：巴菲特忠实信徒，两年看盘才8小时.新浪网[2015-3-21].

线型图、别人的建议或者对某股票近期获利做的预估来进行买卖，有很大不同。

他说，截至2004年，伯克希尔公司当初在4大投资项目（美国运通公司、可口可乐公司、吉列公司和富国银行）上的总投资额为38.3亿美元，购买日期在1988—2003年，平均买入时间是1992年7月，截至2004年年末平均持股时间为12.5年。

巴菲特说，伯克希尔公司从这4个投资项目中得到的股利累计为12.2亿美元，占当初总投资的1/3。从投资者角度看，这个数字是比较合理的，更不用说除此以外还有4.34亿美元的现金股利了。

更为可喜的是，从历年情况看，伯克希尔公司从这些投资项目中分得的股利每年都在稳定增长。总的来说，这样的回报巴菲特还算满意。

即使从股票价格的表现看，也是如此。自从伯克希尔公司投资上述股票后，总的来看，这些股票价格的增长幅度都高于收益增长幅度。当然就具体年份而言，有的时候股价涨幅会远远超过内在价值，有的时候则恰恰相反，这些都是很正常的。

不过他认为，就某个具体年份来衡量投资业绩，并不具备任何意义。虽然伯克希尔公司账面上拥有大量的未实现资本所得，但他绝对不会为了账面数字好看一些就卖掉这些股票，把它们变成账面利润。

他说，当时他手上拥有430亿美元的现金，只要有合适的投资对象他就会买入，最好是买入整家公司，当然首先是要价格合理。

在巴菲特看来，全面收购一家公司和只是购买该公司的部分股票，从本质上看没有多少差别，都必须遵守同样的权益投资策略。所以，巴菲特的投资策略，普通投资者照样可以参考、运用。而巴菲特之所以要收购整家公司，主观上是因为可以直接参与投资公司像资本分配这样的重大决策；客观上是因为伯克希尔公司拥有强大的财务实力，能够确保他实现这一愿望。

巴菲特在伯克希尔公司2015年年报致股东的一封信中再次提到，2015年伯克希尔公司在它的4大投资项目上都增加了所有者权益，这4大项目分别是美国运通公司、可口可乐公司、IBM公司和富国银行。然后他列出了截至2015年年末伯克希尔公司在普通股中市值最大的15家企业名单，从而表明自己是以所有者眼光来看待这些投资的。

巴菲特在伯克希尔公司2006年年报致股东的一封信中，特别提到他十分敬佩的企业管理者，也是他过去的同事沃尔特・许洛斯（Walter Schloss），并以他为例来阐释自己是如何以所有者身份来对待投资的。

1956—2002年，沃尔特・许洛斯掌管着一家十分成功的投资合伙企业，他对投资者的承诺是，投资者一定要赚钱，否则他不收一美分的费用。当然，巴菲特对他的信任和尊崇，并不仅仅限于某个方面。

巴菲特说，早在50多年前，当时有个圣路易家族希望自己为他们介绍几个既诚实又能干的职业经理人，沃尔特・许洛斯是他唯一推荐的人选。

沃尔特・许洛斯并没有上过大学商学院，甚至没有读过专门的商业学校。1956年他的办公室里只有1只档案柜，到2002年他退休时增加到4只。他在工作中从来没有请过秘书、会计或其他员工，唯一的搭档就是他的儿子，一位大学毕业的艺术硕士研究生。

沃尔特・许洛斯和儿子两人从来不听股评，从来不相信什么内幕消息，即使是公开报道他们也很少采用。他们完全是利用自己的一些特定的统计方法，即他当年在和本杰明・格雷厄姆共事时学到的那种方法，说穿了就是“努力地买便宜的股票”。在他们看来，什么现代投资组合理论、技术分析、总体经济学派以及其他许多复杂的运算方法都是多余的。

显然，一方面，“努力地买便宜的股票”需要掌握评估企业内在价值的工具，而不是单纯地看股价高低，这是他从本杰明格雷厄姆那里学到的投资精髓；另一方面，“努力地买便宜的股票”的最好时机，便是每次股市暴跌后，这也是毋庸置疑的。

就是遵循这一没有实际投资风险的原则，沃尔特・许洛斯在他47年的合伙企业中所创造的投资回报率，戏剧性地超过了标准普尔500指数的同期表现。值得一提的是，沃尔特・许洛斯投资的1000只左右的股票大多是冷门股，而他们的投资业绩超过同期其他所有投资者，这绝对不是用“运气”可以解释的。

巴菲特说，如果投资者拥有像沃尔特·许洛斯这样兢兢业业、负责任的经营管理者，还有什么不放心的呢？尤其值得庆幸的是，沃尔特·许洛斯没有读过商学院。

【巴菲特股市抄底秘诀】

巴菲特认为，投资者应该以所有者眼光来看待投资，从比较长的时期来看待投资收益，不要受股市中不理智的行为所左右。他以伯克希尔公司投资的“四大天王”以及沃尔特·许洛斯是如何做的为例阐述了这一点。

好股票值得投资者长久持有

> 坎德勒家族花2000美元买了可口可乐公司，除此之外，就不要再做其他的事情了。事情的关键是无为而治，即使在1919年也不要卖（坎德勒家族在这一年卖掉了可口可乐公司）。所以，你所找寻的出路就是，想出一个好方法，然后持之以恒，尽最大可能，直到把梦想变成现实。
>
> ——沃伦·巴菲特

【巴菲特这样抄底股市】

巴菲特认为，市场先生是不理智的，所以投资者要长久地持有好股票。他说，投资的秘诀之一就是长期持有好股票，不受股价波动的影响。

巴菲特有一次在美国佛罗里达大学演讲时说，1888年阿沙·坎德勒看到了可口可乐饮料巨大的市场前景，于是投资0.2万美元购买了其股份，掌握了该饮料全部的生产和销售权。1892年，他成立了可口可乐公司，并因此被称为“可口可乐之父”。1919年，坎德勒家族以250万美元出售了可口可乐公司。

巴菲特不无惋惜地说，这样一家好公司最终还是被坎德勒家族卖掉了。要知道，如果该家族一直拥有可口可乐公司，就不必再做其他事情，无为而治就行了。

不过巴菲特承认，如果有人在你的眼皮底下报价，每隔5分钟就互相叫价一个来回，在这种情况下要做到“坐怀不乱”是很难的。

他说，在美国华尔街上，证券公司就是靠投资者不断买进、卖出来赚钱的，而投资者要想赚钱，靠的却是尽量少买进、少卖出。这是一对矛盾，但这个矛盾并不难以解决。如果每个人每天都买进、卖出所拥有的股票，到最后所有人都得破产。而赚钱的只能是证券公司，因为投资者的钱都被当作交易费用被证券公司收去了。

相反，如果每一位投资者都像一家企业那样，50年岿然不动，最后的结果必然是投资者赚钱赚得不亦乐乎，可是证券公司却只好破产，因为它们收不到投资者一美分的交易费用。

同样的道理，也存在于医药行业。医生要从病人身上赚钱，就要频繁变更所用药品。如果一种药能够包治百病，那么他就只能开一次处方、做一笔交易，其所赚的钱也就到此为止了。可是，如果医生能够让病人相信每天更换处方才是一条通往健康的道路；那么，病人就会很乐于接受他更换的处方，同时也很乐意烧光自己的钱。结果不用说，病人往往是不但不会更健康，甚至情况会更糟糕。

对此，巴菲特的经验是，把伯克希尔公司的总部放在家乡奥马哈，远离华尔街，远离那些可能促使他做出仓促决定的氛围。他说，每6个月他都要根据一张长长的清单上所列的项目去做事情，考察一大批上市公司，然后离开华尔街回到奥马哈，认真考虑投资对象。

至此，投资者应该看出巴菲特把伯克希尔公司总部放在奥马哈的良苦用心了吧？对于普通投资者来说，虽然没有什么总部不总部的，但平时远离股市、远离股评也是必需的。

这里需要指出的是，配得上长期投资的应该是好股票，而不是什么股票都值得长期拥有。因为只有优秀的上市公司才能源源不断地给投资者以稳定、超额的回报，也才可以使投资者忽略平时股价波动对其投资产生的影响。

那么，什么样的股票能够成为值得投资者长期投资的好股票呢？归纳起来它们具有以下六大特征：

①行业龙头。行业龙头公司所独有的垄断地位，能够使其创造出超出平均水平的高利润来，而这正是所有投资者都希望得到的。

②非周期性公司。周期性行业上得快，跌得也快，所以要想长期保持稳定的增长率，这些股票就一定要来自非周期性公司。

③净资产增长率要超出行业平均水平。净资产增长率（而不是每股净利润增长率）是衡量某股票是否稳定增长的最重要的指标。净资产增长率的变化是判断某公司是否健康的直接标准，因而也是投资者能否继续持有该股票的重要依据。

④年末分红不能低于3年期国债水平。年末分红是投资者的期待，最能体现所投资股票的素质。所以不但要有分红，而且还不能过低。

⑤充足的现金流。这不但能让上市公司“血脉旺盛”，而且能够让它更有条件在市场低迷时抄底价廉物美的原材料，从而获得超额利润。

⑥良好的投资者关系。如真正把投资者当作上帝来看待，主要体现在及时更新网站信息、热情解答来电来访、尽心尽力经营公司等方面。

一个比较典型的例子是，1963年当巴菲特成功收购伯克希尔公司后，家乡奥马哈的人都把他看作是偶像和英雄，在短短两年时间里，那个小镇上的几千个人都购买了伯克希尔公司的股票。现在50多年过去了，小镇上的大多数人依然拥有该股票。要知道，当时的股价才只有10美元左右，而现在已经超过22万美元，股价上涨了2万多倍。

每年参加伯克希尔公司股东大会后，都有记者顺道采访这些少则拥有几百股、多则拥有上万股的家乡投资者，问他们将来年老时是否会考虑卖掉手中的伯克希尔公司股票，他们的回答全都是No。

这些亿万富翁的平常心态，令在场所有的人感动和震撼。与其说巴菲特缔造了这个美国最富有的小镇，还不如说是这些真正懂得价值投资的投资者创造了伯克希尔公司这样一家全球股价最高的优秀企业。

【巴菲特股市抄底秘诀】

巴菲特认为，好股票值得长期拥有，所以投资者根本不用过于关心它在市场中的短期波动和市场先生的不理智行为。所要注意的是，值得长期投资的股票，其前提条件应该是好股票，标准至少包括上面所述的6点。

策略 6

重新发现过去错失的良机

老老实实读一读财务年报

财务报表使用者应了解3个问题：①这家公司大概价值是多少？②它达到未来目标的可能性有多大？③在现有条件下，经理人的工作表现如何？大部分情况下，简单的财务数字并不能回答以上问题。商业界实在很难用一套简单的规则来有效解释企业的经济实质状况，尤其是像伯克希尔这种由许多不同产业组成的集团。

——沃伦·巴菲特

【巴菲特这样抄底股市】

巴菲特认为，每当股市暴跌时，投资者更容易发现过去曾经失去的投资良机，机不可失，时不再来。他认为，这时候老老实实地读一读各家公司的财务年报，会更容易发现投资机会。巴菲特在伯克希尔公司1988年年报致股东的一封信中说，无论根据一般公认会计准则、非一般会计公认准则或其他什么制度编制的财务年报，都有助于投资者了解以下3个问题：一是这家公司的内在价值有多少？二是该公司今后能否实现投资者的获利回报要求？三是与其他同行相比，该公司管理层的表现究竟是不是算得上优秀？

巴菲特认为，虽然投资者在大多数情况下都无法从简单的财务数据中找到上述答案；但无论如何，阅读财务年报都是一件非常重要的事，投资者很可能会从中找到投资机会。

一个非常典型的例子是，1969年巴菲特完成了自己平生第一次报业收购，收购对象是他家乡奥马哈附近的一家报纸公司——《太阳周报》公司。

作为一份周报，这家报纸公司不适合随时报道各种突发性新闻事件，可是怎样才能办出特色来呢？愁眉之际，巴菲特出了个好主意。

1977年3月31日的《华尔街日报》报道，1972年的一天，当时的美国议会刚刚通过国家国税管理局的"990PF报表"规则，要求慈善性质的基金会公开披露资产总额。

巴菲特一边在家中老老实实地为巴菲特基金会的非营利性组织填写报表，一边联想到自己是儿童城基金会的股东，这家基金会是不是也有公开的报表呢？因为在当时，他经常听到有关这家基金会的各种传言。于是他要求《太阳周报》记者想方设法去帮他弄一张这家基金会的财务年报来看看。

儿童城基金会最早诞生于1917年。当时有一位瘦弱的爱尔兰天主教神父在奥马哈出资90美元，租了一处简陋的房屋，收养了5名无家可归的儿童。随着收养规模越来越大，1938年美国拍摄了一部以他们为原型的热门电影。这样一来，儿童城的影响力更大了，慢慢发展成一家举足轻重的金融机构。它不仅资助无家可归的儿童，而且还需要对基金会筹集到的资金进行大规模的证券组合投资。

后来，巴菲特花50美元得到一份儿童城的财务报告。他从这份长达100页的报告中了解到，这家收养了近700名孤儿、到处哭穷的慈善机构居然积累了2.19亿美元的财富，令他大惊失色。

接下来就不用说该怎么做了，巴菲特毫不犹豫地投资了该基金会。后来的儿童城基金会成了一家著名的慈善机构，收养了几千名孤儿，在美国17个城市拥有保育护理机构，1998年，其信托基金总额高达7.33亿美元。

另外一个例子是1990年年初，美国西海岸出现了严重的经济衰退，加利福尼亚州的许多银行因为贷款资金被住宅抵押所占用，造成了周转困难。在这些银行中，商业不动产拥有量最大的银行是富国银行。它在所有银行股中走势最弱，从每股86美元开始急剧下跌，并且出现恐慌性抛盘。

这时候的巴菲特又捡起了他的老传统，马上翻出富国银行的报表来看。他这一看不要紧，竟然得出了与其他投资者相反的结论。

巴菲特在1969—1979年曾经大量购买过伊利诺伊国家银行和信托公司的股票，所以对银行股并不陌生。尤其值得一提的是，在拥有上述股票期间，巴菲特从这家银行总裁那里听到一条秘诀，即判断一家银行经营得是否好，主要看这家银行发放的贷款是不是有风险，而这可以从银行运营成本增减、是否经常贷错款、是否有坏账损失上看出来。

巴菲特通过对富国银行的财务报表进行研究，发现该银行自从卡尔·理查特1983年担任首席执行官以来，经营业绩一直不错，不但收益增长率、资产回报率均高于同行平均水平，而且运营效率在整个美国是最高的，放款业务非常扎实，毫无风险。

巴菲特由此得出结论，虽然这家银行的商业不动产比率在同行中最高，可是这些不动产贷款造成损失的风险却微乎其微，与当时整个银行业存在的金融恐慌性风险形成了鲜明的对照。

巴菲特是这样算账的：该银行当时的税前年收益即使扣除贷款损失3亿美元，余额仍然超过10亿美元；与此同时，即使按照最坏的结果进行估算，即包括商业不动产在内的所有贷款480亿美元全部损失掉10%，也只相当于银行本金的30%，仍然可以不亏损！

所以，当富国银行股票价格暴跌了50%时，巴菲特当机立断，于1990年10月投资2.87亿美元购买了该银行10%的股份，成为这家银行的最大股东。事实证明，巴菲特的这项抄底决策完全正确。

【巴菲特股市抄底秘诀】

巴菲特认为，投资者如果认真地读一读财务年报，很可能会发现投资机会。当然，读年报并不是一件容易的事，除了需要掌握会计知识，还必须了解行业的特殊情况，更要善于识别会计舞弊行为，这样才不至于上当受骗。

准备足够的资金打短差

市场的下跌给价值被低估的形势造就了很好的时机，所以总的来说，和去年相比，我们的投资组合在价值被低估的形势下，相对于实业投资来讲比例失衡。可能对于“实业投资”一词的解释是状况良好，“实业投资”就是一项依赖于具体公司的营利行为，而不是像证券投资那样，通过购买价值被低估的股票从而获利的行为……1956年年底，我们总的证券投资和实业投资之间的比例为70:30，现在的比例为85:15。

——沃伦·巴菲特

【巴菲特这样抄底股市】

巴菲特认为，每当股市暴跌时，投资者更容易发现过去曾经失去的投资良机，机不可失，时不再来。尤其是这时候如果手中有足够的现金，就会便于随时打短差。打短差也是一种投资策略，并不违背长期投资理念。长短期投资相结合，更有利于提高投资收益。巴菲特1958年2月6日在写给股东的一封信中，详细分析了1957年股票市场的综合行情以及巴菲特有限公司的经营行为、经营成果，并对这种经营成果进行了具体的分析。

他认为，关于当时的美国股市行情，总的来说，股票市场价格已经高于其内在价值；他由此判断，今后无论什么样的股票，其价格都会大幅度下跌，为此必须调整投资组合。

巴菲特的对策是，利用股市下跌的形势调整持股比例。例如1956年年末，巴菲特有限公司证券投资和实业投资的比例为70∶30，而到1957年年末这个比例就变成了85∶15。很明显，实业投资的比重下降了，证券投资的比重上升了。为什么会这样呢？实际上，这就表明巴菲特把相当一部分资金用到股票市场上打短差去了。

他举例说，巴菲特有限公司1956年成立了3家合伙企业，当年年末这3家公司的净值分别增长了6.2%、7.8%、25%。容易看出，前两家公司的增长率差不多，后一家公司的增长率却特别高，这是为什么呢？

巴菲特分析说，实际上这就说明了运气在短期投资中的重要性。第三家合伙公司1956年做了一笔投资。当时正处于股票市场的最低谷，有好几只非常值得投资的股票可供选择，于是他从中精心挑选了一只股票重仓持有，饱餐了一顿利润。

而前面两家合伙公司成立得比较早，它们早就在其他方面进行了大量的投资。这时候虽然它们的经营者也知道有很多股票非常值得投资，可是苦于手里没有富余的资金，最终只能望股兴叹。

巴菲特由此总结道：一般来说，所有的合伙公司都会在同一种证券上进行投资。并且投资数量大致相同，可是这些公司在投资业绩方面的差异却很大。究其原因在于，人们在股票市场上的不同层次、不同时间都能赚到钱，关键是看股市下跌、股票内在价值相对高昂时的投资比重大小。

懂得了这一点，读者容易发现，每当股市下跌时，巴菲特的股票投资业绩反而会好得多，这几乎成为50多年来的一条规律。也正因如此，巴菲特经常说，他实际上是喜欢股市下跌的。表面上看，股市下跌能够让他买到更多、更好的股票；而实质上，股市下跌中他的投资回报率更高。

他说，在任何一个阶段，他的主要兴趣都是让股票无所作为。说得更直白一点就是，他更喜欢股票价格下跌，而不喜欢它上升。

巴菲特的这种投资理念，可以说和绝大多数中国股民完全相反，但实践证明了他这种做法的正确性。这又是为什么呢?

他实际上在上述信中已经解释得很清楚了。他说:“我可以明确地告诉大家,我们的投资组合在1957年年底所呈现的价值,要比在1956年年底好得多。这取决于市场普遍较低的价格,和我们有足够的时间去得到那些只有通过耐心等待才能得到的估值大大低于其内在价值的证券这一事实。”

容易看出,巴菲特抄底金融危机的策略,说穿了就是根本不看股市有没有见底,而是一心只盯着他想要的好股票、他想买入的好公司本身。在股市下跌过程中,这些股票的价格慢慢地让他感到满意,而他手中又有早已准备好的巨额资金,投资行为也就顺理成章了。

这就好比他本来就想去超市买几样东西,正好赶上减价促销,他觉得价格很不错,而东西却还是原来那东西,所以就高高兴兴买下了。至于明天这东西的价格是涨还是跌,他就管不了那么多了。

以巴菲特2008年投资的高盛集团、通用电气公司为例,高盛集团在美国5大投资银行中业务竞争优势最明显,业绩投资回报率最高,管理层也非常优秀。同样,通用电气公司是全球数一数二的大企业,巴菲特原来就和该公司总裁杰克·韦尔奇关系非常好。当时杰克·韦尔奇虽然已经卸任了,可是由他一手打造出来的管理层非常优秀,而巴菲特对这一切非常了解。

可以说,巴菲特早就看好这两家公司了,现在买入的价格又非常合理,确实该他手中握有的巨额资金发挥作用了。

【巴菲特股市抄底秘诀】

巴菲特认为,有许多投资机会是等来的。为此,一方面要耐得住性子静候佳音,另一方面要准备相应的资金。他相信,股市的下跌会为他带来购买那些价值被低估的股票的良机。这时候关键要善于守候,并有实力购买这些股票。

随时检视最佳投资机会

在这种情况下，我们试着学习职业棒球传奇明星泰德·威廉姆斯的做法，他在《打击的科学》一书中解释到，他把打击区域划分为77个框框，每个框框就约当1个棒球的大小。只有当球进入最理想的框框时，他才挥棒打击。因为他深深知道，只有这样做，他才能维持40%的超高打击率；反之，要是球进入较差的框框，而他勉强挥棒打击，那将会使他的打击率骤降到23%以下。换句话说，只有耐心等待超甜的好球，才是通往名人排行榜的大道。好坏球照单全收的人，迟早会面临被降到小联盟的命运。

——沃伦·巴菲特

【巴菲特这样抄底股市】

巴菲特认为，每当股市暴跌时，投资者更容易发现过去不曾有的投资良机，机不可失，时不再来。股市投资要学职业棒球传奇明星泰德·威廉姆斯的做法，随时检视最佳投资机会。巴菲特在伯克希尔公司1997年年报致股东的一封信中说，泰德·威廉姆斯把他的击球区域划分为77个框框，每个框框大小相当于1个棒球。只有当棒球进入他认为最理想的框框区域，他才会挥棒击球，这样他才能达到40%的进球率，否则最多只能达到23%。这就是他的成功秘诀。

巴菲特进一步阐述说，当时他对伯克希尔公司的投资项目已经感到相当满意，可是仍然有大量的资金找不到理想的出路，为此他感到忧心忡忡。

为什么他会有这样的苦恼呢？因为在他看来，当时整个股市估值都太高。这就好像处于泰德·威廉姆斯眼里的好球、坏球交界区域，如果这时候投入股市，未来的收益率必然不理想；可是如果继续等待机会，也没有人敢保证下一棒的“球”会比现在更好。

巴菲特说，虽然他不会预测股市，但这种情况下他通常会有两种选择：要么等待股市下跌，等待价格低于内在价值的股票出现；要么把资金投入其他一些期限较短、品质不错的品种上去。他说，虽然后一种方法不能保证获得稳定的回报，甚至有可能赔钱，但赚钱的机会还是要高于赔钱。更何况，只要假以时日，一定会有可观的利润。

例如，截至1997年年末，伯克希尔公司一共有3项这样的投资：一是1400万桶原油期货合约，已经实现获利6190万美元，未实现获利约1160万美元。二是1997年买入1.112亿盎司的白银，能够创造9740万美元的税前利润。巴菲特特别说明，自从30年前估计美国政府将实行货币自由化可以买进白银时，他已经对贵金属的基本面追踪了30年，但一直没有买进。直到这几年白银存货价格突然大幅度下滑，他和查理·芒格感到买入时机已到，才进行了这项投资。三是投资46亿美元的美国零息长期债券。这些债券不用支付利息，而是通过折价发行回馈债券持有人。这样，债券的价格就会受市场利率的变动而大幅度波动。由于1997年利率大幅度下滑，所以伯克希尔公司账面上当年的未实现利润高达5.98亿美元。

巴菲特坦言道，在股票市场高涨、不敢投入股市时，把现金大量地投资于零息债券并不是没有风险。不过，他和查理·芒格会运用自己的最佳判断能力，就像泰德·威廉姆斯一样，努力争取在球进入最理想的框框区域时再挥棒击球。因为归根到底，查理·芒格家族90%的资产都在伯克希尔公司，而巴菲特家族的这一比例更是高达99%。

从历史上看，每当大牛市来临时，巴菲特总是会选择卖出股票，拥有现金，静静等待股市下跌。当股市下跌到一定幅度后，他又会出面收拾残局，把自己手中的现金大量投资原来看好的股票。这种先人一步的操作手法使他获利颇丰，财富雪球越滚越大。

例如，2015年6月，在澳大利亚股市十分低迷、投资者纷纷不看好后市时，澳大利亚一家传媒巨头电话采访了巴菲特。巴菲特在电话里信心十足地说："等两三年后再看，你会发现伯克希尔·哈撒韦可能已经入股了四五家澳大利亚的公司。用于未来投资澳大利亚公司的20亿美元，将从伯克希尔·哈撒韦对IAG

保险公司的投资盈利中支取。未来10年、20年，甚至30年，我们都将在澳大利亚市场进行投资。只要我们觉得澳大利亚具有良好的投资环境和机会，伯克希尔·哈撒韦就会在澳大利亚市场长期投资。”

他的话音刚落，已经经历了3个月低迷时期、市场估值低至10年来最低点的澳大利亚股市立刻出现反弹。人们这才知道，巴菲特已经投资了澳大利亚保险巨头IAG公司3.88亿美元，并且接下来他还会有一系列动作。[1]

再如，1972年是美国的一波大牛市。当时几乎所有投资机构都把资金集中到一些大盘成长股上，如施乐公司、柯达公司、宝丽来公司、雅芳公司、得克萨斯仪器公司等，它们被称为“漂亮50股”。在买盘资金不断涌入的情况下，这些股票的平均市盈率上涨到骇人听闻的80倍。

这时候的伯克希尔公司虽然拥有证券组合资产1亿多美元，但巴菲特采取了大量抛售股票的策略，因为他觉得这时候没有值得买入的股票。最终，他只把16%的资金投资在股票上，而把84%的资金投资在债券上。

果然不出所料，1973年“漂亮50股”随同大盘出现大幅度下跌，道琼斯工业指数从1000点跌到1974年10月初的580点，几乎所有股票的市盈率都在10倍以内。此时几乎没人敢重新投入股市了，只有巴菲特例外。

巴菲特当时在接受《福布斯》杂志采访时说，他觉得自己就像一个非常好色的小伙子来到了女儿国里，可以为所欲为了。他的意思是说，作为投资者的他来说，这时候最佳投资时机已经来到。

毫无疑问，巴菲特的这种逆势操作，让他实实在在地捡到了许多便宜货，美不胜收。例如，1973年巴菲特开始买入联合出版公司的股票，越跌越买；1974年全年有107天，他在买进该股票，最低买入价格只有5.5美元。

1　巴菲特发现又一价值被低估股市．凤凰国际[2015-6-18].

【巴菲特股市抄底秘诀】

巴菲特认为，股市下跌正是检视过去失去的投资机会、重新发现投资良机的好机会。他1974年有107天在买入联合出版公司股票的行为更是传为佳话。他不但从中尝到了巨大的甜头，而且充分示范了什么叫真正的抄底。

采用价值投资法选股票

在过去的年报中我已不止一次地提醒大家，多数公司的账面价值与其实际内在价值之间，其实存在着极大的差异（后者才是对股东真正要紧的）。不过，以我们公司本身的状况而言，过去10多年来账面价值在某种程度（从保守的角度）上，却颇能代表本公司实际的价值。意思是说，伯克希尔公司的企业价值略微超越其账面价值，两者之间一直维持着稳定的差距。

——沃伦·巴菲特

【巴菲特这样抄底股市】

巴菲特认为，每当股市暴跌时，投资者更容易发现过去不曾有的投资良机，机不可失，时不再来。要避免这种现象，投资者就要学会用价值投资法来选择股票，这种方法在股市上涨或下跌时都适用。巴菲特在伯克希尔公司1986年年报致股东的一封信中说，在过去的年报中他已经不止一次地提醒大家，大多数上市公司的账面价值和内在价值之间存在着极大的差异。而对股东来说，内在价值比账面价值更重要。

他的意思是说，投资者无论是买进股票还是卖出股票，主要应当依据其内在价值，股票价格只能作为一种参考。只要采用价值投资法选择股票，那么无论股市上涨还是下跌，投资者都能最大程度地避免缺憾。

从历史上看，巴菲特对股市行情的分析，都是基于上市公司内在价值这一出发点来进行的。而对内在价值的评估需要经历相对较长的过程，投资者在其中可能会及时抓住机会，但也可能会错失一些机会。读者如果不能很好地理解巴菲特的这种投资策略，有时候就会看不懂他的操作。

例如，1968年美国股市达到疯狂的地步，日均成交量高达1300万股，比上一年的最高纪录还要超出30%；以至于股票交易系统因为买卖单据过多而一度瘫痪，这在历史上是第一次，并且一连持续了好几天。

看到此情此景，尤其是1968年12月的道琼斯工业指数攀升到990点，1969年又继续上升到1000点，巴菲特感到深深的不安。

一方面，他认为，当时的股票价格全都大大超过其内在价值，自己已经没有什么股票可买了；另一方面，他又担心自己过去已经到手的投资获利全都会回吐出去。于是，正当牛市进入高潮时，他做出了一个非同寻常的决定，宣布解散巴菲特有限公司。

他说："我无法适应这种市场环境，同时我也不希望去参加一种我不理解的游戏，而使自己像样的业绩遭到损害。"

然而，巴菲特担心的股市突然掉头向下迟迟没有出现，股市直到1973年才发生崩溃。从某种意义上说，在这期间巴菲特也错失了一些机会。如果他能利用最后一波行情继续进行操作，肯定能获利更多。当然，这只是一种一厢情愿的说法，并不能否定价值投资法的正确性。

就好比是地震局预报某地将会在未来3天内发生地震，但事实证明预报后的3天内并没有发生地震，而是在3天后的某一天，譬如第5天发生了地震，而这样的预报就依然可以说是准确的。

与判断股市发展头部相比，巴菲特在判断股市发展有没有到达底部方面更准确一些。

有读者可能马上会说，巴菲特历史上从来没有抄到真正的底部。当然，这除了证明巴菲特是人而不是神，也正好表明他手中握有巨额的资金，他绝对不可能在股市最底部出手，而必然会打提前量。就好比会议通知要求全体人员2点整准时进入会场，如果只有一两个人卡点到会，还可以在2点整瞬间进入大门；可是如果是一个几十上百人的团队，所谓准时就必须提前几分钟入场，不可能分秒不差。更何况，巴菲特的一举一动全球都在看着，他必须悄悄地提前行动才能“阴谋得逞”。

1973年2月，巴菲特根据价值投资法推断，当时的《华盛顿邮报》公司股票已经很有投资价值了，于是以每股27美元的价格大量买入该股票。可是买入该股票后，股价依然下跌，他又继续以每股23美元的价格买入。过后价格还是大跌，他则买得更欢。

他认准一个理，那就是《华盛顿邮报》公司股票价格的下跌，并没有影响它的内在价值；相反，甚至还凸现出它的内在价值相对更高了。到9月时，巴菲特已经成为《华盛顿邮报》公司最大的外部投资者。

从中国读者的角度看，巴菲特买入《华盛顿邮报》公司股票是不断被套的，可是巴菲特自己并不这么认为。虽然他眼睛只盯着该股票的内在价值，以至于忽略了对美国股市整体行情的深入研究；并且与股市最低点相比，他的价格成本和时间成本都相对较高，进而对其长期投资的收益回报率造成某些实质性的影响；但是，如果有读者以这种事后诸葛亮的方式来要求巴菲特，显然不但苛刻，而且不合情理，因为谁都无法做到在股市最低点时买到股票。

试想，如果某股票价格处于最低点时的成交量只有1手，可是你的买入量却超过了1手，这时候又会怎么样呢？

【巴菲特股市抄底秘诀】

巴菲特认为，关注内在价值比关注股票价格更重要。他采用价值投资法选股，虽然也有1969年解散巴菲特有限公司，没有做足波段的遗憾；可是总体上看，这个方法更容易挖掘到因过去只看股市大盘而错失的内在价值高的个股。

不断寻找特许经营权企业

借由特定的产品或服务，一家公司可以成为特许的行业：①它确有需要或需求；②被顾客认定为找不到其他类似的替代品；③不受价格上的管制。一家公司到底有没有以上 3 个特点，可以从它是否能积极地为本身所提供的产品与服务制订价格，从而赚取更高的资本报酬率上看出来。更重要的是，特许事业比较能够容忍不当的管理。无能的经理人虽然会降低特许事业的获利能力，但是并不会造成致命的伤害。

——沃伦·巴菲特

【巴菲特这样抄底股市】

巴菲特认为，每当股市暴跌时，投资者更容易发现过去曾经失去的投资良机，机不可失，时不再来。每当这时候，投资者特别需要优先考虑投资那些具有特许经营权的股票。巴菲特在伯克希尔公司1991年年报致股东的一封信中说，具有特许经营权的企业和行业具有以下3大特征：一是该行业确实具有成长性或需求；二是找不到其他类似的替代品；三是不受价格上的管制。

那么，怎样来衡量某只股票是不是具有特许经营权呢？巴菲特介绍说，有特许经营权的企业能够积极地为其产品和服务制订价格，也就是说，企业提高产品和服务的价格之后，其市场份额不会受到多大的影响；能够赚取更高的资本报酬率；公司管理层如果能力不够，虽然也会降低业绩回报，可是却不至于对企业造成致命伤害。

不过他又说，许多企业的股票是介于具备特许经营权和不具备特许经营权两者之间的，即有一点特许经营权，却不一定很明显。既然这样，投资者就需要用自己的眼光去加以鉴别，去认真衡量这点特许经营权对内在价值的影响力究竟有多大。

巴菲特说，之所以要优先考虑投资那些具有特许经营权的股票，是因为它们的运营风险较小，一般不会因为管理不善而倒闭。

一般上市公司如果想获得高的报酬率，通常只有两条途径：一是节约成本，这是最基本的办法，但即使该企业能够长期维持低成本竞争优势，也很容易遭到同行的持续攻击；二是它所提供的产品和服务供应不足，引起供不应求，不过这种局面通常维持不了多久。

以《华盛顿邮报》公司为例，在美国有1700多家报纸，其中有1600家报纸没有直接的竞争对手，这就是媒体行业的优势所在，因为它在某个特定区域内具有不可替代的作用。报社股东通常会认为，他们每年所获取的丰厚利润是报社不断提高经营管理质量的结果。

而巴菲特认为，即使是一张三流报纸，如果在某个城市独此一家，也同样会创造出足够丰厚的利润来。

报纸行业的特点是对资本需求很低，可以很容易地把销售收入变成利润，即使报社配备了最先进、最昂贵的排版印刷设备，也不会侵占利润空间。因为虽然投资新设备需要投入资金，可是先进设备的装备能够降低人工费用；更不用说，新设备印刷出来的报纸质量更高，这种报纸更容易提高销售价格，从而创造出高于平均利润的投资收益来。这样，总体上看，新设备创造的利润与老设备相比会更高。

一般来说，巴菲特比较喜欢投资媒体行业，原因就是媒体行业具有上述特许经营权的3大特征，不但能够制订具有侵略性的价格，而且容忍相对宽松的管理。

不过，他也承认这种优势正在慢慢消退。究其原因在于，消费者在不断寻找不同的信息和娱乐来源，而其总数就那么多。他提醒投资者，应该考虑到，媒体行业的特许经营权优势在慢慢弱化。

不用说，巴菲特非常具有预见性。当时他投资媒体行业时还处于传统媒体时代，其特许经营权优势十分明显；进入21世纪后，在电子阅读十分方便和普及的背景下，这一情形已经发生巨大改变，当然不可同日而语了。

仍然以巴菲特投资的可口可乐公司为例，该公司就从特许经营权中获得了不少好处。20世纪70年代，可口可乐公司在当时的董事长保罗·奥斯丁的领导下，进行了一系列不合理的投资和管理行为，从而衍生出一大堆麻烦。尽管当时该公司的资本收益率依然保持在20%以上，可是税前收益率却在不断下降。1974—1980年，可口可乐公司股票市值的年平均增长率只有5.6%，大大低于标准普尔500指数的年平均增长速度。

如果换了其他没有特许经营权的企业，也许早就倒闭了，可是可口可乐公司拥有特许经营权，同类企业无法与它竞争，这才使它躲过此劫。直到1980年新总裁上任，提出敢为天下先的口号，在努力降低成本的同时实现资产收益最大化，才使可口可乐公司业绩开始回升，随之而来的就是股票价格也迅速上升。

【巴菲特股市抄底秘诀】

巴菲特认为，少数具有特许经营权的企业，因为其产品具有某种不可替代性，政府对其又没有价格方面的管制，所以其获利回报更丰厚、更可靠。这样的企业应当成为投资者重点关注的对象，在选择投资对象时优先考虑。

寻找机会要具备国际视野

> 2002年我们首度进入外汇市场，2003年我们进一步扩大了这方面的仓位，主要原因在于个人长期看空美元。我必须强调的是，预言家的墓地有一大半都躺着总体经济分析家。在伯克希尔公司，我们很少对总体经济做出预测，我们也很少看到有人可以长期做出准确的预测。
>
> ——沃伦·巴菲特

【巴菲特这样抄底股市】

巴菲特认为，每当股市暴跌时，投资者更容易发现过去不曾有的投资良机，机不可失，时不再来。在寻找投资对象时要具备国际视野，即要在全球范围内考虑投资项目。当然，这是巴菲特从自身角度出发说这番话的。在全球范围内选择投资项目，对于他来说轻而易举；可是对于中国普通投资者来说，如果要投资国外证券市场，目前所受限制还很多。但未雨绸缪，了解一下这方面的相关行情还是有必要的。

巴菲特在伯克希尔公司2003年年报致股东的一封信中说，伯克希尔公司是2002年开始进入外汇市场的，2003年又继续增加了这方面的投资。巴菲特之所以投资外汇，主要原因在于他长期看空美元。不过，巴菲特在全球范围内选择投资项目，除了外汇市场，还有其他方式，如他在2002年和2003年大量买入中石油 H 股，就是其中的典型一例。

巴菲特说，伯克希尔公司未来的投资重点仍然会在美国国内。可是从2002年开始，随着美元对其他国家的货币发生贬值，汇率的变动已经无法有效解决美国贸易赤字。虽然这时候的巴菲特作为一个美国人也非常着急，并且于2003年11月10日在《财富》杂志上发表文章，探讨如何圆满解决这个问题；可是这种纸上谈兵是远水解不了近渴，作为手中握有几百亿美元现金的投资者，他必然会想到通过外汇投资来获取比美元投资更高的收益。这一点是他投资外汇市场的主要动因。

巴菲特投资外汇市场后，根据美国一般公认会计准则，外汇投资的价格发生任何变动，都必须立刻反映在财务报表上。截至2003年年末，伯克希尔公司一共投资了5种外国货币，总额高达120亿美元，其中包括10亿美元左右的外国债券。

巴菲特说，伯克希尔公司的投资原则是排除任何投资风险，所以，无论是国外投资还是国内投资，他首先强调的是安全。如果实在找不到什么投资项目，那他就选择美国国债，主要是国库券，不管这些投资的报酬率有多么低。巴菲特形容说，他和查理 · 芒格所能接受的最大投资风险，就是吃保质期刚刚过去1天的奶酪，而绝不会吃过期2天的。

巴菲特在伯克希尔公司2005年年报致股东的一封信中说，当年该公司已经减少了一些美元现汇的看跌头寸，同时买入了多种外汇计价的国外证券，从中获得了一大笔来自国外的利润。

巴菲特说，外汇交易中通常会因为两国货币汇率的变动，给交易双方中的任何一方造成损失或收益，这种承受外汇风险的外汇金额，通常被称为“受险部分”或“外汇暴露”。他和查理 · 芒格就很喜欢以这种方式获得“外汇暴露”。巴菲特的意思是说，这种投资是很有意思的。

究其原因在于，由于利率的变化，尤其是当美国利率相对于其他国家的利率上升时，如果手中的资产大部分是外汇，这时候就会形成一种显著的负盈利。这种负盈利的产生，是由于投资者持有的市场头寸利率较低，而借贷货币需要支付较高的利率，从而导致负值现金流。也就是说，这时候的融资成本要高于证券或期货投资收益率。

对于普通投资者来说，这些术语可能有些深奥，可是你只要记住一点就行了，即除了国内投资以外，如果具备条件你还可以投资国外资本市场。当然，前提条件之一是你必须非常熟悉国外的交易方式、规则、政策，并且能够把握好国际经济形势的变化趋势。要知道，国外资本市场大起大落，投资收益和投资风险都要比国内市场大得多。

巴菲特在伯克希尔公司2005年年报致股东的一封信中说，由于当年影响美国经常账户赤字的潜在因素继续恶化，并且还没有终止的迹象，所以伯克希尔公司经常账户中的最大项目（贸易赤字）创下了历史新高，第二大项目（投资收支）预计也很快就会转为亏损，更不用说第三大项目（国际收支）中的单边资金转移总是负的了。

巴菲特说，这时候如果美国人对海外投资，则外国投资者所持的美国资产增加得更多。也就是说，这些国外投资者持有美国资产的投资收益，要比美国人投资国外资产所得到的收益更多。

这就是美国投资者投资国外市场的风险所在。当然，这并不是某一个投资者个人能决定得了的，主要还是宏观经济环境在起作用。

【巴菲特股市抄底秘诀】

巴菲特认为，投资者如果具备合适的条件，不妨从全球范围内选择投资项目。当然，这种投资方式的风险更大。但这种在国内外市场上套利和投资的行为，所得回报也会比单纯的国内投资大许多。

走出国门赴欧洲收购企业

我们在欧洲（的投资）还远远没有达到举足轻重的地位。我们希望更多的德国家族企业在考虑卖掉公司时，会首先想到来找伯克希尔公司。

——沃伦·巴菲特

【巴菲特这样抄底股市】

巴菲特认为，每当股市暴跌时，投资者更容易发现过去曾经失去的投资良机，机不可失，时不再来。这种规律不只表现在某个国家，而是在全球范围内普遍存在。所以，2008年金融危机爆发后，他很乐意走出国门赴欧洲收购企业，并且已经取得预期效果。2008年5月初，巴菲特在伯克希尔公司股东大会上说，伯克希尔公司在欧洲的投资还远远没有达到举足轻重的地位。按理说，伯克希尔公司在欧洲应该是名声卓著的，但当时的情况并非如此。他希望有更多的德国家族企业在考虑卖掉公司时，会首先想到来找伯克希尔公司。

当时的宏观背景是，美国次贷危机爆发已经一年，并且正在引发全球金融危机，经济形势开始恶化，但还没有到最糟糕的地步。利用这个时机，2008年5月巴菲特去欧洲走了一圈，德国、瑞士、西班牙、意大利，每天一个国家，每到一地他都睁大眼睛四处寻找投资机会。

不难看出，巴菲特的欧洲之行目的非常明确，那就是主要考察欧洲各国的家族企业。因为他知道，欧洲的家族企业拥有很强的生命力，尤其是在德国的工业领域中，有许多从中长期看非常具有发展潜力的并购对象。

说到这一点，还得归功于德国在第二次世界大战后不断鼓励家族企业发展的政策，从而使得家族企业的比例高达整个德国所有企业的3/4。

现在，几十年过去了，当初的创业者基本上都到了退休的年龄，其中有相当一部分后辈不愿意子承父业。这样，他们就自然而然地会考虑卖掉家族企业，而这就为巴菲特收购家族企业提供了许多选择余地。

以色列五金工具制造商伊斯卡公司，是巴菲特第一次在美国之外并购的大企业。伊斯卡公司总裁埃坦 · 韦特海默向巴菲特透露："许多家族企业目前都在经历战略决策的特定阶段，所以他们需要知道自己还能有其他选择。"

正是因为埃坦 · 韦特海默和意大利能源巨头安杰洛 · 莫拉蒂的安排，巴菲特才有了这次欧洲之行。

巴菲特希望收购欧洲企业的原因，他在2008年5月伯克希尔公司股东年会上已经说得非常清楚了。

他说，美国的次贷危机以及财政和贸易政策，正在对美元汇率形成压力，并且这种情形还会继续下去。正因如此，在过去的几年里，巴菲特一直以美元贬值预期作为股市投资的重要参考依据。

与此同时，他却比较看好欧洲市场。从2001年开始，意大利能源巨头安杰洛 · 莫拉蒂每年至少要见巴菲特4次，专门为巴菲特讲解欧洲的商业文化等内容。

在此以前，巴菲特在美国以外地区的投资并不多，2006年并购伊斯卡公司算是他第一次走出国门的重大投资。所以，他希望能够扩大在欧洲的业务，因为他不相信欧元和英镑会对美元出现大幅度贬值，并且希望通过这次欧洲之行，能利用当时他手中可以支配的大约350亿美元的现金，促成他在美国之外的第二桩重大并购。

他把投资目光放在欧洲市场，以便于"从德国、法国、意大利和英国赚取欧元和英镑"。

2008年5月19日，巴菲特抵达德国金融中心法兰克福。到了当地，他不顾旅途疲劳，马上在当地的联合国际俱乐部会见了大约100家德国企业的高级管理人员，其中包括持有宝马公司大量股份的实业家斯特凡·宽特，以及小奥本海姆银行的高层人士。

与他们会面后，巴菲特专门抽出2个小时时间，来回答这些企业家的提问。据说，巴菲特特别喜欢以小熊软糖闻名的甜点企业哈利波（Haribo）公司、海德堡印刷机械公司等企业。

巴菲特欧洲之行的第二站是瑞士洛桑。在那里，他对手表制造商斯沃琪公司、瑞士再保险公司表现出了极大的兴趣。

然后，巴菲特奔赴西班牙首都马德里。因为他知道，最近几年来西班牙的房地产市场非常低迷，他是专门去“捡便宜”的。

巴菲特的最后一站是意大利工业重镇米兰。

值得注意的是，巴菲特在收购企业时，喜欢三言两语敲定下来，然后就是握手签字、付钱走人，并不喜欢对公司今后的具体运营管理指手画脚。而正是这种爽快的作风、用人不疑的理念，让许多被收购对象赞叹有加。巴菲特也因此经常会以比公开拍卖价更低的价格买到这些公司，这可谓是巴菲特的高明之处。做生意做到高兴的时候，老板让掉几个百分点这样的事情不是常有的吗？

【巴菲特股市抄底秘诀】

重新发现过去错失的投资良机，巴菲特认为理所应当也包括在国外的投资，尤其是欧洲市场。不过当时他是认为金融危机快要结束了（实际上还没有真正开始），所以才有在百忙之中亲自考察市场的欧洲四国之行。

中美企业对比中有机会

在那片古老的土地上，国民经济取得了很大的发展，每年都保持着对美国巨大的贸易顺差，并已取代日本成为美国最大的债权国。长久以来我一直呼吁美国政府，日益沉重的贸易赤字等于是在出卖国家。我从中国回来以后，更加强化了我这种观点，因为中国人都很聪明，也很勤劳。这10年的时间里，中国的证券市场也发生了翻天覆地的变化，这是经济发展的必然。任何一个国家或地区经济的发展，若不能带动经济市场的同步发展，那么这种发展是值得怀疑的。中国政府也在做着这方面的努力。

——沃伦·巴菲特

【巴菲特这样抄底股市】

巴菲特认为，每当股市暴跌时，投资者更容易发现过去曾经失去的投资良机，机不可失，时不再来。在他看来，中国股市中就有许多这样的投资机会。巴菲特2008年1月8日在《致中国股民的一封信》中说，在中国这片古老的土地上，国民经济取得了很大的发展，这种翻天覆地的变化，必然会带动经济市场同步发展，投资者应当对此有信心。

2008年巴菲特抄底金融危机，主要是针对美国市场而言的。其实，中国和美国相比，全球股市的“底”在中国，巴菲特2008年投资比亚迪公司或许就能表明他认同这个观点。

要知道，2008年年末上证综合指数1821点的收盘点位与前一年年末5261点的收盘点位相比，下跌了3440点，全年跌幅高达65.4%，居全球之首，也创下了中国股市历史上的跌幅之最，“底”不在中国又在哪里呢？

所以，从中美两国股市的对比中可以发现，更大的投资机会在中国。以中国建设银行、香港汇丰银行为例，这两家银行2008年的赢利水平相差不大，在证券市场上的市盈率也差不多。但是预计在今后3年内，中国建设银行的利润至少要比过去增长30%；而汇丰银行的利润最多只能和过去持平。一个重要标志是，香港汇丰银行2008年年末已经开始裁员了。

就在巴菲特投资中国比亚迪公司时，中国建设银行的市值还不到1.2万亿港元，而汇丰银行的市值却高达1.5万亿港元。这表明，中国建设银行的股价至少比香港汇丰银行的股价便宜30%以上，这还没有将人民币升值的预期因素考虑在内。

也许正因如此，中国最大的金融投资机构——中央汇金投资有限公司，2008年9月23日第一次增持200万股中国建设银行A股后，承诺未来一年内会以自身名义继续增持。而2008年12月2日中国建设银行发表公告称，中央汇金投资有限公司增持的中国建设银行A股数量已经增加到7080.1万股，相当于总股本的0.03%。

虽然这则公告隐藏在中国建设银行按协议出售195.80亿股A股、H股给美国银行的公告中，但还是在市场上引起了强烈反响。

因为根据上海证券交易所2008年8月28日出台的《上市公司股东及其一致行动人增持股份行为指引》的规定推算，这次中央汇金投资有限公司增持6880万股股票应该发生在中国建设银行公布第三季度报告的2008年10月25日之后，由此也可以推算出中央汇金投资有限公司购买这些股票共投入资金13亿元人民币。

与此同时，中国建设银行的战略合作伙伴美国银行宣布，行使其认购期权，以相当于2008年9月30日经过审计后的净资产价格1.2倍的标准，约每股2.8港元，从中央汇金投资有限公司买入195.8亿股中国建设银行H股。交割完成后，美国银行持有中国建设银行447亿股H股，在中国建设银行已经发行的H股中占19.90%，占中国建设银行总股本的19.13%。而这时候中央汇金投资有限公司及旗下公司持有的中国建设银行股份比重则下降到57.06%。

中央汇金投资有限公司2008年11月抄底中国建设银行、中国银行、中国工商银行，可以说是在正确的时间做了正确的事。如果中国建设银行的股票价格不涨，那么汇丰银行的股价至少要下跌30%。最终的结果很可能是：中国建设银行的股价上涨一点，汇丰银行的股价下跌一点，但这并不会影响中央汇金投资有限公司的投资业绩预期。

从历史上看，无论是对于看涨期权还是看跌期权，巴菲特都很在行，是期权投资高手，哪怕遇到巨额浮亏，最终他也能化险为夷。并且事实上，巴菲特的期权交易成了伯克希尔公司巨大的利润来源，当然也是巨额风险敞口之所在。

没错，巴菲特确实说过，金融衍生品是金融市场的大规模杀伤性武器。但这种大规模杀伤性武器关键还是要看掌握在谁手里，用得好，这种武器就会大规模杀死敌人；用得不好或者不会用，炸死的就可能是自己。

期权，总体上分为看涨期权和看跌期权两大类。对于期权的持有人来说，看涨期权有买入的权利，没有买入的义务；看跌期权有卖出的权利，没有卖出的义务。这里以看涨期权为例，来看看巴菲特是怎么操作的。

金融危机爆发后，巴菲特投资高盛集团时开出了以下两大条件：一是投资50亿美元高盛优先股，股利是每年10%；二是同时获得看涨期权，可以在投资后5年内以每股115美元的价格买入50亿美元的高盛普通股。

巴菲特投资高盛集团时，股价在90~100美元。金融危机过后，高盛集团的股价上涨很快，5年不到就上升至每股150美元左右，后来又继续攀升到200美元。而这样一来，巴菲特的看涨期权就由虚值变成了实值，2010年他的获利至少在二三十亿美元。最后，高盛集团回购了伯克希尔公司的优先股，并且递送435万股普通股结束了这笔交易。

这样一算就明白，在伯克希尔公司持有高盛优先股的几年中，每年可以分得5亿美元的优先股股利；除此以外，看涨期权价值也已上涨到90亿美元左右。如此高额的投资回报率，完全可以说惊为天人。

这样的策略一再为巴菲特所熟练使用。接下来，巴菲特在进军亚太保险市场时采取的也是这一策略，并且他要求的期权比他所投资的金额要多得多。[1]

---

1 陈凯丰 . 巴菲特是如何玩转期权交易的 . 纽约金融论坛 [2015-7-14].

不用说，这样的策略对于普通投资者来说只能是听听而已。对于中国投资者来说，如果一定要抄华尔街的底，在当时的背景下，最简单的办法就是投资高盛集团以及巴菲特控股的伯克希尔公司。当然，只有中国机构投资者而不是个人投资者才有这样的投资机会和实力。

平心而论，金融危机的爆发引发海外股市下跌，实际上对中国国内的A股市场并没有多大的实质影响，主要是心理影响。不过，对于当时的国内投资者来说，这种心理影响已经大到足以摧毁整个中国股市的地步，稍有一点点风吹草动，犹如惊弓之鸟的国内投资者就会做出极不理智的追涨杀跌行为来。所以，中央汇金投资有限公司购买中国建设银行、中国银行、中国工商银行股份，多少也有帮助国内投资者树立信心的作用。

不过，中央汇金投资有限公司从2008年9月19日起在二级市场上自主增持中国工商银行、中国银行、中国建设银行3家银行的股份，数额全都只有200万股，令市场大失所望。因为仅仅从数量上看，其总投资也只有0.25亿元人民币。而据测算，2005—2008年上半年，仅仅中国建设银行向中央汇金投资有限公司上缴的分红就超过400亿元人民币，当时中央汇金投资有限公司的账面总资产高达1.5万亿元人民币，两者对照实在是相差悬殊。不过也请不要忘了，这种小额、分步建仓，手中始终握有大量现金的做法，却非常符合巴菲特抄底金融危机的要求。

【巴菲特股市抄底秘诀】

巴菲特抄底金融危机的主战场在美国，而不在中国，很可能是因为他对中国股市不了解；当然，也可能与他受其他条件限制，无法投资中国A股市场有关。如果不是因为这些，巴菲特抄底中国股市的机会可能会很多。

再次发现通用电气领头羊

通用电气对全球来说是美国企业的代表，几十年来，我一直是通用电气及其管理层的朋友和崇拜者。他们在全球拥有卓越的品牌和业务，对此我非常熟悉。我相信通用电气在未来的几年里会再创辉煌。

——沃伦·巴菲特

【巴菲特这样抄底股市】

巴菲特认为，每当股市暴跌时，投资者更容易发现过去曾经失去的投资良机，机不可失，时不再来。他投资美国通用电气公司，就可以看作是对过去错失投资良机的一次弥补。巴菲特在一份收购通用电气公司的声明中说，通用电气公司从全球来看是美国企业的代表，他相信该公司在未来几年里会再创辉煌。

2008年10月1日，巴菲特宣布投入30亿美元收购通用电气公司的永久性优先股，这是美国金融危机爆发后巴菲特的第二笔大投资，显示出他对美国及其金融系统的信心。

伯克希尔公司有将近一半收入来自下属金融企业。就在别人担心通用电气公司规模过于庞大时，巴菲特却在伯克希尔公司下面的金融业务比例太高的情况下，毅然出手投资该股票，显示出与众不同的另类眼光。要知道，这时候通用电气公司的股票价格已经大幅度下降了42%左右。

为了表示对巴菲特收购通用电气公司的诚意的回应，通用电气公司也做出了很大的让步，这也是巴菲特最终决定投资该公司的主要原因之一。

巴菲特曾经多次强调，他投资股票要求“价格合理”。而在这里，通用电气公司答应巴菲特的条件是，对这部分永久性优先股，承诺每年支付10%的高额股息，并且在3年后溢价10%收回。与此同时，伯克希尔公司还可以在今后5年内，以每股22.25美元的价格继续收购通用电气公司30亿美元的普通股。

巴菲特在接受电视台采访时充分阐述了他的内心感受，他说：“我已经观察通用电气这家公司很久了。现在的市场给我们提供了大量的投资机会，而这在6个月或者一年之前是难以想象的。”

当时的通用电气公司市值高达2450亿美元，是美国第二大上市公司。2008年10月2日，该公司宣布将在当天股市开盘前为120亿美元的普通股配售定价，其中就有巴菲特投资的30亿美元永续优先股在内。

对此，美国匹兹堡亨利·H.阿姆斯特朗投资组合（Henry H. Armstrong Associates）经理评论说：“巴菲特长久等待的事情终于发生了。市场处在如此重压之下，以至于他可以为伯克希尔公司（收购资产）争取到难以置信的有利价格。他购买这么多数量，正是因为价格极富吸引力，他都等10年了。”

确实，这时候的通用电气公司由于受金融危机影响，原来盈利比重占一半以上的GE Capital表现不佳，抵消了喷气发动机等高科技产品销售的增长势头，2008年赢利水平估计比上年下降10%，并且2009年还在继续下滑。在这种情况下，通用电气公司2008年9月18日的股价达到当年的最低水平，即每股22.19美元。

这时候的通用电气公司自我感觉很不好，所以不断下调其当年收益预期，并且表示要收缩战线，以便能够在基础设施等核心业务上集中精力。面对巴菲特的收购，它也像高盛集团一样做出了很大的让步。要不是通用电气公司实在四面楚歌，这样的让步条件，巴菲特在过去是想都不敢想的。

而通用电气公司得到巴菲特30亿美元的投资后，财务基础必定会有良好的改善，尤其是会有助于保持其AAA信用评级。

有了这样一剂强心针，通用电气公司总裁杰夫里·伊梅特说话底气也似乎强了许多。他说，他预期金融危机将会持续一段时间，但仍然对通用电气的战略计划充满信心。

高盛集团作为巴菲特的长期投资对象，在巴菲特投资通用电气公司过程中充当了账簿管理人（Bookrunner）的角色。

意思是说，巴菲特投资通用电气公司全过程中的组织、营销、定价、配置、后市稳定工作都是交给高盛集团打理的。对于巴菲特来说，这实在又是肥水不流外人田的美事。

所以，也就难怪安本资产管理公司亚太区董事唐纳德 · 阿姆斯特会这样评论：“巴菲特是个非常聪明的投资者。他有现金，而现在是现金为王。他花一些钱来为他和他的股东们换来了优质公司的股票。但如果这个价格是美国最好的两家公司募资所需要的价格，那么其他比这个差一点的公司又值多少钱呢？”

【巴菲特股市抄底秘诀】

巴菲特并购企业强调要“价格合理”。在得到条件非常优厚的承诺后，他投资了一直以来看好的通用电气公司。在他看来，这是10年来他梦寐以求的机会，现在出现了，千万要把握好才是。要是在过去，这样的价格他想都不敢想。

策略 7

善于利用股市坏消息获益

股市动荡能产生额外收益

当市场出现动荡的时候，我们永远要利用这一机会，伯克希尔公司将从中获得额外收入。

——沃伦·巴菲特

【巴菲特这样抄底股市】

巴菲特认为，投资者要善于利用股市中的坏消息获取额外收益。不必说这些坏消息真假难辨，即使是真的，坏事也可以变成好事。巴菲特在2008年5月初召开的伯克希尔公司股东大会上说，当市场出现动荡的时候，永远要利用这一机会，这将会使伯克希尔公司从中获得额外收入。伯克希尔公司是这样，任何投资者也应该是这样。

究其原因在于，在巴菲特看来，任何质地优秀的企业都可能会遇到暂时的困难，更不用说在面临金融危机这样的宏观背景下了。无论出现怎样的坏消息，都可能会造成这些股票的价值被错误地低估；而从投资者角度看，这时候正好会出现巨大的投资机遇。

用巴菲特的话说就是，股价暴跌对投资者来说很可能会形成巨大的安全边际，这时候可以低价买入股票，实在是一种入市良机。尤其是当一家质地优秀的上市公司遇到暂时困难而出现股价下跌时，就更是如此。虽然这时候它的股价在下跌，可是从根本上看，这家公司的长期赢利能力并没有受到丝毫影响。一旦市场认识到这一点，其股价就会大幅度上升，投资者就可以从中大赚一笔。

写到这里，笔者不由得想起这样一则故事：一位演讲家在一次公开演讲中，把一张100元钞票高高举过头顶对大家说，这是一张崭新的100元钞票，有谁想要？在场的人纷纷举起了手。

接下来，演讲家又把这张新钞票在手里揉来揉去，它变成了一个皱巴巴的小纸团。然后他再问大家，现在有谁想要这张皱巴巴的100元钞票？在场的许多人依然纷纷举起了手。

不难看出，无论是这张被揉皱了的钞票还是原来那张崭新的钞票，它的交换价值都是100元，出去买东西一样管用。甚至相反，崭新的百元大钞更容易引起别人怀疑——是不是假币？旧的反倒令人放心些。

在巴菲特看来，钞票是这样，上市公司也是如此。一家上市公司如果内在价值不变（就像这张钞票一样，被揉前后都是100元面额），只是遇到了暂时的困难，变得“皱巴巴的，不好看了”，投资者就弃之不用（担心这家上市公司的业绩回报会下跌，从而纷纷抛售该股票，导致股价下跌）——只要新钞票，不要旧钞票，这完全是一种幼儿逻辑（小孩子要压岁钱倒的确是只要新钞票）。

巴菲特同样认为，危机是由“危”和“机”组成的，危险和机会往往并存在一起。从巴菲特的投资实践看，伯克希尔公司几乎所有的重仓股都是在某个上市公司遇到重大危机的背景下，由巴菲特抄底买入的，如政府雇员保险公司、《华盛顿邮报》公司、美国运通公司，包括2008年抄底金融危机时购买的高盛集团、通用电气公司等。从中不难看出，他实在是这方面的老手和高手。

回想1987年上半年的美国股市依然是大牛市。从1984年以来，美国股市已经持续大涨了好几年，累计涨幅高达2.46倍。而这时候的巴菲特头脑非常冷静，他认为，这时候每只股票的价格都已大大超过内在价值，于是在1985年就开始大幅度减持股票。巴菲特非常明确地命令助手：“把一切都卖掉。”就这样，直到1987年美国股市上涨到最高峰时，巴菲特手中只有3只他认为值得永久持有的股票，其余的通通被他卖掉了。

1987年10月19日，美国股市出现了历史上的第一个“黑色星期一”，当天道琼斯工业指数下跌了508点，下跌幅度高达22.6%。正是从这时候开始，巴菲特看到他一直看好的可口可乐公司进入了价值投资区域，于是开始进行大笔买入可口可乐公司股票的前期准备。

1988年，巴菲特开始正式买入可口可乐公司的股票，并且于1989年继续买入。1988年6月，当时的可口可乐公司股价在每股10美元左右，巴菲特开始大举入市，10个月内一共投资10.23亿美元，购买了8340万股可口可乐公司股票，平均价格每股10.96美元。到1989年年末，可口可乐公司股票在伯克希尔公司普通股投资组合中的比重高达35%，充分显示了此时此刻巴菲特对这只股票的信心和决心。

而实际上，几十年来，可口可乐公司在巴菲特眼里一直是质地优秀的股票。该公司20世纪80年代在罗伯特·戈伊祖塔、唐纳德·考夫的领导下所发生的巨大变化，巴菲特历历在目。

也许有人会问：既然如此，那巴菲特为什么不早投资该股票呢？这就是他对投资时机策略的运用了。

巴菲特始终认为，虽然可口可乐公司是一只好股票，可是他必须在有把握时或者说必须等到一个好的价位时才愿意买入该股票。1987年，美国股市暴跌，正好给巴菲特创造了一个良好的抄底机会。当时的股市暴跌在其他投资者眼里几乎是一场灾难，可是在巴菲特看来却是机会。当大多数人都不看好可口可乐公司股票，认为该股票的市盈率、股价与账面价值比率、股价与现金流比率相对来说都处于高位时，巴菲特开始了他对该股票的大手笔买入行为。

1988—1989年巴菲特买入可口可乐公司的股票时，可口可乐公司的平均市值为151亿美元；而据巴菲特估计，当时它的内在价值至少是207亿美元，甚至有可能高达324亿美元或483亿美元。据此计算，投资可口可乐公司股票的安全收益率应该在27%~70%。

【巴菲特股市抄底秘诀】

巴菲特认为，股市动荡是投资者获取额外收益的好机会。最简单的方法是：在股市到达最高点前全部清场；在股市暴跌了一个阶段后开始进场，这时候或许大多数人都会感到悲观，但对价值投资者来说是好机会。

逆势操作是最佳投资之道

长期持有投资股票堪称不错的理财选择。投资者唯一可能出错的两件事是：买错股票，或在错误时间买进或出售股票。就如同我经常所说的，当众人担惊受怕时，就是大胆加码的时刻，反之亦然。唯有逆势操作才是投资必胜的王道。

——沃伦·巴菲特

【巴菲特这样抄底股市】

巴菲特认为，投资者要善于利用股市中的坏消息获取额外收益。不必说这些坏消息真假难辨，即使是真的，坏事也可以变成好事。从这个角度看，逆势操作不失为一条最佳股市投资之道。

巴菲特经常会邀请商学院的在校学生到伯克希尔公司做客，为他们上1天密集的课程，带他们参观伯克希尔公司的一两项业务，然后在公司总部与他们进行2个小时的对话。这种机会大约每年有15次。

美国《财富》杂志报道，2008年4月初，巴菲特为美国宾夕法尼亚大学沃顿商学院学生上了1天密集的课程。在回答150名学生提问时，他发表了自己对贝尔斯登破产倒闭案、美国次贷危机、美国经济前景以及股市投资方面的看法，鼓励大家逆势操作。他认为："唯有逆势操作才是投资必胜的王道。"

有人问他，当时的美国投资者在股市中应该怎样操作呢？他的回答是，投资者不必去关心当天发生的新闻，否则会大大影响自己的投资策略。

究其原因在于，即使你知道美国经济的未来走势如何，也不知道股市下一步会做出什么反应。这时候的投资者在选择股票时很难选择到表现优于平均股票的个股，所以以静制动为好。

有人问他，长期而言你是不是看好美国经济？他回答说："那当然，如果不看好美国经济，我为什么还要买美国的股票呢？"

他认为，他之所以看好美国经济的长期表现，是因为"美国的产值每年都在增加，长期而言，这是一个正和游戏，唯一会扼杀投资者的是高额费用或试图巧取市场。"也就是说，投资者只要长期持股，就能跑赢大市。

不过他也承认，虽然长期来看美国经济会表现得很好，但并不表明会一直很好。因为很明显，当时的美国次贷危机越来越严重，正在转变为金融危机，这就是一个活生生的例子。

有人问他，他是否认为美国经济不景气的时间还很长，他的回答是，确实如此。当时大家都认为美国经济很快就会好转，而且问题不会变得很严重，可是他的看法恰恰相反。不过他又补充说，他从来不根据宏观经济预测来做投资，同样他也奉劝大家不要根据经济景气指数买卖股票。

巴菲特的逆势操作理论，要求投资者不必理会股市中的小道消息和各种股评谎言；如果非听不可，那最好是反其道而行之。

说到这里，笔者想起这样一则寓言故事：一位牧民骑着一头毛驴、牵着一只山羊去赶集，正好被3个骗子看到了，于是他们合伙来骗他。

第一个骗子看到牧民在毛驴背上打盹，就悄悄地走上前去，把原来挂在山羊脖子上的铃铛解下来系在驴尾巴上，然后把山羊牵走了。由于这时候的铃铛已经不在山羊脖子上了，所以这个骗子牵走山羊时并没有发出声响。牧民醒来一看山羊不见了，便急忙四处寻找。

这时候第二个骗子粉墨登场了。他热心地走过去问牧民在找什么，并且自告奋勇地要帮他的忙。牧民说，他的一只山羊不见了，问对方看到了没有。你看这话问到骗子那里了，会有什么好结果呢？第二个骗子随手指了一个方向说，他看见有个人刚刚牵着山羊从那里走过去，应该就是那个人偷的，让牧民赶快去追吧。

牧民一听非常感激，连忙把毛驴交给这位“好心人”看管，自己急匆匆地快步追去。显然，牧民再怎么追也不会有结果；而等他匆匆忙忙赶回来时，毛驴和“好心人”一起消失得无影无踪了。

这时候两头受骗的牧民伤心极了，一边走一边哭。当他走到一个水塘边时，发现那里有个人哭得比他更伤心。他不禁感到奇怪，心想，难道还会有人比我更倒霉吗？于是他走上前去，想问个究竟。

不用说，这个“伤心人”就是第三个骗子了。他说，他带了两大袋金币去城里买东西，准备在水边歇歇脚，洗把脸，吃点干粮，没想到一不小心把袋子掉到水里去了，自己又不会游泳，这可怎么办呢？现在看到牧民来了，他觉得有希望了，只要牧民下去把它捞上来，他愿意送给牧民10枚金币。

牧民一听不禁喜出望外。他想，虽然自己丢了毛驴和山羊，可是如果能得到这10枚金币，就相当于堤内损失堤外补——不仅前面的损失全都能补回来，而且还有额外收益呢。

于是，牧民脱得只剩一条裤衩，下水摸金币了。可怜牧民在这冰冷的水里摸啊摸。等他瑟瑟发抖、两手空空地从水里爬上来时，发现他的衣服连同衣服口袋里的钱、干粮全都被那个“伤心人”卷走了。

在中国股市，类似于牧民这样的投资者比比皆是。他们之所以最终被骗得“只剩下一条裤衩”，主要原因有三：一是投资股票时非常盲目，麻痹大意；二是在股票被套后惊慌失措；三是在造成损失后急于补亏。

他们唯独缺少的，是自己的主见和眼光。如果不是轻信股评和小道消息，这些投资者或许也不至于落得这样一个悲惨下场。

【巴菲特股市抄底秘诀】

巴菲特认为，下跌市道中，利用股市中的坏消息逆势操作不失为一条可行之道。可是如果总是轻信别人，加之股市中又处处充满陷阱和风险，一旦上了骗子（各种媒体经济预测、媒体报道和股评）的当，那就必定会输得很惨。

巴菲特判断坏消息是很准的

我相信为了美国大众，国会将会做出正确的选择，并通过紧急经济稳定法案。经济关系到每个人的切身利益。经济好比一个浴缸，你不可能在浴缸的前半部用的是冷水，而在浴缸的后半部却能用到热水。

——沃伦·巴菲特

【巴菲特这样抄底股市】

巴菲特认为，投资者要善于利用股市中的坏消息获取额外收益。不必说这些坏消息真假难辨，即使是真的，坏事也可以变成好事。在2008年金融危机中，各种消息似是而非，他相信美国政府会做出正确选择，因而他对美国未来经济的长期发展充满信心。

巴菲特2008年9月24日接受电视台记者采访时说，他相信美国国会会为了美国大众利益而通过紧急经济稳定法案的。要知道，经济关系到每个人的切身利益，这就像大家都泡在同一个浴缸里，浴缸里的水不可能一部分是冷水，另一部分是热水。

当时的背景是，为了最大限度地消除金融危机的不良影响，美国政府推出了史无前例的7000亿美元的紧急经济稳定法案，并且于2008年9月20日递交国会讨论。经过大量的工作，国会两党展开激烈辩论，直到9月28日才宣布已经就具体细节达成一致，将于9月29日就最终方案进行投票表决。

明明是板上钉钉的事情，可是谁知道，2008年9月29日美国众议院以微弱多数否定了这项计划。这一结果在意料之外、情理之中，代表了美国大多数人的观点，认为政府没有必要为少数金融机构高层管理人员的冒险行为买单。

然而事情又明摆着：金融危机一旦发生，不管是什么原因造成的，殃及的不仅仅是美国经济，甚至还包括全球经济，绝不是“见死不救”就能解决问题的。

从2008年9月19日到9月28日，美国金融市场加速崩溃，种种压力一起袭来，可是方案又硬是通不过。例如，在短短一周时间内，美国货币市场基金的净流出高达1970亿美元，商业票据市场也缩水了949亿美元，创下历史上最大的5.6%的单周跌幅。

于是，在接下来的几天中，对美国政坛影响巨大的各种特殊利益集团纷纷游说国会，对参议院、众议院议员施加压力，希望能早日通过这样一项救市行动计划。美国商会、全国房地产经纪人协会等机构甚至明确表示，他们将把这一次投票看作是一次关键性投票，看各位议员在这次投票中的立场来决定是否继续支持他们。

在这样的强大压力下，原来在匆匆忙忙的情况下推出的寥寥3页纸，连个方案名称都没有，只是暂时称为“建议授权财政部购买问题资产（Proposed Treasury Authority to Purchase Troubled Assets）”；在照顾到方方面面的利益后，篇幅一下子扩大到450多页，并且终于有了一个像模像样的名称——“紧急经济稳定法案”。

这样改动的用意，就是要让议员们看到，原计划的目的是通过救助金融机构来稳定经济，而现在则把重点放到了救助政策上。

并且，在新的方案中，还加入了被美国人称为“宠物项目”的各项妥协条款。这些条款既照顾到了金融机构利益，也照顾到了其他各方利益，可谓皆大欢喜，这样更容易达成共识。

在救助资金问题上，美国政府借鉴了中国“特别国债”的筹集方式。美国财政部可以动用救助计划授权的7000亿美元的资金，可是这笔资金却不计入当期财政拨款，所以不会扩大当期财政预算赤字。要等将来卖出这笔国债后，用买卖价格轧差来冲销救助成本，不足部分再进入预算赤字。

经过这样方方面面的综合平衡，再加上美国财政部长亨利·保尔森唯恐方案通不过，还戏剧性地上演了一出“跪求”闹剧，2008年10月1日美国国会参议院才终于表决通过紧急经济稳定法案，10月3日该方案获得美国国会众议院通过。

而现在回过头来看，巴菲特早在2008年9月24日就抱有这样的观点，认为金融救援计划一定会通过。这再次证明了他对政府作为方面具有预见性。

根据美国财政部的设想，这7000亿美元的资金，原来是准备用来购买金融机构不良资产的。因为金融危机发生后，银行里最差的那一部分资产根本没有投资者愿意买；既然这样，那就由政府负责买下来，从而促使银行资金滚动起来。

毫无疑问，既然是质量最差的资产，那购买价格至少要打掉八折，即相当于原价的20%。这样，7000亿美元至少能购买35000亿美元的不良资产。换句话说，金融机构为了得到这7000亿美元的现金，账面上至少要减少35000亿美元资产。

不过，美国政府后来发现这种方法效果并不好，所以马上又仿效英国政府的做法，直接入股，注资银行。这从一个侧面表明，美国政治机制的纠错功能还是很强的。

【巴菲特股市抄底秘诀】

巴菲特对美国政府一定会通过紧急经济稳定法案充满信心，他相信政府不会对金融危机冲击下的烂摊子见死不救。这一判断是他当时抄底高盛集团、通用电气公司股票的决策依据，他认为这时候应该离底部不远了。

坏消息让巴菲特眼睛发亮

是的，我建议要谨慎。任何时候，任何东西，有巨幅上涨的时候，人们就会被表象所迷惑，人们就会认为他们才干了两年就赚了那么多的钱。我不知道中国股市在明后年是不是还会涨，但我知道价格越高越要加倍小心，不能掉以轻心，要更谨慎。

——沃伦·巴菲特

【巴菲特这样抄底股市】

巴菲特认为，投资者要善于利用股市中的坏消息获取额外收益。不必说这些坏消息真假难辨，即使是真的，坏事也可以变成好事。所以人们经常会发现，当巴菲特听到某些坏消息时，会眼睛发亮，这时候他会把它看作是买进股票的好时机。

2007年10月24日，巴菲特在中国大连出席伯克希尔公司控股的刀具制造商伊斯卡公司大连新工厂开业庆典时说，任何东西有巨幅上涨的时候，人们就会被表面现象所迷惑，认为自己才投资了2年就赚了那么多钱，从而变得晕晕乎乎起来。

当时的中国股市正处在历史最高点6000点左右，巴菲特小心翼翼地说，他不知道中国股市在明后年是不是还会继续上涨，但他知道股票价格越高，投资者就要越小心。就他个人而言，他总是在股市下跌过程中买进股票的，因为他进行长期投资，不需要过于关注短期价格。

与巴菲特的表述相比，查理·芒格的观点更为直截了当。他说，中国股市暴涨后的唯一出路是暴跌。这样的忠告在当时很少有人能听得进去，甚至很少有人意识到。

因为就在上证综合指数达到3000点时，大家还都在议论有没有泡沫；可是当股指上升到4000点时，就听不到有人这样说了；当股票指数上升到5000点时，市场上又是一片有关泡沫的议论声；到了6000点时，反而没人提泡沫了。

芸芸众生就是这样，就连国际投资大师吉姆·罗杰斯也认为这时候的泡沫是“潜在的”；相比之下，只有巴菲特、查理·芒格头脑更清醒。

仔细研究发现，巴菲特的投资策略有一个很重要的特点，那就是逆向思维策略。准确地说，他遵循的是一条选择性反向投资策略，而不是传统的反向投资策略。

具体地说，所谓“传统的反向投资策略”，是指投资者只购买最近一段时间以来表现不好、大多数投资者不愿意购买的股票；而“选择性反向投资策略”，是指即使整个股市普遍下跌，投资者也不会闭着眼睛买股票，而是会坚持自己的原则，带有选择性地购买股票。

例如，就巴菲特而言，他的选择条件就是，该公司要具备持久性竞争优势，并且股票价格要大大低于内在价值。

这种购买策略包括两个方面：一是慧眼识珠，要认识到目标公司具有持久性竞争优势；二是辨别购买良机，其价格一定要大大低于内在价值，这样投资该股票后用不了多久，其价格就会回升到与其内在价值持平或高于内在价值的水平。

在整个股市下跌过程中，巴菲特特别喜欢那些具有持久性竞争优势的企业，称之为“健康的”企业。这些企业数量很少，是巴菲特精心选择的对象。与此相对应的另一类企业是价格竞争性商品企业，巴菲特称之为“病态的”企业。这些企业数量很多，可是在巴菲特看来却没有什么投资价值，乏善可陈。

巴菲特在伯克希尔公司2009年年报致股东的一封信中说，由于受全球金融危机的影响，“公司和市政公债市场存在非常罕见的情况，这些证券与美国财政部的相比非常便宜，我们通过几项采购支持了这个观点。但是我应该做得更多，这样大的机会非常罕见。当天上掉金子的时候，应该拿桶去接，而不是管子”。

他用具体数据举例说，2008年年初伯克希尔公司拥有443亿美元的现金，可是2009年已经减少到306亿美元。在这137亿美元的差额中，至少有80亿美元是用在了收购伯灵顿北方圣太菲铁路公司上，另外的钱则用在了其他收购项目上。

为什么？巴菲特认为：“那是一个投资的理想时期，常伴随恐慌的氛围。那些投资者为了毫无意义的保证，而付了更高的价格。最后，在投资中起作用的，是你为这个项目所花的成本以及这个项目在随后的10年或20年内的盈利，尽管你只是在股市上买入了一小部分。”

那么，投资者又怎样识别这种“健康的”、具有持久性竞争优势的企业呢？巴菲特的小儿子彼德·巴菲特的前妻玛丽·巴菲特，与人合作出版了一本《新巴菲特法则——震荡市中的大师策略》，其中把巴菲特的经验概括为以下10点：

①是否表现出一贯的高股东权益收益率（12%以上）；

②是否表现出一贯的高总资本回报率（12%甚至更高，银行和金融公司超过1%，股东权益收益率一贯超过12%）；

③公司的收益是否表现出很强的上升趋势；

④公司是否适时地得到资助（长期债务一般低于5倍净收益）；

⑤拥有品牌或服务的公司是否在市场中占有竞争优势；

⑥公司是否依赖工会组织；

⑦公司是否会和通货膨胀一起提价；

⑧公司如何支配保留盈余；

⑨公司是否会回购股票；

⑩公司股价和账面价值是否都在增长。

巴菲特通常都会对照上述条件，找到那些具备持久性竞争优势的股票，然后对其内在价值和投资回报率进行量化分析。很多时候，巴菲特利用其他投资者的悲观心态、短浅目光，低价买入了被他们忽略的好股票。

巴菲特认为，一听到坏消息就抛售股票的“坏消息现象”在股市中十分普遍。虽然许多投资者，包括机构投资者，也知道长期投资的必要性，可是真正能做到这一点的很少。

而这就意味着，目光长远的投资者，会有更多的机会从目光短浅的投资者所遗弃的股票中，寻找到具有长期投资价值的好股票。这就是巴菲特每当听到坏消息就会眼睛发亮的原因所在。

【巴菲特股市抄底秘诀】

巴菲特的选择性反向投资策略，是他经过20多年实践，不断吸收菲利普·费雪、查理·芒格的思想，摆脱本杰明·格雷厄姆的雪茄烟蒂式投资方法的束缚，逐步进化而来的。读者其实可以从本书中悟到这一点。

坏消息能降低投资成本

回顾一下历史：在经济大萧条时期，道琼斯工业指数在 1932 年 7 月 8 日跌至 41 点的历史新低。到 1933 年 3 月富兰克林·罗斯福总统上任前，经济依然在恶化，但到那时，股市涨了 30%。第二次世界大战初期，美军在欧洲和太平洋遭遇不利。1942 年 4 月，美国股市跌至谷底，当时距离盟军扭转战局还很远。同样，20 世纪 80 年代初，尽管经济继续下滑，通货膨胀加剧，却是购买股票的最佳时机。简而言之，坏消息是投资者的最好朋友，它能让你以较低代价下注美国的未来。

——沃伦·巴菲特

【巴菲特这样抄底股市】

巴菲特认为，投资者要善于利用股市中的坏消息来获取额外收益。2008年10月17日，巴菲特在《纽约时报》上发表署名文章，在回顾了美国历史上几件大事与股指涨跌之间的关系后总结说，坏消息是投资者的好朋友，它能让投资者以较低的投资成本下注美国的未来，即摊低投资成本。

有一次，巴菲特在美国佛罗里达大学演讲时，有人问他怎样来理解熊市对抄底买家是有利的。巴菲特说，他对股市的走势一无所知，并且也不进行预测，不过总体上他是希望股市向下走的。

他说，你如果购买了100股通用汽车公司的股票，就会对该股票充满感情。

当该股票价格下跌时，你会变得暴躁、怨天尤人；当该股票价格上升时，你会沾沾自喜，以为自己够聪明，从而对该股票更加喜爱起来。与投资者的这种情绪化相比，其实股票本身并不知道是谁买了它，它只是一种物质存在而已。

巴菲特说，在未来10年里，在座的每一个人都可能是股票净买家，而不是净卖家，既然这样，那么每一个人都会希望有越来越低的股票价格出现。就好像在未来的10年里，如果你是汉堡包的买家而不是卖家，那么你当然会盼望汉堡包的价格越来越便宜。除非你是养牛专业户，才会希望汉堡包的价格越来越高。

巴菲特说，同样的道理，如果你现在还没有可口可乐公司的股票，却又希望能买上一些，那么你一定会盼望着可口可乐公司的股价走低，就好像你希望这个周末超市有大甩卖而不是涨价一样。纽约证券交易所实际上就是这样的一个大超市，你如果准备从那里买股票，就会恨不得股票都跳水，跳得越深越好，这样你就可以捡到便宜货了。当20年、30年过去后，你退休了，要领养老金了，到那时候你才会希望股票价格能尽量高一点。

1973年，《华盛顿邮报》公司的市场价值为8000万美元，而根据巴菲特的估算，该公司的内在价值至少有1.5亿美元，甚至能达到1.96亿美元或4.85亿美元。即使按照最保守的估计，投资该股票的安全区域也能达到50%。在这种情况下，巴菲特大量买入了《华盛顿邮报》公司的股票，据他估计，他买入《华盛顿邮报》公司股票的价格低于其内在价值1/4。

在这里，巴菲特就很好地运用了本杰明·格雷厄姆的安全区域法则，从两个方面尝到了甜头：一方面，避免股票价格继续下跌造成的风险。虽然股票价格低于其内在价值，并不表明这时候的股价就不会继续下跌，但显而易见，这种下跌动能已经大大减弱，即使继续下跌，幅度也不会太大。另一方面，这为将来获取额外收益创造了有利条件。这就是本杰明·格雷厄姆经常说的越是靠近企业的投资方式，就越是理性的、明智的，这在巴菲特投资《华盛顿邮报》公司中表现得淋漓尽致。

巴菲特强调长期投资，并且从收购那些具备持久性竞争优势的企业中获益匪浅，最长的持股时间甚至已经超过40年。可是，他的这种长期持股并不等于永久持股，即在股市下跌过程中他如果发现了其他具备持久性竞争优势的企业，他也是会不断逢低吸纳、逢高出货的。

1995—1999年，在网络股和高科技股的推动下，美国股市上涨了150%，可以说，这是一个前所未有的大牛市。可是，由于巴菲特声称无法评估网络股、高科技股的内在价值而拒绝投资，仍然继续持有可口可乐公司、美国运通公司、吉列公司等传统行业企业的股票，使得他的投资业绩大幅度下滑。例如在1999年，当年的标准普尔500指数上涨了21%，可是巴菲特却亏损0.5%，两者相差21.5%，1999年也成为巴菲特43年来投资业绩最差的一年。

虽然巴菲特在多种场合中强调，伯克希尔公司的投资组合一直没有发生改变，对此他持坚定态度，因为他相信这些股票拥有十分出众的竞争优势，并且这种竞争优势能够继续长期保持。

他一方面解释不投资高科技公司股票的原因，是因为在大多数情况下，他对这些股票是不是真正拥有长期持续的竞争优势无法确定；另一方面，例如他在伯克希尔公司2003年年报致股东的一封信中，他也承认没有在股市泡沫化期间卖出核心股票，重新换购其他一些股票，是个重大的错误。

也就是说，巴菲特事后也承认，伯克希尔公司的持股结构没有发生大的改变，这种“以不变应万变”很可能并不是一条最佳途径；如果在股市动荡期间及时换股，可能获利收益会更好。

【巴菲特股市抄底秘诀】

巴菲特的投资策略是长期持股不动。但是他也承认，如果在股市震荡中能及时换股，获利可能更好。当然，这只是一种理想的理论推算。当你看不清究竟谁更具有长期持久的竞争优势时，或许还是持股不动为好。

这次抄底大量增持能源股

中美能源在管理能源资产方面具有相当出色的能力，在完成对星座能源集团的收购后，我们会发现这起交易对各方均有好处。

——沃伦·巴菲特

【巴菲特这样抄底股市】

巴菲特认为，投资者要善于利用股市中的坏消息获取额外收益。在2008年抄底金融危机中，巴菲特就利用别人不看好股市前景的机会，大量买入了能源股。

2008年9月18日，巴菲特在宣布伯克希尔公司旗下中美能源公司将投资47亿美元现金收购遭遇困境的星座能源公司（Constellation Energy Group，CEG）的消息后表示，中美能源公司在管理能源资产方面具有相当出色的能力，在完成对星座能源公司的收购后，大家会发现，这笔交易对各方都有好处。

星座能源公司是标准普尔500指数中的第125大成分股，是美国公用事业公司巴尔的摩天然气和电力公司的母公司，也是美国大型商业、工业客户的领先电力供应商，是美国最大的电力供应商。

巴菲特发表上述讲话后，中美能源公司首席执行官格利高里·阿贝尔表示，将会继续以自己的方式来运营。他特别赞赏星座能源公司核电部门与法国电力公司合作经营的核电厂UniStar，认为中美能源公司收购星座能源公司这笔交易，符合公司投资者、员工、客户和社区的长期最佳利益。

而此时此刻的星座能源公司已经困难重重。该公司董事长兼首席执行官梅尤·夏塔克苦不堪言地说："近期金融服务和能源商品市场经历了前所未有的动荡。"与此相应的是，仅仅经过短短2个交易日，星座能源公司的股价就从每股62美元下跌到每股24.77美元，下跌了60%。为了防止因为债务信用评级下降而陷入破产的危险，以及投资者继续大量抛售股票的可能性，星座能源公司可以说是不得不同意中美能源公司的收购提议。

2007年，星座能源公司的销售额高达210亿美元。面对金融危机的冲击，其管理层非常活跃地与有关方面进行深入磋商，考虑通过立即出售非核心资产的方式来盘活企业。这些非核心资产包括核电厂、传统电厂、天然气销售部门以及一家电力供应销售公司。

而实际上，据《华尔街日报》报道，在巴菲特收购星座能源公司的同时，法国电力公司也在考虑收购星座能源公司。而为星座能源公司提供咨询服务的瑞士银行集团、美国第二大投资银行摩根士丹利也在与能源公司和投资者接触，准备为收购星座能源公司的部分资产而筹集现金。

面对这“一家有女百家求”的局面，星座能源公司有3种选择：

一是公司管理层有能力通过谈判把公司出售给某位战略性买家。例如根据美国证券监管部门的规定，星座能源公司无须监管部门批准就可以自行决定立即出售10%的资产，约4.5亿美元。

二是星座能源公司可以通过发行股票的方式来筹集现金，维持其BBB债务信用评级。而要做到这一点，它发行7.5亿~10亿美元股票就行。

三是如果筹集资金失败，并且债务信用评级被下调，那么公司就会面临破产危险。这时候虽然该公司还拥有20亿美元的信用额度，可以提供足够的流动性来满足担保支付要求，可是却无法与其他公司进行交易，这样也就不得不走上了一条被迫破产的道路。

可以说，巴菲特把这些都看得很清楚。在这次抄底金融危机中，他不但对能源股情有独钟；而且除了收购星座能源公司外，这时候伯克希尔公司已经持有8396万股美国第三大能源企业康菲石油公司的股票，占总股本的5.6%，价值61.5亿美元，从而成为该公司的最大股东。

从买入时机看，伯克希尔公司2008年3月31日持有康菲石油公司股票1751万股，6月30日持有5969万股。也就是说，伯克希尔公司大量增持该公司股票，主要是在2008年第二、三季度。

更有意思的是，为了防止其他投资者跟风，从而造成伯克希尔公司收购成本上升，巴菲特还从美国证券交易监督委员会那里得到豁免条件，可以在第二季度报告中不做增持康菲石油公司股票的记录。

与此同时，伯克希尔公司还增持了美国得克萨斯州第二大电力生产商NRG能源公司的股票，减持了美国银行的股票。

巴菲特的这些举措，都被认为显示出了他对世界长期能源需求的信心，换句话说，在他眼里，投资能源股将来能够获得丰厚的投资业绩回报。

同样的抄底一幕，也发生在2015年年末国际原油价格达到2009年以来的最低点时。当时，巴菲特频频买入能源巨擘金德摩根公司和菲利普斯66公司（Phillips 66）的股票。截至2015年年末，伯克希尔公司拥有金德摩根公司股票2653万股，市值近4亿美元；截至2016年6月1日，伯克希尔公司拥有菲利普斯66公司股票近7750万股，占后者总股本的15%，该股票一跃成为伯克希尔公司第六大非保险股，市值超过60亿美元。

进入2016年后，国际原油价格连续多个星期上涨，期货铜及铁矿石等原材料价格大幅度走高，这让原先那些后知后觉看空者略感意外。国际原油价格从不到两个月前触及2009年以来的最低点，至此已经反弹近40%。国际能源署与花旗集团大宗商品部门预测，或许这时候的原油价格已经触底，这次巴菲特是真正抄到了底。[1]

2015年5月2日，在伯克希尔公司股东大会上，有人问：“在过去6个月里，因持有康菲石油公司和埃克森美孚股票，伯克希尔损失惨重，伯克希尔未来会远离能源投资吗？”巴菲特回答说：“伯克希尔的能源投资和其他公司有很大不同。因为被审计员要求，所以在对康菲石油的投资里我们显示的是亏损；但其实，我们在对它的投资上还是赚了点钱的。我们最终关注的还是现金流和在投资与商务上的可获利性，当然我们也可能改变想法。”

他的意思是说，伯克希尔公司在能源股上的投资即使在当时的情况下也并未造成亏损。这时候一旁的查理·芒格补充说：“目前的利率水平如此之低，埃

---

1 吴家明.油价上周大幅反弹，巴菲特抄底成功?.证券时报，2016-3-7.

克森美孚股息处于这样的水平，也不是一项坏的投资。”

另外值得一提的是，巴菲特抄底能源股有一个很大的特点，简单地说，可以将其比喻成当年美国处于“淘金热”中，大家热衷于淘金的时候，最终却发现卖铲子、卖水的人最赚钱。

以伯克希尔公司2015年年末拥有的输油管道运输商金德摩根公司，以及随后它接连增加对跨国炼油企业菲利普斯66公司的投资为例，当时的大环境是，国际原油价格已经从2008年7月每桶147.27美元的历史最高价，跌破2016年年初的每桶30美元。这时候巴菲特频频出手，在2016年1月上旬投入9.64亿美元增持1250万股菲利普斯66公司股票，然后又在2月1—3日投入1.32亿美元买入170万股该股票。截至2016年2月12日，伯克希尔公司的持股比重为14.3%。[1]

从中容易看出，当其他人热衷于石油开采时，巴菲特却把目光瞄准石油炼化、管道输送行业。为什么？因为石油勘探企业受国际油价走低的影响，成本压力大；相对而言，石油炼化和管道输送行业所受压力小，并且还能在油价处于低位时拓展业务。因为无论油价涨跌，炼油业务都是利润率高、现金充裕、未来业绩可期。并且这时候菲利普斯66公司的市盈率低，从而凸显出了其内在价值。同样地，巴菲特出手金德摩根公司的成本价约为15美元 / 股，在过去的一年里已经跌去60%，进入了巴菲特眼里的那种值得投资区间。

【巴菲特股市抄底秘诀】

巴菲特在2008年和2016年大量增持能源股，一方面是利用在金融危机和经济低迷影响下能源股价格严重超跌、投资价值凸现的机会；另一方面是从长期投资角度看，他认为这个行业将来能够获得稳定长期的利润。

1　杨明炜．巴菲特抢购能源股的商业逻辑．中国金融信息网［2016-4-29］．

参与竞购苏格兰皇家银行

我排除了与苏格兰皇家银行打交道的可能性，这跟苏格兰皇家银行没有任何关系，我就是做了这样一个决定。

——沃伦·巴菲特

【巴菲特这样抄底股市】

巴菲特认为，投资者要善于利用股市中的坏消息获取额外收益。他在2008年抄底金融危机时先是竞购，然后是退出竞购英国苏格兰皇家银行的案例，或许就能说明这一点。

2008年5月4日，巴菲特在伯克希尔公司股东大会上宣布，将考虑投资苏格兰皇家银行的保险业务。至此，至少有15家公司成为伯克希尔公司的潜在竞争对手，其中包括盛传的亚洲买家中国银行（不过，中国银行发言人立刻否认了这一说法）。

然而，2008年5月19日巴菲特在回答记者提问时表示，他对收购苏格兰皇家银行的保险业务已经没有兴趣了。他说，他排除了与苏格兰皇家银行打交道的可能性，这跟苏格兰皇家银行没有任何关系。

那么，究竟是什么原因让他做出这样的决定呢？他的正面解释是，在欧洲，有更多公司能引起伯克希尔公司的潜在并购兴趣。换句话说，在巴菲特眼里，无论是并购时机还是价格，苏格兰皇家银行可能都不是最理想的投资对象。

但无论如何，苏格兰皇家银行曾经一度引起巴菲特的极大兴趣，这本身就能说明点问题——苏格兰皇家银行要出售保险业务，对它本身来说是一条坏消息，可对于巴菲特来说却是一条好消息；竞争对手多达15家，对竞争对手来说是一条好消息，对巴菲特来说却是一条坏消息。巴菲特可能是综合权衡了这两种结果，才决定退出的。

苏格兰皇家银行创建于1727年，是英国最大的银行，业务遍及全球各国。

那么，它又是如何陷入困境的呢？

一方面，是因为它收购荷兰银行投资银行业务出现了失误。

2007年10月，以英国苏格兰皇家银行为首的财团，以710亿欧元的价格击败英国巴克莱银行，成功收购了荷兰银行的投资银行业务。

这笔收购费用主要是以现金支付的，可事实证明，这并不是一桩合算的买卖。因为在收购荷兰银行时耗费了大量的资金，所以苏格兰皇家银行马上就出现了信贷紧缩危机。

仅仅到2007年年末，苏格兰皇家银行的核心资本充足率就已经下跌到了4.5%，非常接近于英国银行业规定的4% 的底线。

这样一来问题就出现了，2008年4月22日，苏格兰皇家银行宣布一项总额为120亿英镑的配股计划，迫切需要筹集资金用于增加股本，提高核心资本充足率。与此同时，苏格兰皇家银行公布了59亿英镑的账面损失，其中有1/3是因为收购荷兰银行造成的。

另外，由于政策限制，这几年英国的汽车零售业一直没有得到很好发展，所以促使该业务的最大承保商之一苏格兰皇家银行的保险业务陷入被动。

在这种背景下，英国汽车零售业成了那种利润率低、没有定价权的大宗商品之一。用中国话来说，它其实就是一块“食之无味，弃之可惜”的鸡肋骨。

2008年4月22日，苏格兰皇家银行宣布，有意出售整个保险业务或者其中的一部分股份，但是并不打算把它分拆成几项独立品牌业务分别出售。此消息传出后，美国国际集团、德国安联集团、法国安盛集团、意大利忠利集团、苏黎世金融服务集团以及美国知名的私募股权资本得克萨斯州太平洋集团等保险巨头纷纷表示，有意向收购苏格兰皇家银行的整个保险业务。

具体地说，苏格兰皇家银行作为英国第二大普通保险公司、第一大汽车保险公司，它的保险业务主要拥有两大品牌，一是直接在线，二是邱吉尔保险集团。除此以外，它还有一些非核心业务资产。

该银行表示，并不是随心所欲做出这一决定的，而是经过认真研究才决定的。从感情角度看，该银行把保险业务看作家庭成员一样来对待，保险业务就像是全家最宝贝的一个女儿。而现在家庭条件“实在困难”，所以该银行觉得需要为“女儿”找一个比自己更适合的“新妈妈”。

美国投资银行 KBW 集团在简报中说，多家公司竞购苏格兰皇家银行，说明该银行的资产非常吸引人。

面对这么多公司竞购，苏格兰皇家银行明确表示，不希望有人“趁火打劫”“拒绝被敲诈”，拒绝价格低于60亿英镑的报价。

外界普遍认为，苏格兰皇家银行的保险业务价值在50亿~80亿英镑，它明确这一态度是希望以高价吓跑一些潜在买家。而事实上，各家竞争对手的报价范围也基本上是在65亿~75亿英镑。

2005年，苏格兰皇家银行购买了209亿股中国银行H股，占其总股本的8.25%。苏格兰皇家银行、新加坡淡马锡控股公司、瑞士银行3家战略股东，共持有348亿股中国银行的股票。

由于受2008年金融危机的严重冲击，苏格兰皇家银行在2009年1月13日将其所持有的108.09亿股中国银行H股全部售出，套现24亿美元，以解决现金流动性的严重不足。

【巴菲特股市抄底秘诀】

巴菲特从最初宣布竞购苏格兰皇家银行，到半个月后宣布退出竞购行列，实际上他是认为，与之相比，在欧洲还有更多值得伯克希尔公司并购的对象。这正好说明，他即使是在抄底过程中，也非常注重购买价格的合理性。

买传统型股票晚上睡得香

不管是研究买下整家公司还是股票投资，大家都会发现我们偏爱变化不大的公司与产业。原因很简单，我们希望买到的公司能够持续拥有竞争优势达10年或20年以上。变迁快速的产业环境或许能让人一夕之间大发利市，却无法提供我们想要的稳定性。

——沃伦·巴菲特

【巴菲特这样抄底股市】

巴菲特认为，投资者要善于利用股市中的坏消息获取额外收益，如果你经不起坏消息的折腾，最好还是投资传统型股票。买传统型股票，你晚上可以睡得更香。巴菲特在伯克希尔公司1996年年报致股东的一封信中说，无论是买下整家上市公司还是一部分股权，投资者都容易发现，伯克希尔公司更喜欢投资那些变化不大的传统公司和传统产业。原因很简单，他们的策略是寻找能够持续拥有10年或20年以上竞争优势的企业。那些发展变化迅速的行业和企业，虽然有可能成为股市中的黑马，但是无法提供巴菲特想要的稳定性。

巴菲特认为，从他自己过去70多年的经历看，无论发生经济大萧条、金融危机还是世界大战，道琼斯工业指数总是不断向上的。而在道琼斯工业指数中，包括的全都是像银行、可口可乐公司、通用电气公司等传统行业。

这就是说，既然道琼斯工业指数总是不断向上攀升，那么，只要你买入传统型公司的股票，它们的价格就一定会随着道琼斯工业指数的上升而上升。方向明确无误，获得理想的投资收益就只是时间问题。即使遇到金融危机，这些股票的价格一时下跌了，又有什么可怕的呢？股价将来总是会上升的！

巴菲特一贯倡导的长期投资和价值投资原理，每个商学院毕业的人都懂。据香港中文大学教授、经济学家郎咸平介绍，在美国MBA教学中只有哈佛大学和弗吉尼亚大学实行案例教学，其他大学都没有这么做；不要说这些大学根本不谈案例，就连它们用的教材、习题、标准答案都一样。

这就是说，巴菲特所懂的东西，美国每一个读过商学院MBA的毕业生都懂。但为什么巴菲特能成为全球富豪？原因之一在于他耐得住寂寞。当他估算出某只股票的内在价值后，会一直按兵不动，直到股市、股价出现大跌，他才会进场抄底。

除了性格特征外，巴菲特的可贵之处是务实，而且是非常务实。他从来不信神话，不信金融高科技，他只相信可口可乐、通用电气。这是什么道理呢？这是因为巴菲特知道这些传统行业用数学模型来算最准确，投资这样的行业最可靠，所以他把自己一生的钱都投在了这种传统型上市公司上。

巴菲特知道，自己有把握估算出这些传统型上市企业的真实价格，他只需静静地等待投资机会就可以了。只有当确认这些企业的市场价格大大低于其真实价值时，巴菲特才会出手。所以从总体上看，他的投资一定会赚钱。

拿2008年爆发的金融危机来说，当雷曼兄弟控股公司即将破产倒闭，向巴菲特伸出求援之手时，巴菲特并没有心动，因为他用自己的那套方法根本算不出来雷曼公司的内在价值是多少。

相反，当高盛集团打电话给巴菲特请求他“救人一命”时，正在喝樱桃可乐的巴菲特15分钟内就确定了投资50亿美元的计划。看上去确定计划只用了短短的15分钟，而实际上巴菲特早就等待着这一天了。

巴菲特在伯克希尔公司1987年年报致股东的一封信中说，股市中经常有掌管着亿万资金的机构投资者，凭借手中拥有的巨额资金在股市中兴风作浪。他们不去研究所投资的上市公司下一步的发展方向，而是把主要精力放在专门研究其他基金经理人下一步将采取哪些动作上。在他们看来，股票好像只不过是一种赌博交易的筹码。这些做法发展到极致，便形成了所谓的投资组合保险。

例如在1986—1987年，就有一种很受基金经理人欢迎的投资策略，其实这种策略只不过是投机者常用的止损措施——当投资组合或者类似的期货价格下跌到一定程度时，他们就会考虑出售它们。一份研究报告指出，当时有高达600亿~900亿美元的股票投资在1987年10月面临着一触即发的危机。

在巴菲特看来，这种投资策略非常可笑。他说，如果你买下一家农场，就不会因为隔壁的农场最近卖出的价格更低，继而委托不动产经纪人寻求潜在的买主，以便把自己的农场也卖出去“止损”；同样的道理，理性的投资者也不会因为一早起来听说几分钟前隔壁的房子以比过去便宜的价格出手了，就想把自己的房子也卖掉。

他认为，投资者要避免上述各种可笑行为，比较可靠的措施是投资那些传统的稳健增长型股票。一方面，这些股票的业绩比较稳定，不会动不动就下跌，投资者大可放心睡觉；另一方面，这样的股票价格也会相对稳定，不会大起大落，避免给不理智的投资者提供错误卖出的机会。

【巴菲特股市抄底秘诀】

巴菲特认为，有些机构投资者的投资组合策略很可笑：有谁会因一觉醒来发现隔壁的房子卖得比过去更便宜了，就马上想着把自己的房子也卖掉“止损”的呢？避免这种不理智的办法之一，就是多多投资传统型股票。

善于识别机构唱空的鬼把戏

> 投资者必须谨记，过度兴奋与过高的交易成本是其大敌。而如果大家一定要投资股票，我认为正确的心态应该是，当别人贪婪时要感到害怕，当别人感到害怕时要贪婪。
>
> ——沃伦·巴菲特

【巴菲特这样抄底股市】

巴菲特认为，投资者要善于利用股市中的坏消息获取额外收益。尤其是当坏消息频传时，投资者要学会识别机构唱空的鬼把戏，避免上当受骗。巴菲特在伯克希尔公司2011年年报致股东的一封信中说，例如，一家优秀的保险公司就需要具备独立思考的习惯。他幽默地讲了个故事。一位丈夫下班后，在开车回家的路上接到妻子打来的电话。妻子提醒他说开车一定要小心，因为她刚刚听广播里说，有辆汽车在高速公路上逆向行驶闯了大祸。丈夫听了回答道：“宝贝，他们根本没有看清真相的另一半，不止一辆车，而是有上百辆车行驶在错误的反方向上。”

巴菲特的意思是说，其实何尝是保险公司在业务运营中不善于独立思考呢？许多公司明知某项业务没有效益也照接不误，只因为别人都这么做。对于这些公司来说，就好像别人这样做，它们就必须也这样做一样。推而广之，每一家企业和每一位投资者，也都应当具备独立思考的能力，否则就无法识别机构唱空的鬼把戏，从而在股市底部把廉价筹码拱手出让。

他在伯克希尔公司2004年年报致股东的一封信中说，从过去35年来的美国股市发展过程看，美国上市公司创造出了优异的成绩，按理说投资者应该跟着获得丰厚的回报，可事实上并没有，大多数投资者的业绩仍然是惨不忍睹。这是为什么呢？究其原因有3点：一是买卖交易频繁，交易成本居高不下；二是投资者往往根据小道消息而不是对企业内在价值做出的理性评价来进行决策；三是浅尝辄止的投资方法和错误的介入时点，例如在股市上涨的高点介入，或者在股市下跌了一阵后低位退出。

巴菲特说，投资者一定要牢记，过度兴奋和过高的交易成本是获取高回报的大敌。如果一定要投资，正确的心态应当是，在别人贪婪的时候害怕，在别人害怕的时候贪婪，不上机构唱空的当。

巴菲特在伯克希尔公司2002年年报致股东的一封信中说，2002年伯克希尔公司下属中美能源公司进行了几项重大的并购案。由于受《美国公用事业控股公司法条约》限制，伯克希尔公司只能拥有中美能源公司9.9%的投票权，所以在其公司报表上并不包括中美能源公司被合并后的全部数字。不过尽管如此，中美能源公司仍然是伯克希尔公司非常重要的一部分，是伯克希尔公司保险业务之外的主要利润来源。

他介绍说，2002年中美能源公司投资了两条重要的天然气管线，一条是从怀俄明州到南加州名为肯特河的管线，每天运送9亿立方英尺天然气。在此基础上，中美能源公司追加投资12亿美元，2003年秋完工后其运输量可增加1倍，届时可以满足1000万个家庭用户所需天然气。第二条是从美国西南部一路延伸到中西部的全长16600英里的管线，名为“北方天然”。

巴菲特说，中美能源公司并购北方天然气管道的举措，曾经引起奥马哈地区居民的广泛注意，一时传为美谈。因为早在20世纪30年代初，北方天然气公司就是奥马哈地区的著名企业，只是没想到1985年会被规模不到它一半的休斯敦天然气公司并购。并购时，休斯敦天然气公司承诺将北方天然气公司总部继续设在奥马哈，并且留任首席执行官。可是还不到一年，这些承诺就被否定了，不但总部搬走、首席执行官换掉，就连公司名称也改成了“安隆”。

直到15年后的2001年，安隆天然气公司的运营发生了重大困难，被迫以北方天然气公司这条管线作为抵押向同行达力智（Dynegy）公司借钱。不久以后，北方天然气管道就属于达力智公司了。更让人没想到的是，没过多久，达力智公司也发生了严重的财务问题，于2002年7月26日请求中美能源公司并购这条管道，以取得现金解决财务危机。

巴菲特认为，达力智公司找他算是找对了人。他在7月29日就与达力智公司签订协议，让北方天然气管道重新回到家乡奥马哈的怀抱。

由此可见，巴菲特购买达力智公司的北方天然气管道，主要是缘于该业务的内在价值，同时也附带一些个人感情因素在内（该业务在他的家乡奥马哈）。他一贯主张，投资股票最主要的就是看其内在价值是否足够高，这项投资是否有安全边际，买入价格是否足够低。可是对于中国投资者来说，他们中的许多人完全是根据股评来投资，这时候善于识别股评家唱空的鬼把戏就显得十分必要了。

一般来说，如果一个投资者在股市中摸爬滚打8~10年，就会经历一个完整的牛市和一个完整的熊市。并且他这时候会发现，牛市和熊市是相互交替的，两者之间并不一定有明显界限。只有当行情发展到一定阶段后，你才能相信牛市或熊市已经在前一阶段的某个时刻开始了。

作为个人投资者来说，由于公开发表对股市的评论不会影响自身利益，所以他们总会不假思索地怎么想就怎么说。可是机构投资者或股评家就不一样了，他们发表对股市的评论总会从自身利益出发，往往更喜欢唱多。

正因如此，当个人投资者发现机构投资者真正唱空股市时就要小心了，这时候很可能意味着阶段性熊市乃至整个股市熊市面临结束。因为他们唱空的真正目的，就是希望有更多的人割肉出局，以便捡到更多的便宜筹码。

警惕唱空股市，并不是说在股市下跌通道中就不能投资股票，而是说这会有一个不断下跌、反复回抽的过程。在每次出现恐慌性抛盘后，股票都可能会有一定程度的上涨，个别股票和个别板块甚至还会创出历史新高。然而所有这些都是为了点缀用的，投资者必须看清股市真正的底部在哪里，这样才能准备好手中的现金将计就计。

【巴菲特股市抄底秘诀】

巴菲特认为，投资股票不能根据股评来做决策，因为这些股评不怀好意。中国投资者很难做到这一点，怎么办？巴菲特的经验是，当股评家唱空时说不定就真的到底部了；反之亦然，在唱多股市时，投资者要警惕顶部出现。

策略8

学会把不利因素变为有利因素

人的性格天生就不同

我没有从父母那里继承财富，说真心话，我也不想从他们那里继承。但是我在合适的地点和时间出生了，我中了“卵巢彩票”。

——沃伦·巴菲特

【巴菲特这样抄底股市】

巴菲特认为，不同投资者的性格天生就不同，但每个投资者都要学会把不利因素变成有利因素，这一点是相同的，尤其是在抄底股市时。巴菲特在他的传记《滚雪球》中说，他并没有从父母那里继承到财富，说真心话，他也不想从父母那里继承财富。幸运的是，他在合适的地点和时间出生了，他中了“卵巢彩票”。

“卵巢彩票”是巴菲特经常挂在嘴边的一句比喻。他说，他在1930年出生时能够出生在美国的概率只有2%，他从住进母亲子宫里的那一刻开始就中了“彩票”。如果他不是出生在美国，而是出生在其他国家，如孟加拉国，命运将会完全不同。

“卵巢彩票”成为巴菲特在投资、政治、慈善方面所持观点的向导。他无论在思想上还是在现实生活中都有着开阔的眼界，喜欢开玩笑，他的风趣使得他显得非常与众不同。

当然，巴菲特是巴菲特，其他任何人都没有必要成为巴菲特。从基因角度看，其他人也不可能成为巴菲特。但是任何人都有自己的长处，在此基础上，如果能积极学习巴菲特性格方面的优点，就完全有可能克服股市下跌时的不利因素，继而变不利因素为有利因素，从而创造属于自己的投资业绩。

从总体上看，“卵巢彩票”给巴菲特带来的最大好处，是使他很好地利用了保险业务中的浮存金，这是他取得巨大投资业绩的重要法宝。

他在伯克希尔公司2005年年报致股东的一封信中再次解释说，保险公司的浮存金是一笔虽然不属于保险公司，但可以暂时被保险公司使用的资金。1967年，伯克希尔公司的保险浮存金为0.2亿美元，2005年年末已经增长到490亿美元，2015年年末继续攀升到877.22亿美元。

要知道，这些浮存金几乎是免费提供给巴菲特用于项目投资的，从伯克希尔公司过去的实际情况看，超过一半年份的浮存金成本是零利息，甚至是负利息。

那么，伯克希尔公司的浮存金为什么会增长得这么快呢？主要原因有两个：一是保险业务通常是先收取保费，然后在一年左右才提供保险服务；二是保险客户在现实中发生的损失，并不意味着马上要对其进行理赔，从发现造成财产损失，到调解，到最终解决，有时需要好几年，而这几年中的浮存金仍然可以用来投资其他项目。

巴菲特的“卵巢彩票”决定了他的成长经历，而他的成长经历决定了他在投资业务轨迹中有巨额浮存金可用。对于数量庞大、没有浮存金资源可用的投资者来说，又怎样学习在下跌市道中把不利因素变成有利因素呢？

最主要的，还是要通过正确判断内在价值，买到价廉物美的股票，拒绝根据小道消息来决定投资行为。因为任何人，包括巴菲特在内，根据小道消息和宏观经济形势来判断股市走势，是经常会“眼花”的。

据美国财经新闻台CNBC报道，巴菲特在2008年2月12日上午主动打电话给他们，表示有一个拯救陷入困境的债券保险业的计划。巴菲特表示，当时美国股票市场的价格大致已经到了一个合理的区域。

巴菲特告诉CNBC说，在此之前，他已经告诉过AMBAC、MBIA、FGIC等债券保险业者，准备为它们所担保的市政债券提供再保险，以便确保对方的债券信用等级能够维持在AAA等级水平。

受2008年金融危机影响，上述保险公司已经造成巨大的相关证券损失，它们面临着债券信用等级遭降级的命运，所以这时候巴菲特准备出面，向市政债券提供8000亿美元规模的再保险。

由于这项计划会给债券保险商和可能遭遇业绩亏损的银行带来巨大压力，所以外界普遍认为，尽管巴菲特的这一举措可能会促进美国市政债券市场发展，却无法消除债券保险商面临的压力。

而巴菲特自己也承认，推出这项计划，他是从投资回报角度来考虑的。通俗地说就是，巴菲特这样做是要赚钱的。结果不到一星期，上述3家保险公司中就有一家明确拒绝了巴菲特的好意，另外两家则没有做出回应。

由于巴菲特没有披露更加详细的计划，所以大家都在纷纷猜测他葫芦里究竟卖的是什么药。但市场普遍认为，巴菲特的投资风格一向稳健，他之所以准备采取这一行动，很可能意味着次贷危机对债券保险行业造成的冲击已经到了尾声。

受此影响，消息见报的当天，纽约股市中的两大股票指数早盘便高开高走，道琼斯工业指数涨幅一度超过200个点。

事后证明，巴菲特的这一预见并不灵验。这表明，一方面，巴菲特自己对市场做判断也有失误的时候；另一方面，在商言商，他倾向于从自身投资回报角度来看问题，这当然不能说有错。

【巴菲特股市抄底秘诀】

俗话说，性格决定命运。你在生理上不可能成为巴菲特，实际上你也没有必要成为那个巴菲特。你完全可以通过学习巴菲特的投资理念和方式，来最大限度地提高投资业绩回报。

人人认为该这样就危险了

> 3亿美国人、美国的借贷机构、美国政府和美国媒体都曾认为房价会一路直升。但他们不知道，借贷正是基于其上，所以每个人都犯下了不少愚蠢的错误。
>
> ——沃伦·巴菲特

【巴菲特这样抄底股市】

巴菲特认为，不同投资者的性格天生就不同，但每个投资者都要学会把不利因素变成有利因素，这一点是相同的。如果每个人都认为“应该”这样，这恐怕就有些危险了。巴菲特2008年9月24日在接受公共广播电视台采访时说，这次次贷危机爆发唯一的诱导因素是房地产泡沫。他举例说，3亿美国人、美国的借贷机构、美国政府和美国媒体都曾经认为房价会一路上涨，可是结果怎么样呢？他们不知道，次贷危机正是在此基础上发生的。从这个角度看，发生次贷危机与每个人都有关。

巴菲特曾经表示：“我通常是在人们对股市失去信心时购买。”在这一点上，他很像中国“商圣”——战国时期的白圭。

白圭是东周洛阳人，他通过观察，发现了市场行情变化和年成丰歉之间的关系，于是采取了一条“人弃我取，人取我与”的经营策略。他在丰收年景买入粮食，卖出丝绸、油漆；当蚕茧结成时，他买进绢帛、棉絮，卖出粮食。他经常深入市场，了解行情，对谷物价格的变化了如指掌。他通过观察天象，预测来年雨水多少及收成丰歉情况，如果当年丰收，而预测来年要大旱，白圭则提前大量买入粮食，囤积货物，其经商风格是强调速战速决。

从这点上来看，巴菲特“在别人贪婪的时候恐惧，在别人恐惧的时候贪婪”这一反向操作策略，与白圭的“不与人趋”有相通之处。

20世纪90年代末，美国股市中的网络股和高科技股价格飞涨，巴菲特因为无法衡量这些股票的内在价值，所以根本就没有投资这两类股票，从而使得1999年伯克希尔公司的投资业绩不但大大低于市场平均水平，而且还出现有史以来最差的投资业绩，当年的投资回报率仅为0.5%。

在1999年度的伯克希尔公司股东大会上，股东纷纷指责巴菲特，几乎所有报纸杂志也都认为巴菲特的投资策略过时了，可巴菲特依然不为所动。他抱定这样一个信念：当大家都狂炒科技股的时候，就表明投资科技股已经到了最危险的时刻，他要在一旁等着“看笑话”。

事实果然如此，接下来的2000年、2001年、2003年，美国股市分别下跌了9.1%、11.9%和22.1%，累计跌幅超过一半，而伯克希尔公司在这期间的投资业绩却增长30%以上。直到这时，原来那些指责巴菲特“老套”“守旧”“过时”的股东和媒体才纷纷醒过神来，感觉还是巴菲特具有长远眼光，不得不承认巴菲特擅长抄底股市。

巴菲特这样的投资业绩，与他2008年在中国A股市场上取得30%以上的回报一样伟大、光荣、正确。

巴菲特始终认为，无论股市是上涨还是下跌，与其他人抱有完全相同的判断很危险。

让我们以股市上涨为例。巴菲特在伯克希尔公司1986年年报致股东的一封信中说，其实，还有什么比参与一场牛市更令人振奋的呢？可是要知道，投资者在牛市中得到的丰厚回报，与上市公司本身缓慢的增长业绩是完全脱节的，股票价格不可能无限高出其内在价值。相反，从很长一段时期来看，由于股票持有者频繁买进、卖出他们所拥有的股票，不断提高投资管理成本，他们的总体投资回报必定会低于上市公司的经营业绩。如果说美国上市公司总体上能够每年实现12% 的净资产收益率，那么投资者最终得到的收益率必定会比这低得多。

了解巴菲特的人不得不承认，巴菲特在把不利因素变成有利因素方面具有独到眼光。他抄底金融危机，并不仅仅停留在买入单只股票上，还包括对整个宏观投资组合进行布局。

例如，在2008年抄底金融危机中，巴菲特通过他控股的富国银行投资美联银行，就很清楚地显露出这一痕迹来。

富国银行的根据地主要在美国加利福尼亚州的旧金山，在美国西海岸网点居多。一方面，富国银行在美国东海岸的网点很少；另一方面，美联银行在美国东海岸的网点居多。这样，通过富国银行收购美联银行，巴菲特实际上就较好地达到了在美国均匀分布银行网点的目的。

也就是说，巴菲特通过收购美联银行，在不经意间就实现了将富国银行从西海岸银行转变为全国性银行的目的。

而当时花旗银行起诉富国银行收购美联银行，实际上也有想要阻止富国银行版图东扩的意图在内。

这样一分析，读者就能清楚地了解巴菲特是怎样从宏观角度来决定投资策略的了。如果不是具有长远的发展眼光、庞大的投资组合，巴菲特在抄底金融危机中就不会将能量发挥得如此淋漓尽致。

【巴菲特股市抄底秘诀】

巴菲特认为，要想把不利因素变成有利因素，需要一种与众不同的思维角度——不但要考虑单只股票的投资策略，还要把单只股票放在总体投资组合中加以考虑。只有这样，才能取得和谐、互补、共振、叠加效应。

重要的是正确评价股票

投资要成功，你不需要研究什么是β值、效率市场、现代投资组合理论、选择权定价或是新兴市场。事实上，大家最好不要懂得这些理论。当然，我这种看法与目前以这些课程为主流的学术界有明显不同。我个人认为，有志从事投资的学生只要修好两门课程，即“如何给予企业正确的评价”以及“思考其与市场价格的关系”即可。

——沃伦·巴菲特

【巴菲特这样抄底股市】

巴菲特认为，不同投资者的性格天生就不同，但每个投资者都要学会把不利因素变成有利因素，这一点是相同的。投资者要想取得成功，很重要的一点是要学会正确评价股票。他在伯克希尔公司1996年年报致股东的一封信中说，每一位投资者的投资方式都不一样，他的心得体会是，与其去购买指数型基金，不如建立自己的股票投资组合。虽然做到这一点并不是一件容易的事，但最关键的只需两点：一是如何正确评价你准备投资的上市公司的内在价值；二是正确思考与其内在价值有关的股票价格。

巴菲特认为，投资者要做到这一点必须强调选择性。也就是说，你不必像机构投资者那样同时研究许多家上市公司；相反，只要研究、关注少数几家你有能力研究的上市公司就行。每个人的能力有大有小，这并不重要，关键是要清楚自己的能力有多大、能力范围在哪里。

对于普通投资者来说，巴菲特认为，只要能以合理的价格买进自己认为很容易了解其业务的股票，并且能确保这些股票的业绩在未来5~10年内会有大幅度增长就行了。

当然，“认为”属于主观看法。当你买入几只股票后，会发现只有极少数股票符合上述标准。如果一只股票符合上述标准，那么你就一定要继续追加投资买入该股票。在此期间，一定要坚持这条准则，避免受外界诱惑。

巴菲特说，如果你不准备持有某只股票10年以上，就不要持有它10分钟。如果你的投资组合中经常出现值得持有10年以上的股票，那么你会发现，你的投资回报会不断地稳定地增加。他说："虽然我们很少承认，但这正是伯克希尔公司股东累积财富的唯一方式。"

在巴菲特看来，高科技股票和金融衍生产品是很难估算其内在价值的，投资这样的股票很危险。

2016年4月30日，巴菲特在伯克希尔公司股东大会上解释说，他之所以过去经常说金融衍生产品非常危险，主要就是因为很难去评估它们的内在价值。换句话说，他很难看得懂它们。

巴菲特以回购股票为例，来说明怎样正确评价股票的内在价值以及怎样将其与股票价格做比较。

他在伯克希尔公司1999年年报致股东的一封信中说，有些股东建议伯克希尔公司回购股票。他说，通常这样的要求合情合理，可是这些股东所依据的逻辑却有些奇怪。

因为在巴菲特看来，只有符合一定的条件，回购股票才有意义。这些条件主要是指：公司在扣除短期周转所需资金外还有多余的资金，包括现金和银行存款；股票价格必须远远低于其内在价值。容易看出，这两点也是巴菲特上述所说的正确评价股票的标准。

很明显，前者所指的"多余的资金"对投资者个人来说也是如此，即任何时候手中都要握有现金，而不是全仓介入。对于伯克希尔公司这样的企业来说，情况就复杂了，除了要保留维持竞争优势所必需的基本开支外，还必须满足任何1美元都能创造出高于1美元价值这一要求。只有当同时符合这两点，伯克希尔公司才应该用多余的资金去回购股票，或者投资其他上市公司的股票。

后者所说的"股票价格必须低于其内在价值"，通常出现在成长性股票中。

例如，20世纪70年代以及后来断断续续的好几年间，伯克希尔公司专门锁定那些回购自身股票的上市公司进行投资。因为在巴菲特看来，能够回购自己股票的上市公司，通常意味着该公司认为自己的股票被低估了，同时也说明其公司管理层相当注重股东权益，所以投资这样的股票应该不会错。

巴菲特提醒说，在过去，上市公司回购股票的情形并不多，而现在则比比皆是。究其原因五花八门，并不像以前那样原因单一。

例如，有些上市公司管理层中的股东，会希望以一个有利的、高出内在价值的价格来出售本公司股票，所以他们希望能够通过回购股票的方式给其他投资者造成这样一种错觉——其公司股票价格“低于”内在价值，大家快来买！巴菲特认为，现在回购股票的上市公司中大部分都有这种令人鄙夷的回购动机。

所以他提醒投资者：一方面，正确评价股票需要有足够多的信息，而这些信息主要通过阅读财务报告来得到；另一方面，投资者也要警惕上市公司利用信息不对称的有利条件欺骗、误导投资者。这种误导，在多数情况下表现为拉高而不是压低股价。

巴菲特说，就他自己而言，他和查理·芒格对正确评价股票还是有点自信的，但他也只敢保证将评价结果落在一个价值区间内，而不敢报出一个准确的数字。

通常情况是，由于巴菲特的估价历来比较保守，并且他将大部分精力都放在如何更有效地收购其他投资项目上，再加上伯克希尔公司的股票交易量太小，难以买到想买的股票，所以伯克希尔公司曾经错过了许多回购股票的好机会。他承认，有时候伯克希尔公司的股票价格会低于内在价值25%以上，这时候回购股票是最合算的。

巴菲特在伯克希尔公司2011年年报致股东的一封信中，又着重提到了这个问题。他说，自从他2010年9月宣布将以最高不超过账面价值110%的价格回购股票后，伯克希尔公司的股票价格很快就超出了这个上限，所以一共才只有几天的买入机会，总共回购了6700万美元的股票。

尽管如此，他依然坚持回购股票的两大前提：一是拥有足够多的闲置资金，在伯克希尔公司，闲置资金的具体指标是不低于200亿美元现金；二是即使在保守估算的条件下，股票价格与内在价值相比也要有一个相当大的折扣，如九折、八折，甚至更低。如果回购价格高于内在价值，公司股东利益便会受损。

不过巴菲特说，自己回购股票时的心情是非常复杂的。一方面，股价低了对不起投资者；另一方面，公司回购股票后每股内在价值相应提高了，继续持股的股东当然会获益更多，可是卖出股票的原有合伙人的利益却遭到了损失。

所以他强调说，伯克希尔公司回购股票完全是出于抄底股市需要，担心“过了这个村就没这个店”，而“没有任何支撑公司股价的想法”。

【巴菲特股市抄底秘诀】

巴菲特认为，学会正确评价股票是投资者最重要的一门必修课。他以伯克希尔公司回购股票为例，来说明怎样才能正确评价股票的内在价值，以及如何把内在价值与股票价格相对照，以讨论回购股票的价值大小。

拒绝投资不合理的股票

伯克希尔的巨灾保险业务在詹·阿杰的努力下，从无到有，对伯克希尔可谓贡献良多。詹·阿杰一方面有拒绝签订不合理保单的勇气，一方面又发挥创造力，开创新的业务，他可以称得上是伯克希尔最珍贵的资产之一。我觉得他不论从事什么行业，都可以成为那一行的明星，还好他对保险业还算是相当有兴趣。

——沃伦·巴菲特

【巴菲特这样抄底股市】

巴菲特认为，不同投资者的性格天生就不同，但每个投资者都要学会把不利因素变成有利因素，这一点是相同的。他在伯克希尔公司1997年年报致股东的一封信中说，伯克希尔公司的巨灾保险业务，因为詹·阿杰有拒绝签订不合理保单的勇气而收获良多，詹·阿杰因此可以说是伯克希尔公司最珍贵的资产之一。

不难看出，巴菲特对詹·阿杰非常欣赏，甚至认为他无论从事什么行业，都可以成为那个行业中的明星。他说，幸亏詹·阿杰对保险业还是相当有兴趣的，言外之意是说，否则恐怕伯克希尔公司就留不住这个人才了。

一个人的性格对其事业的成败起着很大的作用。就拿时任美国联邦储备委员会主席的本·伯南克来说，他在2007年5月17日表示："我们认为，次贷市场不会对其他经济领域或整个金融体系造成严重影响。"可是仅仅3个月过后，次贷危机就在美国全面爆发，以至于2007年最后一期的美国《商业周刊》杂志毫不客气地把他这句话列为当年"10大最失败预言"之一。

其实，本·伯南克也是一个常人。表面上看，他虽然很果断，其实遇到这样的次贷危机和金融危机他心里也没底，也是在摸着石头过河，小心翼翼地在通货膨胀上行、经济衰退两大风险夹击下行走。而他的地位决定了他的一举一动都会处于风口浪尖。

对于普通投资者来说，不良的性格容易导致投资失败，乃至血本无归。例如，一些投资者喜欢打短差，在股价稍有上涨时见好就收。初看起来，通过这种方式积少成多不失为一种好方法；实际上，股市有上涨就有下跌，往往多次的"积少"不如一次暴跌来得"多"。

在巴菲特看来，这种根据股票价格涨跌投资股票的行为根本就是错误的，所以他才会把主要精力放在关注上市公司的内在价值上，根据内在价值与股票价格对比，来决定是否买卖股票。

巴菲特在伯克希尔公司1997年年报致股东的一封信中说，两颗骰子掷出12点的概率为1/36，现在假设一年只掷1次，每次收取100万美元的赌注；一旦赌家用两颗骰子掷出12点，作为庄家的你必须支付5000万美元。在刚开始的时候，你或许会觉得这100万美元得来全不费工夫，甚至有75.4%的概率能够保证你在前10年不会输掉1分钱；但最后你会发现，长期来看，接受这种赌注对庄家来说亏大了，很容易倾家荡产。

在这里，巴菲特虽然形容的是巨灾保险案例，但对于个人投资者从事股票短期操作来说，道理是一样的。从这一点上看，长期投资的业绩回报要高得多。

巴菲特曾经说过："价格低估最常见的起因是悲观主义，有时是四处弥漫的，有时是一家公司或一个行业所特有的。我们希望在这样的氛围里投资，不是因为我们喜欢悲观主义，而是因为我们喜欢它造成的价格。乐观主义才是理性投资者的大敌。"

由此可见，悲观主义才是巴菲特巨大的财富来源。而股市熊市、牛市中的回落和金融危机，恰好是悲观主义泛滥的时间窗，最终成了巴菲特抄底股市的最佳时机。他靠什么？靠的就是他所特有的那种性格。当股票价格高涨时，他有坚决拒绝买入定价不合理股票的勇气。用他的话来说，就是他中了"卵巢彩票"。

例如，在巴菲特的投资生涯中，他一共经历了4次股市暴跌——1973年、1974年的美国股市大跌，1987年的股灾，2000年的网络股泡沫破灭，2007年、2008年的金融危机。容易看出，股市越是跌得厉害，巴菲特的投资业绩回报相对来说就越高，巴菲特形容说这是"逆势起飞"。为什么会这样？巴菲特的性格因素在其中起了很大的作用。

例如，巴菲特1956年26岁时开始独立管理投资，到1966年整整10年过去后，他赚了11.5倍，而同期股市大盘只上涨了1.22倍。在接下来的两年里，股市大盘上涨了40%，许多股票的市盈率高达50倍以上，可是这时候的巴菲特反而感到忧心忡忡。

一方面，他觉得自己再也找不到内在价值被严重低估、值得自己买入的股票了；另一方面，却有越来越多的投资者愿意把钱交给他管理，并且怂恿他追加投资，他们一致认定股市还会继续上涨。

难能可贵的是，巴菲特的头脑并没有发热，他在及时请教他的老师本杰明·格雷厄姆后，做出了不但不再接受新的投资，而且还要把原来管理的资金全部退还给投资者，彻底解散巴菲特有限公司的决定。

令巴菲特没想到的是，巴菲特有限公司解散后的1970—1972年3年里，股市大盘又继续上涨了40%。更难能可贵的是，巴菲特就在一旁眼睁睁地看着它上涨，什么事情也没做。容易想见，如果他这时候继续追高杀入结果会怎么样，而这正是中国股市中最常见的一幕。

【巴菲特股市抄底秘诀】

巴菲特认为，投资者的性格与他在股市中坚持什么样的投资态度、取得什么样的投资业绩密切相关。他自己在股市投资中的策略、方式，尤其是面对股市暴涨暴跌时所采取的态度，就能说明这一点，令人不得不佩服。

短期波动不会撼动长期收益

我相信这些合约总的来看是会赢利的。我们总是喜欢用短期收益的较大波动来换取更大的长期收益。对于衍生品，我们也是这种态度。

——沃伦·巴菲特

【巴菲特这样抄底股市】

巴菲特认为，不同投资者的性格天生就不同，但每个投资者都要学会把不利因素变成有利因素，这一点是相同的，其中就包括利用短期波动机会来换取长期收益。在他看来，股市的短期波动并不会撼动长期投资收益。

在2008年年末短短2个月时间里，伯克希尔公司的信贷违约掉期（CDS）上扬了近2倍。信用违约互换价格服务公司CMA DataVision透露，伯克希尔债券的违约保费已经从2个月前的140基点一下子蹿高到415基点。这表明，伯克希尔公司5年期1000万美元的债券保费达每年415美元。

但此时此刻的巴菲特，依然是胸有成竹。他在发表声明时指出，伯克希尔公司总喜欢用短期收益的较大波动来换取更大的长期收益。对于金融衍生产品，他们也是抱着这种态度。

在巴菲特看来，一贯主张长期投资的他，历史上也曾经错失过许多用短期收益的较大波动来换取更大长期收益的机会。

他在伯克希尔公司2003年年报致股东的一封信中不无检讨地说，对于伯克希尔公司手头上持有的这些投资组合，他既不感到特别兴奋，也没有持负面看法。这些企业的内在价值在2003年都有长足进步，在股市泡沫化期间他没有出售这些股票，或许是犯了一个重大错误。

他的意思是说，既然这些股票的内在价值已经得到充分反映，并且4年前这些股票的内在价值就已经远远低于其市场价格，那时候自己却没有抛出这些股票，现在看来真是有点不可思议。

巴菲特用短期波动换取长期收益的举措，常常体现在他的某些“小动作”上，这样的投资项目通常是短期投资、长期投资两相宜。

例如，巴菲特在2008年投资中国比亚迪公司就一度存在争议，实际上这其中就反映了巴菲特的这种投资策略。

与动辄投资几十亿、上百亿美元相比，巴菲特投资比亚迪公司只用了大约2亿美元资金。这起收购案如果真是巴菲特的主意，他很可能是在赌2009年美国总统大选中民主党人巴拉克·奥巴马会当选。

巴菲特的思路是：如果巴拉克·奥巴马当选美国总统，他上台后很可能会出台一系列开发新能源的政策，这对电子、电气生产行业来说是利好消息。后来巴拉克·奥巴马在总统选举中果然胜出，这表明巴菲特所赌的第一步棋就赢了。

把眼光放远来看，巴菲特的这种短期波动不会撼动长期收益的观点，体现在方方面面。

例如，他在伯克希尔公司2015年年报致股东的一封信中就提到，对于大多数美国铁路公司来说，2015年是令人失望的一年，不但货运总里程减少，利润也在降低；可是，对于伯克希尔公司旗下的伯灵顿北方圣太菲铁路公司来说却是丰收的一年。在保持规模的前提下，该公司税前利润高达68亿美元，比2014年的6.06亿美元增长10倍多。

巴菲特说，伯灵顿北方圣太菲铁路公司是伯克希尔公司5个最大的非保险项目（巴菲特称之为“5大发动机”）中最大的一个。除此以外，另外4家是伯克希尔能源公司（即过去的中美能源公司，2013年改名为伯克希尔·哈撒韦能源公司）、刀具制造商伊斯卡公司、路博润化学公司、马尔蒙公司。这5家企业2015年的收入合计高达131亿美元，比2014年增加6.5亿美元。

尤其是在伯克希尔公司收购了美国精密铸件公司后，在其旗下的62家企业中，从规模来看，有10.25家（这其中的0.25家是指伯克希尔公司拥有27%股权的卡夫亨氏公司）属于全球《财富》500强企业。

巴菲特总结说："我们的非保险业务公司在去年（2015年）为我们创造了57亿美元的收入，高于2014年的51亿美元。在集团内部，我们有1家公司去年的盈利超过7亿美元，2家的盈利在4亿~7亿美元，7家的盈利在2.5亿~4亿美元，11家的盈利在5000万~1亿美元。我们爱死它们了：这个系列的公司不管在数量上，还是在盈利上，都会随着时间逐渐增长……我们用48年时间创建了一种无法被替代的多维的经营方式。"

巴菲特的言外之意是说，在过去的几十年里，伯克希尔公司虽然多次经历股市跌宕、金融危机和其他风风雨雨，但依然取得了长期而稳定的获利回报，所以投资者们大可不必对股市的短期波动感到担忧和害怕。

参照巴菲特的投资策略，中国A股市场上的投资者也同样有必要严格遵守投资纪律，坚持长期投资理念，不为周围环境和短期波动所动。

那么，这时候的中国投资者又怎样来具体选择行业和股票呢？

按照巴菲特的选股思路，在金融危机和经济低迷时期，中国A股市场上应当优先考虑金融行业、消费品行业、医药行业、交通能源行业，尤其是其中的老牌、名牌、大牌企业——老牌企业久经风霜，生命力强；名牌企业的回报率高，投资风险小；大牌企业在国民经济中占有重要地位，政府救市时必定会把它们排在最前面，如果要倒闭，它们也一定会坚持到最后一刻。

【巴菲特股市抄底秘诀】

巴菲特认为，坚持长期投资的理念并不排除短期投资行为，因为有些项目更适合短期投资，而不是长期投资。回顾过去，他也曾经后悔过没有在股市最高点时抛售股票。逢高抛售、逢低吸纳，并不会违背长期投资原则。

每次下跌都会凸现投资价值

我觉得我就像一个非常好色的小伙子来到了女儿国——投资的时候到了。

——沃伦·巴菲特

【巴菲特这样抄底股市】

巴菲特认为，不同投资者的性格天生就不同，但每个投资者都要学会把不利因素变成有利因素。要知道，股市的每一次下跌，都会凸现出投资机会来。

2016年2月29日，巴菲特在电视访谈节目中表示，尽管股市动荡不定，可是他依然在买入股票。

他说，1987年市场崩盘后他在买入股票，2001年“9·11”恐怖袭击事件发生后他也在买入股票。他表示，他赌美国企业从长期来看会表现良好，所以他越跌越买，虽然当时的股价表现与四五个月之前相比呈现出“略为疲软”的状态。但他坚信，“这个国家不会消失，国家的价值会随着时间的推移而增长”，意思是说他对未来充满信心。[1]

最典型的是1974年10月初，美国股市暴跌，道琼斯工业指数从1000点狂跌到580点，几乎所有股票的市盈率都不到10倍，没有投资者愿意继续持有股票，市场中弥漫着悲观的气氛。

1　吴晓喻．巴菲特：无惧股市下挫，越跌越买．腾讯网[2016-3-2].

而这时候的巴菲特却异常高兴，他认为这种暴跌凸现出了原来看好的几只股票的投资价值。他在接受《福布斯》杂志采访时说，他就像是一个非常好色的小伙子来到了女儿国，到处都是机会。他以此来比喻说，这时候股市中的投资机会多多，因为绝大多数股票的内在价值远远超出了其价格。如果这时候还不买股票，那还要等到什么时候呢？

从历史上看，巴菲特非常善于把不利因素变成有利因素，这也正是他成为当今全球首富的秘诀之一。试想，如果他不具备这样的本领，而是在股市涨跌中随波逐流，他还能成为“股神”吗？

还有一个典型的例子是，1972年美国陷入经济危机，物价和油价一齐飞涨，失业率居高不下。就是在这样的背景下，巴菲特蓦然发现报刊媒体拥有“收费桥梁”——无论经济形势好坏，任何人都要读报纸、听广播、看电视，而且这种媒体在特定地区具有相对垄断权。

看准了这一点，巴菲特从1973年开始在股市中悄悄购买波士顿环球公司和《华盛顿邮报》公司的股票。10年之后，当初巴菲特投入的1000万美元已经上涨了20倍，变成了2亿美元，两家公司的年利润增长率平均高达35%，堪称一大奇迹。

不用说，当初巴菲特投资这两只股票时，遭到诸多非议。因为其他投资者纷纷认为，处于这样的股市暴跌中怎么还能买股票呢？可当时还名不见经传的巴菲特却有自己的主张。他认为，股市下跌固然是一个需要参考的因素，但更重要的是要研究个股的内在价值。无论股市宏观背景如何，任何时候都有值得投资的个股。

读过巴菲特相关著作的投资者知道，巴菲特投资股票有几项原则：一是他要看得懂商业模式；二是有长期向好的经济环境；三是有优秀并值得信赖的公司管理层；四是收购价格合理。巴菲特比别人高明的地方在于，别人往往只能看到其中的一点，而他则能通过运用这“四大投资过滤器”来加以遴选。无疑，最终能够通过这个“过滤器”的股票必定是好股票。

就拿伯克希尔公司本身来说，2008年伯克希尔公司在短短2个月内股价就从每股14.7万美元下跌到每股7.41万美元，恰好拦腰一半。由于它的主营业务盈利下降，投资亏损，2008年第三季度其利润大幅度下跌了77%，于是有人悲叹巴菲特“不行了”。可是，这结论下得也未免早了点。

为什么？2008年伯克希尔公司的盈利下降确是事实，可是该公司的赢利能力并没有受到丝毫损害；并且几乎可以肯定，在未来的岁月里它的这种赢利能力依然会保持不变。这实际上就是巴菲特眼里的投资价值。

在巴菲特看来，股市波动是投资者的朋友。其实，无论是谁都不会反对这一观点，尤其是喜欢打短差的中国股民，股市波动更是他们唯一的朋友。因为只有这样，他们才有可能从高抛低吸中获取回报。如果股市走势波澜不兴，他们反而会觉得索然无味。

然而，巴菲特比这些股民高明的地方在于，每当股市下跌时他敢于投资；而这些股民往往是在股市刚刚下跌时还敢补仓，而当股市暴跌后要么不敢进入，要么因没有资金，只能望股兴叹。他们信奉的理论是“止损”，而在巴菲特看来，“止损”完全是一派胡言。

在这方面，国际投资大师彼得·林奇说得更是一针见血，他认为：“如果你的股票下跌10%，你就不敢增加投资的话，你永远不可能从股市中取得不错的收益。”

区别在哪里呢？这就是看能否从不利因素中看到有利因素。所谓止损，实际上就是你把股票买卖的决策权完全交给了股市，而不是股票内在价值，这在巴菲特看来是完全不可思议的。

也许有人会问，那2015年伯克希尔公司的股票价格也出现了严重的下跌，巴菲特有没有回购股票呢？

2016年4月30日，他在股东大会上明确回答“没有”。他说，原因在于股价下跌还没有跌到账面价值的1.2倍以下，而这是他非常看重的一个指标。并且他还暗示，今后只有当伯克希尔公司拥有1000亿~1200亿美元现金时，才会考虑回购股票。但迄今为止，伯克希尔公司还从来没有达到过这一水平。

巴菲特在伯克希尔公司1987年年报致股东的一封信中回忆说，他的老师兼朋友本杰明·格雷厄姆很久以前说过一段有关市场波动心态的话，这是他认为对投资获利最有帮助的一番话。

本杰明·格雷厄姆说，投资者可以试着将股票市场的波动看作是市场先生给你的报价。市场先生有一个毛病，那就是他的情绪很不稳定，通常只会看到上市公司好的一面，所以总会提出一个很高的价格；可是有时候他又会觉得很沮丧，看到的只是这家公司的一大堆问题，这时候他就会提出一个非常低的价格。

本杰明·格雷厄姆说，市场先生是来为投资者服务的，所以投资者千万不要受他的诱惑，反而被他控制住。投资者要利用的只是他满满的口袋，而不是他那像草包一样的脑袋。如果你被他愚蠢的想法所吸引，那么你的下场可能会很惨。

巴菲特总结说，市场先生理论给他的教诲是，投资股票的关键在于考察该公司的内在价值是否能稳定成长。如果能，就可以买入这样的股票。这样的机会发现得越早，就越有更多机会以便宜的价格买进股票。

【巴菲特股市抄底秘诀】

巴菲特认为，采用“四大投资过滤器”来衡量，马上就会看出股市下跌中哪些股票会凸显出投资价值来。如果股市下跌就不敢买股票，表明这样的投资者不成熟，因为他不善于把不利因素转化为有利因素。

不卖出变现就不是实际损失

有点吊诡的是，若持有的股票投资组合价格下跌，会影响到保险业者的生存；但若换作是债券价格下跌，却一点事都没有。保险业者所持的理由是，不管现在的市价是多少，反正只要到期日前不卖出，便能按照票面赎回，所以短期内价格的波动并无太大影响。就算是20

年、30年甚至是40年后到期，只要我不卖，等时间一到就能按票面金额收回。

——沃伦·巴菲特

【巴菲特这样抄底股市】

巴菲特认为，不同投资者的性格天生就不同，但每个投资者都要学会把不利因素变成有利因素。例如就债券投资而言，只要你在股市下跌中不把债券卖出变成现金，就不会造成实际损失。

巴菲特在伯克希尔公司1980年年报致股东的一封信中说，与股票投资不同的是，如果你购买的是债券，遇到价格下跌就不用担心，甚至根本不用考虑它现在的市场价格是多少。

道理很简单，因为无论这些债券是20年、30年，甚至是40年后到期，只要你长期持有，到时候你就能按照规定的利率换回本金和利息。相反，如果你把这些债券卖出去了，即使马上买进投资价值更高的债券，也需当即列明原来已经造成的相关损失。

巴菲特说这番话的用意，是要消除会计准则规定对伯克希尔公司保险业务造成的误导。根据会计准则，当债券价格下跌时，要以这些债券的市场价格而不是原始成本来记录账面价值。这样，就必然会导致许多上市公司账面上记载的投资成本分摊额，要达到债券投资净值的两三倍之多。换句话说，只要债券价格下跌超过1/3，这时候账面上的投资净值就全部消失殆尽了。

当然，这些债券价格今后同样有可能回升，从而在账面上重新反映出投资价值来。但这种价格回升只是一种可能，谁也不能保证。实际情况是，债券价格今后有可能回升，同样也有可能继续下跌。

现在的问题是，保险公司用于债券投资的资金来源主要是浮存金，一旦客户规模变小，出现流动资金不足的情况，无论这时候市场上的债券价格是高是低都得被迫出售债券，从而使得保险公司的净值大幅度缩水。

这时候怎么办呢？通常有两种办法：

一种办法是要求核保部门坚持费率底线，保险费用绝对不能低于预估损失成本和营业费用之和，否则必然会造成业务亏损。

可是这样做的结果是什么呢？由于同行之间价格竞争激烈，很多业务就会跑到竞争对手那里去，从而对主业构成严重威胁。

另一种办法是无论股票、债券投资是赚是赔，保险费用标准随行就市，以维持现有的保费收入标准。而这样做的结果是，市场上大部分保险公司只能进行低价竞争。

伯克希尔公司的情形是，由于债券投资净值抵得上保费收入，即使按照会计准则的要求采取债券摊销成本核算方法，它也是所有大型财产保险公司中财力最强的；甚至于，当债券投资按照市场价格计算时，它的竞争优势还会更明显。如果一定要说有什么问题，主要就是资产与负债项目到期日期不符，仅此而已。因此，依然能该做什么就做什么。

【巴菲特股市抄底秘诀】

没到期的债券只要不卖出，就不会造成实际损失，这个道理谁都懂。巴菲特之所以能胸有成竹，关键是伯克希尔公司现金充裕，不必迫于资金压力而卖出债券，这才是最主要的。如果你也有足够的资金抄底，就同样不会有这种担忧。

给公司管理层充分授权

无论从职业角度还是从个人立场来讲，你都是《布法罗新闻报》主编的最佳人选。自从 1977 年我来了以后，我就一直认为我很幸运，因为《布法罗新闻报》报社有你加盟。

——沃伦·巴菲特

【巴菲特这样抄底股市】

巴菲特认为，不同投资者的性格天生就不同，但每个投资者都要学会把不利因素变成有利因素。一般企业总裁都要面对没完没了的繁文缛节，不能100%地集中精力抓生产经营，而在伯克希尔公司则相反。巴菲特通过给下属公司管理层充分授权，把不利因素变成了有利条件。

1996年，巴菲特在墨菲·莱特71岁生日即将到来之际写道："自从1977年我来了以后，我就一直认为我很幸运，因为《布法罗新闻报》报社有你加盟。"在中国人眼里，这样的恭维哪里是上级领导对下级员工的口吻呀，只可能是下属对上级拍马屁的口吻。然而，巴菲特就是这样对待公司管理层的，在他眼里，《布法罗新闻报》主编墨菲·莱特只是其中之一。

在每年的伯克希尔公司年报致股东的一封信中，巴菲特都会对几位明星经理人大加赞赏，措辞有时候甚至让人感觉有些肉麻。而当公司管理出现问题或经营业绩不佳时，他则往往会主动把责任揽在自己身上。

巴菲特这样做的动机，一方面是要让下属放下包袱放手去干；另一方面这也是一种领导艺术，对于犯有过错的公司管理层，以此激励他们将功补过。而他自己无论怎么自贬都不要紧，因为他是大股东，没有人能把他赶下台。

与巴菲特打过交道的人都有一个体会，那就是他非常善于激励人。他周围的人都心甘情愿地加倍努力，因为他们觉得不这样做就对不起巴菲特。

迈克尔·戈德伯格在伯克希尔公司总部工作多年，他说，许多人对此都有同感，只是不知道巴菲特有什么神奇之处。他承认自己非常了解巴菲特，而那些明星经理人也都知道应当怎样做才对得起巴菲特的信任。

日本通用电气公司的托尼·尼克里、飞行安全培训公司的尤特斯奇、内布拉斯加家具店的欧文·布拉姆金、布朗公司的富兰克·罗尼、威利家具店的比尔·蔡尔德、斯科特·费策公司的拉尔夫·斯凯，对此也都是众口一词。

巴菲特并购企业总是大手笔，而且总希望能控股，这时候他就与普通投资者有巨大的不同。控股权给他带来的好处之一是，如果他对公司管理层不满意，他随时随地可以撤换。

而这一点，也是伯克希尔旗下公司管理层对巴菲特不敢怠慢的原因所在。巴菲特可以表扬你，也可以批评你。虽然这种表扬可能是真的，也可能是假的，但总比批评要来得好。当巴菲特批评你时，说不定接下来就轮到你卷铺盖走人了。

巴菲特收购可口可乐公司后，可口可乐公司的明星经理人罗伯特・戈伊祖塔深受巴菲特器重。罗伯特・戈伊祖塔去世后，继任者道格拉斯・伊维斯特担任总裁期间，出现了2年半的动荡期。这时候的可口可乐公司遇到了一大堆问题：饮料口味转变、瓶装车间问题、外国政府抵制、国际反美主义浪潮、卷入美国种族歧视案等，巴菲特对此非常不满。

1999年12月1日，巴菲特和可口可乐公司的另一位大股东赫伯特・阿伦，在芝加哥的一个飞机库里会见了道格拉斯・伊维斯特，明确表示已经对他失去信心。道格拉斯・伊维斯特听了之后自然是一脸的不高兴，但他知道，事到如今，再赖在总裁的位置上已经没有意思了。

三人道别之后，各自走向自己的专用飞机。12月6日，道格拉斯・伊维斯特在紧急召开董事会后宣布自己将于2000年4月退休。而这时候的可口可乐公司已经满目疮痍，不但经营亏损，国际业务大幅度下滑；而且公司不得不进行大重组，裁员6000人。

当然，巴菲特让公司管理层走人的例子非常罕见。究其原因在于，他在并购公司时，就会把对原有公司管理层的考察作为一条依据，甚至是主要依据来考虑。原有公司管理层优秀，并且乐意留任，巴菲特才会考虑并购这家公司，这就为他解决了并购后的用人问题。

他在伯克希尔公司1998年年报致股东的一封信中说，他要做“几分钟广告”，这广告主要是给上市公司经理人看的。

他说，在伯克希尔公司，他一直认为教托马斯・墨菲这样的杰出经理人如何经营管理，是一件相当愚蠢的事。事实上，如果他总是在背后指指点点，伯克希尔旗下公司的大部分经理人可能早就不干了。因为坦白地说，他们中75%以上的人已经相当有钱，他们根本不需要靠这份工作来养家糊口。他们就像棒球场上的明星，根本不需要你去教他们如何拿球棒以及什么时候挥棒。

巴菲特认为，由伯克希尔公司控股，这些明星经理人会比以前发挥得更好。因为在伯克希尔公司，他们完全可以自行安排个人决策，两三年不向巴菲特报告工作都没有关系，他们完全不用考虑会计账簿上反映的短期业绩。而巴菲特对他们的要求也很简单，总的来说就是一句话——像对待自己独一无二的公司一样来经营管理。

在这种无拘无束，却有强大资金支持的背景下，真正有才华的经理人确实会把聪明才智发挥到极致；相反，具备这样良好的外部环境还经营不好的话，那就可能真的是经理人个人素质有问题了。

【巴菲特股市抄底秘诀】

普通投资者无法控股上市公司，所以谈不上给公司管理层充分授权，但至少可以在购买股票时考察一下该公司管理层的大致情况。把投资资金交给自己信任的管理层，而不是陌生人，尤其不是品行不端者掌管，当然更放心。

巴菲特长期看好中国股市

但我更喜欢购买证券，及购买我喜欢的公司，两件事情我都可能做。如果我们未来几年在那里（中国）无所作为，我会很惊讶。

——沃伦·巴菲特

【巴菲特这样抄底股市】

巴菲特认为，不同投资者的性格天生就不同，但每个投资者都要学会把不利因素变成有利因素。就在美国投资者纷纷把目光聚焦在华尔街上时，他的触角早已伸向中国股市。

2008年8月22日，巴菲特在伯克希尔公司总部接受美国财经新闻台CNBC采访时，一再表示他看好中国股市行情。

他透露说，前一阶段他曾经准备投资5亿美元并购中国某企业，可是由于该股票对外资入股有所限制而遭到了拒绝。

巴菲特虽然没有透露这只股票的名称和所在行业，但他用肯定的语气说："这是一笔非常棒的交易，在环境适合的时候，你会看到我们在那里大规模投资。"在金融危机达到最高潮时，巴菲特这样说让中国投资者信心大增。

巴菲特提到，2007年他带领他所投资的以色列切割刀具公司——伊斯卡公司，在大连投资2785万美元设立大连公司，目标就是要把它建成亚洲最大的宇航及汽车工业专用刀具生产基地。一年时间过去后，该工程进展非常迅速。

不过他马上话锋一转说，他更喜欢购买证券以及他喜欢的公司，两件事情他都可能做。如果伯克希尔公司未来几年在中国无所作为的话，连他自己都会感到很惊讶。

外界普遍认为，巴菲特在上面所提到的"一笔非常棒的交易"或许是一只银行股。因为巴菲特主要是进行股权投资，而中国限制外资入股的最主要行业便是金融业。

根据当时的政策，中国对外资进入中资银行的规定是，单一外资股东持股比例不能超过20%，整体外资股东持股比例不能超过25%。

此次交易没有达成的另外一大原因是，巴菲特的身份比较模糊。如果他作为战略投资者与中资银行进行合作，除了投资还有业务往来，这是中资银行所欢迎的，但他显然又不属于这种情形。

实际上，巴菲特的身份主要是财务投资者。买入股票后等将来行情上涨时他会抛出股票，而那时必定会对股价造成很大的冲击。尤其是2008年8月1日中国刚刚开始实施《反垄断法》，在这当口就更要对外资入股中资银行抱一种谨慎的态度了。

而在2008年5月初的伯克希尔公司股东年会上，巴菲特和查理·芒格在针对60多个提问的回答中，有9个提及中国，包括中国股市、中石油、人民币兑美元汇率、奥运会及中美关系等，涉及面很广。尤其是对有关北京奥运会的回答，是他们赢得掌声最多的。

可以说，巴菲特是国外投资者看好中国股市的一大代表。和巴菲特一样，国外其他投资者对中国国内的金融股票也一向厚爱有加。

以德国最大的银行德意志银行为例，在2008年8月25日华夏银行股票收盘价为每股10.61元（2008年7月3日此股价曾探底每股8.47元），增发价依然是每股14.58元（大大高于这时候的市场价）的背景下，此银行依然愿意高价认购华夏银行的股票。

当然，不只是德意志银行，与它同为华夏银行大股东的中国首钢集团、中国国家电网，也同样如此。

不过，在进行这次增发后，德意志银行的持股比例为13.69%，虽然屈居华夏银行第二大股东的地位，可是与第一大股东中国首钢集团相比只差0.3个百分点，从股数上看也只相差区区1400万股。

更何况，德意志银行手中握有一份期权协议。根据这份协议，它要成为华夏银行的第一大股东只是时间问题。

再从2008年上半年中国国内金融股的表现来看，业绩普遍非常出色。2008年上半年中信银行的盈利增幅最大，实现净利润84.17亿元，同比增长162.6%。上海浦东发展银行、招商银行、南京银行的净利润增幅也都超过100%。深圳发展银行（现已改名为平安银行）、华夏银行、宁波银行的净利润增幅也都达到了90%。

这样的业绩增长幅度可以说是全球独有，难怪以巴菲特为代表的价值投资者会如此看好它们了。关于这一点，集中体现在2008年1月8日巴菲特《致中国股民的一封信》中。

巴菲特在这封信中说，他第一次来中国是12年前（1995年），那时他和比尔·盖茨夫妇一起来旅行。当12年后的2007年再次踏上这片神奇的土地时，他非常惊叹于中国在这短短10多年时间里取得了如此瞩目的成就。

他特别指出，要知道，这一切都是在一个有着10多亿人口的国家里发生的。

虽然他在每年致股东的一封信中都会提到规模是收益的敌人，可是中国的发展就像伯克希尔公司的股票一样，打破了这种经济常识。

巴菲特在此信中说，在中国这片古老的土地上，国民经济取得了很大的发展。中国每年都保持着对美国的巨大贸易顺差，并且已经取代日本成为美国最大的债权国。在这10多年时间里，中国的股票市场也发生了翻天覆地的变化，这是中国经济发展的必然结果。而任何一个国家或地区的经济发展，必然会带动其股票市场同步发展，否则这种经济发展就是值得怀疑的，而他显然看到中国政府正在进行着这方面的努力。

巴菲特在2016年4月30日举行的伯克希尔公司股东大会上再次表示，他看好中国经济的长远发展，对中国经济的正面预期没有改变。

【巴菲特股市抄底秘诀】

不难看出，巴菲特看好中国股市的理由是，从长远看，中国经济的长期稳定发展必将推动中国股市同步发展，中国政府正在进行着这方面的努力。既然如此，中国投资者还有什么理由对中国股市发展前景感到悲观呢？

策略9

控制自己不受悲观情绪干扰

投资股票要有自己的主见

我们的目标是吸引那些长期投资者。他们在购买股票时并没有一个出售股票的时间表和价格目标，但他们也并非打算永久性地控股……经纪人永远不会成为你的朋友。他们更像是你的医生，只有经常给你变换药方，才能向你收取更多的钱。他们的收入取决于交易所推出了什么，而不是你的生活变得有多好。

——沃伦·巴菲特

【巴菲特这样抄底股市】

巴菲特认为，投资者在股市下跌后投资股票，要控制不受悲观情绪干扰。投资者投资股票应该有自己的主见，不能人云亦云，否则必定会坏了情绪、乱了方寸。

早在20世纪50年代初，巴菲特在他父亲开办的经纪公司当经纪人时就体会到，经纪人永远不可能成为投资者的朋友，他们更像是医生，只有经常变换药方，才能向病人收取更多的钱。经纪人的收入取决于交易所推出了什么，所以他们的出发点不会是投资者的生活变得有多好，回报率有多高。

就拿伯克希尔公司来说，该公司的投资回报率一直相对稳定，并且大大超过股市平均回报率。可即使如此，也有许多投资者不敢投资该股票，以至于闹出许多笑话来。这其中有投资新手，也有久经沙场的投资高手以及媒体记者。

1988年的一天，一位读过伯克希尔公司年报并一直跟踪该股票走势的职业律师，看到当时伯克希尔公司的股价高达每股4200美元时感慨说，谁要是投资伯克希尔公司的股票“肯定很难赚到钱了”。然而几年过去后，他眼睁睁地看着该股票价格一路上扬，不得不花16000美元买了1股。

伯克希尔公司股票的年换手率不到4%，平均日交易量在250股左右。经纪人不会推荐投资者购买该股票，报刊媒体也不会介绍该股票，绝大多数投资者也不会想到购买该股票。

究其原因在于，它的价格太高了，1股就要20多万美元，并不是谁都能买得起的。更何况，该股票既没有分红也不分拆，让人觉得无论股价涨跌都只是“纸上谈兵”；除非卖出该股票，否则不可能从中得到“实惠”。相比较而言，每股几十美元的股票更受人欢迎，似乎人人都能从中感受到“价廉物美”。

与此同时，伯克希尔公司股票的交易量太小，往往要经过一两个小时才有1单交易，几年前更是需要等上一整天才有一两单交易。例如，1991年7月25日和26日两天内，伯克希尔公司股票就根本没有交易量，接下来的第三天27日也才有10股交易量。如此这般，股票经纪人要想从中得到交易佣金很难，所以他们干脆将它忽略不计。

伯克希尔公司股票1988年在纽约证券交易所上市时，巴菲特与人打赌说：“如果这只股票的下一笔交易大约出现在从今天算起的2年后，我就给你记一次大功！”可是对方并没有显得很激动的样子，因为他知道，该公司90%以上的股票掌握在同一些人手里，更有高达95%以上的股票掌握在真正的投资者手里，他们从来就没有打算卖出去过。

一个很典型的例子是，一位投资者向经纪人打听伯克希尔公司股票，结果经纪人的报价机上显示出这样一行字来：“伯克希尔股票出错，买入指令无效——没有报告。”

而报刊媒体不介绍、不宣传该股票，除了上面的因素外，还有一个令人啼笑皆非的原因，那就是通常为4位数设置的股价栏里刊登不了该公司的6位数报价。

当年伯克希尔公司股票第一次出现在《华尔街日报》上时，报社记者就打电话给巴菲特，问他什么时候有股票分拆计划，如果有，千万不要忘记在第一时间告诉他们。究其原因在于，由于伯克希尔公司股价“一览众山小”，报纸的场外交易市场版不得不进行重新编排。

巴菲特肯定地告诉记者，伯克希尔公司股票不会分拆。他还建议《华尔街日报》早做打算，重新编排股票价格栏。没办法，这就不得不让报社面临两种选择：要么干脆删掉伯克希尔公司股票的信息，要么专门为这只股票开辟一个专栏。毫无疑问，后面这种设想是受巴菲特欢迎的。

通常的情形是，不了解伯克希尔公司股票的投资者，第一次看到该股票的价格时，不是认为“肯定”价格搞错了，就是认为电脑系统出了差错。因为在其他股票价格都只有几十美元时，他们怎么也想象不出某只股票的价格会高达20多万美元；而当得到确认后，他们又往往被吓一跳。

伯克希尔公司股东里奇·洛克伍德回忆说，当年他在一家大型经纪公司当实习生，老板委派他去开展一项历时2个星期的股市研究，要求在实习结束后向自己推荐一只股票。

当他顺利完成这次调研工作后，最终向老板推荐了伯克希尔公司B类股票。老板一看是伯克希尔公司股票马上就予以否决，自作主张为客户买了一只利顿实业公司钢铁股，股价在12美元左右。并且老板和他打赌，这只股票的上涨幅度将来一定会超过伯克希尔公司B股。

结果怎么样呢？不用说读者也猜得到。在伯克希尔公司B股价格上涨近20%时，利顿实业公司钢铁股价格却下跌了55%。里奇·洛克伍德赢了，却不得不失去工作，因为这家经纪公司再也没有新的客户了，不得不关门大吉。

【巴菲特股市抄底秘诀】

巴菲特认为，投资股票必须有自己的主见，尤其是不能受悲观情绪的干扰。既然像伯克希尔公司这样的好股票也常常遭人误解，那还有什么股票不会被人误解呢？投资者和经纪人的立场永远不同，不要“敌友”不分。

哪怕不投资也不能没信心

相比过去，我们现在的生产能力更大，美国工人的生产率也更高；同时，还有更多人会参与到经济生产中来，这一切都是美好未来的必备因素。现在，一切正蓄势待发。

——沃伦·巴菲特

【巴菲特这样抄底股市】

巴菲特认为，投资者在股市下跌后投资股票，要控制不受悲观情绪干扰。从长远看，经济形势只会越来越好，哪怕你暂时不投资股市，也不能对未来的经济发展失去信心。巴菲特在伯克希尔公司1993年年报致股东的一封信中说，相比过去，美国现在的生产能力更强，劳动生产率更高，有更多人参与到了经济建设中来，这一切都注定未来的生活会更美好。

他说，伯克希尔公司1993年的股票投资组合和上一年非常相似，这并不表明公司管理层什么事情都没做。道理很简单，如果你原来投资的就是自己熟悉并且表现优异、稳定的股票，那么更改投资组合反而是一种非常不明智的行为。

巴菲特认为，投资者购买股票就是购买公司的一部分，这和购买公司的整体是一样的。对于上市公司来说，母公司绝对不会单纯因为价格问题就出售旗下最好的子公司。把这一点运用在个人投资上就是，绝不要因为股票价格暂时下跌，又听了股票经纪人（股评家）几句肤浅的话，就把自己手中的好股票卖掉，这就上了别人的大当了。

巴菲特举例说，1938年可口可乐公司成立50周年，并且早已成为美国代表性产品后，当时的美国《财富》杂志对该公司做了一次详尽的专访。

记者在文章中写道，每天都有许多重量级投资者看好可口可乐，并且对可口可乐公司过去的辉煌业绩表示敬意。他们一方面认为自己发现可口可乐公司这只股票太晚了，大有相见恨晚的感觉；另一方面，却又认为该公司的发展已经到达巅峰，未来充满竞争和挑战。

巴菲特认为，投资者有这样的想法很好理解。可是要记住，1938年的市场充满竞争，现在（1993年）依然如此。从具体数据看，1938年可口可乐公司的年销售量相当于每箱192盎司的饮料卖出2亿箱，而1993年的年销售量则增长到了107亿箱。

这就是说，1938年已经成为美国饮料市场领导者的可口可乐公司，在后来50多年的时间里，又继续成长了50倍。毫无疑问，如果投资者在1938年就买入可口可乐公司的股票，实际上并“不晚”，用巴菲特的原话来说就是，“舞会根本还没有结束”。当然，如果投资时间更早，投资获利会更大。

巴菲特举例说，如果投资者在1919年投资40美元买入可口可乐公司的股票，并且将每年收到的红利分配用来再投资，那么到1938年将能获得3277美元的回报。如果在1938年投资40美元买入可口可乐公司的股票，到1993年年末获利回报会高达25000美元。如果1919年投资40美元买入可口可乐公司股票后一直持股不动，那么到1993年年末将能获得205万美元的获利回报，74年间的投资回报率超过5万倍。

巴菲特由此感慨说，1938年的《财富》杂志就在报道中说“实在是很难再找到像可口可乐这样规模，而且又能持续10年保持不变的产品项目”了，而现在怎么样了呢？又有55个年头过去了，可口可乐的生产范围变得更为广泛。所以，投资者绝不要轻易断言某只股票的发展已经“到顶了”，好股票是前途无量的。

巴菲特说，从长期来看，可口可乐公司和吉列公司所面临的产业风险要比任何电脑公司或者百货公司小得多。因为可口可乐公司的市场规模占全球饮料销售量的44%，吉列公司的产品销售量占全球市场份额的60%。除了称霸口香糖市场的箭牌公司外，他还实在看不出有哪只股票能够像前面两只股票那样，拥有傲视全球的长期竞争力。所以，投资者如果想投资这样的股票，无论股市涨跌都不应该受悲观情绪的影响。

有人说，伟大的投资家对他们自己的想法都有一种绝对的信心，即使市场到了最悲观、面对巨大批评的时候也是如此。

想当年，因为无法衡量科技股的内在价值而没有投资科技股、网络股，巴菲特面对排山倒海般的批评依然故我。当时的《巴伦周刊》杂志甚至还把他做成封面人物，当然这是当成反面教材来看待的，杂志封面的标题是“沃伦，你哪儿出错了？”可是几年过去后，随着科技股、网络股泡沫迅速破灭，事实再次证明巴菲特是正确的，而《巴伦周刊》则自取其辱，成为完美的反面教材。

可见，巴菲特在市场最悲观（大家都看好科技股和网络股，不看好传统型公司股票）的时候，依然坚持自己的原则，不受悲观情绪干扰，最终硬是从传统型公司股票身上获得了丰厚的获利回报。因为他根本就不投资科技股、网络股，从而彻底避免了那种科技股泡沫破灭给其他投资者带来的倾家荡产的风险。

【巴菲特股市抄底秘诀】

巴菲特认为，长期来看经济总是在向上发展的，所以投资者不必受因股市下跌而产生的悲观情绪的影响。他用可口可乐公司股价在74年间上涨5万多倍的事例说明，投资者只要买到的是好股票，就实在没有必要在乎股价的一时下跌。

不因莫名恐惧改变态度

在往后的30年间，一定还会有一连串令人震惊的事件发生，我们不会妄想要去预测它或是从中获利。如果我们还能像过去那样找到优良的企业，那么长期而言，外在的意外对我们的影响实属有限……事实上，我们通常都是利用某些历史事件的发生，当悲观气氛到达顶点时，寻找到最好的进场机会。恐惧虽然是盲从者的敌人，却是基本面信徒的好朋友。

——沃伦·巴菲特

【巴菲特这样抄底股市】

巴菲特认为，投资者在股市下跌后投资股票，要控制不受悲观情绪干扰，因为在今后的股市发展中必定会有各种各样更令人震惊的意外发生。苏洵说："泰山崩于前而色不变，麋鹿兴于左而目不瞬，然后可以制利害，可以待敌。"有了这样的气度，股市下跌又算得了什么呢？

从历史上看，巴菲特有过两次浮亏超过百亿美元的经历。即使这样，他依然不但不感到恐惧，而且越跌越买、主动买套，并对此感到"满意"。

一次是2015年8月，因为股市暴跌，伯克希尔公司的账面亏损至少达到112亿美元，亏损幅度达10.1%，与同期标准普尔500指数跌幅（也是10.1%）相同。其中，跌幅最大的是伯克希尔公司持有的美国第三大传媒巨头维亚康姆，最大跌幅超过31%。伯克希尔公司在2012年3月购进该股票时的成本价约为每股47美元，2014年7月此股价一度攀升至近90美元，一年后下跌至45美元。伯克希尔公司长期重仓持有的IBM公司的股价，也在一年内累计下跌24%。

伯克希尔公司的另一次浮亏超过100亿美元，发生在2008年全球金融危机爆发之时，具体数据是2008年9—11月短短两个月内浮亏高达150亿美元。而这时候的巴菲特依然坚持价值投资理念，越跌越买，当年其收购和证券投资规模高达280亿美元，结果获利颇丰。

本书前面多次提到的投资高盛集团和通用电气公司股票，就是其中的经典案例。2008年9月23日，伯克希尔公司宣布购入高盛集团50亿美元的永久性优先股，其普通股可转换价为每股115美元。当时高盛集团股票价格还在125美元以上，可是没想到一个月后就跌至55美元，跌幅高达56%。2008年10月1日，伯克希尔公司向陷入困境的通用电气公司注资30亿美元，并且承诺以每股22.25美元的价格收购其普通股。当时通用电气公司股票的价格是24.50美元，没想到巴菲特的托底行为并没有托住股价，其后股价一路下跌，到2008年11月时已跌至14.45美元。

虽然套得如此之深，可是巴菲特在伯克希尔公司2008年年报致股东的一封信中，仍然对此表示“非常令人满意”，这就让人实在看不懂了。他的原话是，“去年在好的方面，我们从箭牌、高盛和通用电气购买了总计145亿美元的固定收益证券。我们非常喜欢这些交易，它们给我们带来了高额的利润，这些投资非常令人满意”。

就在众人不解和对其一番嘲笑之后不久，至2013年3月，伯克希尔公司从拥有的高盛集团股票身上已经净赚31亿美元，让人不得不服。原因在哪里？巴菲特解释说：“因为无论是股票还是短袜，我都乐于在商品减价的时候购买。”“价格是你付出的，价值是你得到的。”[1]

这就是巴菲特在伯克希尔公司1994年年报致股东的一封信中所说的，对于一般投资者相当迷信政治和经济预测的做法，他和查理·芒格抱着一种视而不见的态度。

他说，30年来没有人能够正确预测到越南战争会持续扩大、工资和价格管制、两次石油危机、美国总统辞职下台、苏联解体、道琼斯工业指数在一天内大跌508点、国库券利率在2.8%~17.4%大幅度波动……可喜的是，所有这些曾经轰动一时的重大事件，最终都没有能够动摇本杰明·格雷厄姆的投资哲学，也没有表现出以合理的价格买入股票这种投资方式有任何不当。

简单想想也知道，如果伯克希尔公司因为这些莫名其妙的恐怖事件延缓或者改变投资态度，将会付出多大的代价！

巴菲特信心十足地说，事实上，每一件悲观事件的发生，都意味着伯克希

1　许自然.再度浮亏上百亿美元，巴菲特如何穿越本轮暴跌.每日经济新闻，2015-9-14.

尔公司最好的投资机会来到了。

从历史上看，当某些历史事件发生，悲观气氛到达顶点时，伯克希尔公司通常会寻找到最好的入场机会。巴菲特相信，恐惧是盲从者的敌人，却是那些从基本面来分析股票投资价值的投资者的朋友。

巴菲特说，1994 年伯克希尔公司的净值高达 119 亿美元，这样的规模使他不得不把眼光只放在那些 1 亿美元以上的投资项目上。而这样做，实际上就大大缩小了投资范围。可即使在这样的高门槛下，伯克希尔公司也从来没有放宽过去的股票投资选择标准。

正如泰德 · 威廉姆斯在《打击的科学》一书中所提到的那样，如果你想成为一名优秀的棒球手，你首先要瞄准一个好球来打，这是所有教科书中要介绍的第一课。而如果巴菲特强迫自己在并不那么中意的地带挥棒击球，他绝对无法成为命中率为 34.4% 的优秀棒球手，最多只会成为命中率为 25% 的普通棒球手。

查理 · 芒格在这方面和巴菲特持有同样的态度，所以伯克希尔公司总是静静地屏住呼吸，在那里等待着“棒球”慢慢滑进他们喜欢的好球带，而对那些令人恐怖的事件视而不见。

巴菲特 2008 年抄底金融危机时所采取的一系列动作就能很好地证明这一点。2008 年 10 月 1 日前后的一个星期里，就在全球股市暴跌、绝大多数企业面临流动性危机时，巴菲特利用伯克希尔公司充足的资金，在全球各国股市大范围抄底。

首先是 2008 年 9 月 23 日，他投入 50 亿美元资金入股美国第一大投资银行高盛集团；然后又在一个星期后的 9 月 29 日，宣布收购中国最大的充电电池制造商比亚迪公司的股份；并且在 3 天后的 10 月 1 日宣布投资 30 亿美元购买美国通用电气公司的股份。而伯克希尔公司持有大量股份的美国第五大商业银行富国银行，更是宣布要以 151 亿美元的价格收购美国第六大商业银行美联银行。

巴菲特在伯克希尔公司 1994 年年报致股东的一封信中承诺，遇到股市不景气时，公司的获利收益当然会没有以前那么好；可是，所有股东都是同股同权，所有股东持有的每一股股份所得到的待遇完全和他一样。作为公司管理层，巴菲特和查理·芒格绝对不会依靠任何奖金报酬制度多占便宜；更何况，巴菲特绝大部分的个人资产都已经投在伯克希尔公司股份上，必须竭尽全力才行。

巴菲特的这种态度，其实从他2008年抄底金融危机时那种竭尽全力的表现就能看出来。众所周知，2008年是美国总统大选年。有意思的是，美国民主党、共和党两党总统候选人在竞选时都表示，将来当选总统后不排除聘请巴菲特出任美国财政部长，把这个重任交给他。

当时美国新总统巴拉克·奥巴马胜出后，巴菲特面对记者采访时表示，金融危机爆发后的美国处于异常艰难的经济环境中，没有什么灵丹妙药能够应对这个局面；更不可能仅仅靠一两个想法就能使美国的整体经济和金融市场突然恢复正常。

他明确表示，即使接到邀请，他也不会出任美国财政部长，因为他非常喜欢自己现在的工作，更何况他还没有接到这样的邀请呢。

后来，巴菲特果然只答应担任美国总统经济顾问委员会顾问。

【巴菲特股市抄底秘诀】

天有不测风云，人有旦夕祸福。巴菲特认为，总会发生这样那样的可怕事件，但理性投资者完全不用因为这些莫名其妙的恐怖事件而改变自己的投资态度。用一句中国话来说就是:“无论发生什么，地球都会照转的。”

看不懂的股票坚决不买

我把衍生产品看作是定时炸弹，不论对交易者或者整个经济体系均是如此……而今，衍生品这个魔鬼已经完全从瓶子里钻出来了，这些工具将不断发展新的种类，数量上也将不断膨胀，直到发生某些事件令其恶劣后果彰显。到目前为止，中央银行和政府还没有找到有效的方法去控制，甚至监测这类合约导致的风险。在我看来，衍生产品是一种大规模杀伤性金融武器，其蕴藏的风险现在还不能完全看清，但它是致命的。

——沃伦·巴菲特

【巴菲特这样抄底股市】

巴菲特认为，投资者在股市下跌后投资股票，要控制不受悲观情绪干扰，更不要盲目去投资自己看不懂的股票。

2003年，当美国联邦储备委员会主席艾伦·格林斯潘大肆鼓吹金融衍生产品怎么怎么“利大于弊”时，巴菲特早就看穿了其中的阴谋，坚决不上当受骗。这倒不是因为巴菲特有多么英明和伟大，他只是老老实实地说，他怎么看也看不懂这种衍生产品业务。

当年艾伦·格林斯潘的原话是：“关于衍生产品功过的争论仍在继续，但近年来经济金融体系的表现已经证明，衍生产品利大于弊……支持我国大型金融机构保持和增强生命力的关键因素是，它们越来越多地应用各种衍生产品，采取各种更精巧的方法计量和管理风险。衍生产品的应用有助于分解金融风险，从而更好地测量和管理风险。”

而巴菲特早在2002年就说，在他眼里，金融衍生产品是定时炸弹，无论对投资者还是对整个美国经济体系来说都是如此。金融衍生产品这个魔鬼已经从瓶子里钻出来了，将来必定会导致某些恶劣的后果。

正因如此，巴菲特从2003年开始就清掉了手中所有与次级抵押贷款、次级抵押债相关的金融产品。他形容说，要弄懂一个次级债产品需要看1.5万字；要弄懂一个次贷方阵，需要读75万字，这是一个“没有人能够弄得懂”的产品。

查理·芒格在伯克希尔公司2006年股东大会上针对这种次贷产品说，金融业能够亏损的品种已经够多的了。他嘲笑说，美国华尔街上还应当再发明一个品种。正是这种对风险防范的一贯意识，使得伯克希尔公司较好地躲过了2007

年次贷危机的冲击。

所以能看到，伯克希尔公司虽然受2008年金融危机的影响，股价也在下跌，但下跌幅度相对较小。例如同样是开展保险业务，全球最大的保险公司美国国际集团的股票价格一年前还有60美元，一年后就只剩下了不到3美元。

总体来看，伯克希尔公司的股价表现要好于道琼斯工业指数和标准普尔500指数，更要好于其他金融类股票的表现。伯克希尔公司2008年年末收盘价为每股9.66万美元，全年下跌了31.78%，为1976年以来之最，但仍然小于标准普尔500指数37%的下跌幅度，这是伯克希尔公司股价过去20年来第14年超过标准普尔500指数。

不但伯克希尔公司是这样，巴菲特重仓持有的富国银行也是这次金融危机中受影响最小的美国银行机构。相比而言，受冲击最大的雷曼兄弟控股公司、美国国际集团等机构，巴菲特在其中都没有投资，这样的先见之明不得不令人佩服。正因为巴菲特具有敏锐的洞察力，早就发现次贷危机所能带来的灾难性后果，从而抛光了次贷产品，所以才使得他在真正的灾难降临时所受到的冲击较小。

仔细研究发现，在巴菲特“看得懂”的股票中，他特别关注现金流指标。许多投资者也在模仿巴菲特评估企业内在价值、阅读财务年报，可是由于忽略了现金这个基本要素，最终得出了相反的结论。

例如，20世纪80年代中期，美国经济正处于萧条时期。有些投资者明明看到某些上市公司报表上的收益很不错，可这些公司却根据第11法案向美国联邦法院申请破产保护了。实际上，投资者看不懂这样的问题，关键是没有弄明白现金这个因素。如果弄不明白一只股票，就暂时放弃对该股票的投资，这才是一种对自己、对资金负责的态度。

现金对于企业来说，就像血液对于人体一样重要。一个人的身体再强壮，如果失血过多也会丢了性命。企业也是这样。如果一个企业没有足够的现金偿还到期债务，哪怕账面上的盈利再高，也会发生债务危机。如果债主们不肯通融，硬是逼着该企业按时归还借款，这时候这种债务危机就会导致它发生成长性破产。

最简单的判断方法是，对于一家生产型企业来说，如果长时间存在产量大于销量的情况而造成库存积压；对于一家销售型企业来说，如果长时间存在对应收货款失去控制或者延长货款回收期限的情况，即使产品的盈利率再高，它们也会因为缺乏现金流而陷入困境。

研究表明，在一般传统型企业中，现金流的增长速度表现为销售量增长的平方根。例如，销售量增长1倍，从1增长到2，这时候的现金流只能增长到2的平方根1.414减去1，即0.414，41.4%，其他的可能都用在应收款、库存等方面去了。

所谓看懂股票、看懂报表，就是要这样去看。具体来说，如果经营活动产生的现金流大于或等于所实现的利润，就说明这种利润的质量较好；否则就说明这种账面利润受到了人为操纵或存在着大量的应收款，换句话说就是质量较差。巴菲特在阅读财务年报时最关心经营现金流，就是这个道理。

【巴菲特股市抄底秘诀】

股票投资需要老老实实，懂就是懂，不懂就是不懂。巴菲特在这方面是个老实人，只投资自己理解并且认为可靠且稳健的公司，从来不抱侥幸心理。这是帮助他躲过次贷危机、使其在2008年金融危机中损失最小的主因。

时刻保持一份清醒头脑

人们如何表现主要取决于他们拥有的是内心记分卡还是外界记分卡。如果你能用内心记分卡来衡量自己，那将是最有价值的。

——沃伦·巴菲特

【巴菲特这样抄底股市】

巴菲特认为，投资者在股市下跌后投资股票，要控制不受悲观情绪干扰，要学会用内心记分卡来衡量自己。

巴菲特在他的传记《滚雪球》中说，每个人如何表现，主要取决于他拥有的是内心记分卡还是外界记分卡。如果能用内心记分卡来衡量自己，那才是最有价值的。他的意思是说，投资者任何时候都要头脑清醒，只有这样才不至于出昏招。

2008年9月，美国第四大投资银行雷曼兄弟控股公司申请破产保护时，就曾经多次与巴菲特联系，希望巴菲特能够出手相救，接收自己的资产。全球最大的保险公司美国国际集团也这样做过。

这时候的巴菲特尽管财大气粗，可是头脑非常冷静，依然固守着他那一套投资理念，没有因为有大批上市公司股价暴跌而盲目出手。

巴菲特通过电子邮件婉言拒绝了雷曼兄弟控股公司的请求。他说，如果他把钱投到该公司，看不到会有好的回报。雷曼公司的账面上这时候正在流血，而股市就像一把落下的刀。

相比之下，巴菲特对美国国际集团似乎要更感兴趣一些。这倒不是因为美国国际集团有什么伟大之处，而是因为巴菲特控股的伯克希尔公司有大约一半利润来自保险和再保险业务，巴菲特对保险行业更了解，也更感兴趣。他在2007年一再表示，他愿意在“能够了解”的任何行业中大举投资，这其中就包括保险行业。

巴菲特的头脑清醒与他从来不相信所谓内幕消息有关。按理说，有内幕消息的帮助可以兼听则明，可是巴菲特认为这只会混淆视听，只有一心一意根据内在价值来判断股票价值才是明智的。

下面这个真实的故事，也许能较好地佐证这一点。

在印度尼西亚有一个岛屿叫婆罗洲（也称加里曼丹岛），坐庄婆罗洲岛锡业的一家投资机构，为了把股票卖给美国一位著名的投资者利文斯顿，专门设局安排了以下一系列动作。

该投资机构安排人装作是一群大老板的样子，故意在利文斯顿的老婆吃饭时，在旁边的桌子上大谈特谈该锡矿今后的增长潜力，纷纷对该股票价格能够上涨到什么程度发表宏论。很明显，他们的目的就是要让利文斯顿的老婆把这个“内幕消息”告诉利文斯顿。

果然，利文斯顿的老婆对自己“不经意间”听到的这个消息深信不疑，悄悄把个人所有资金都用来购买了这只股票。

令他们没想到的是，利文斯顿的老婆从来就不服利文斯顿，总是幻想着有朝一日自己能大赚一笔给利文斯顿瞧瞧。她认为眼下就是一个这样的好时机，所以只是自顾自地投资该股票，回去后一点都未向利文斯顿提及这个“内幕消息”。

这家投资机构想，至此，他们的第一个目的达到了，可是第二个目的——让利文斯顿大量买入该股票还没达到，他们知道归根到底利文斯顿才拥有巨额资金。

于是接下来，该机构开始拉升婆罗洲锡业的股价，希望能制造一种假象，让利文斯顿看到该股票已经起动，好追涨杀入。然而出乎他们意料的是，利文斯顿确实看到了该股票价格的上涨，可是不但没有追涨杀入，而且还把原来手中持有的该股票全部抛出，让该机构叫苦不迭。

从这里容易看出，投资者如果轻信所谓的内幕消息，以此作为炒股的依据，无论个人还是机构都可能会搬起石头砸自己的脚，因为谁都搞不清这些所谓内幕消息是怎样产生的、想达到什么目的、最终能达到什么目的。

在巴菲特看来，股市投资有三重境界。第一层境界是最低的，即依赖消息炒股票；第二层境界比前面高了点，主要是依赖技术面和基本面分析来做决策；第三层境界是依靠风险控制来进行决策。究竟谁能在股市里赚到钱，从中一看便知。

在中国股市中，近年来经常举行各种模拟炒股大赛，业绩突出的选手甚至能取得好几倍的年投资利润。可是你发现了吗？从来就没有证券公司聘用这些人做股市操盘手，业余的终究是“业余的”，这是为什么？

原因其实很简单，因为模拟炒股和实际投资完全是两码事。就好比一位神枪手的枪法很准，能够击中20米开外一棵树上的知了；可是，如果这只知了捏在他老婆手里，就注定他肯定会失手。

也就是说，模拟炒股因为不需要自己真的掏钱，所以模拟炒股者心态较好，股市上涨、下跌他们好像都有些不在乎，而是会一门心思地投入下去；而一旦把虚拟货币换成真钱，他们则会因为股市上涨而兴奋，因为股市下跌而愤怒，很少有人还能依然保持那份理智和清醒的头脑。

所以，巴菲特在伯克希尔公司1997年年报致股东的一封信中说，1979年夏天的时候美国股市非常低迷，为此他在《福布斯》杂志上发表文章指出："在股票市场中想让大家有乐观的共识是要付出相当大的代价的。"

他的意思是说，当时的美国股市中弥漫着怀疑和悲观情绪，便宜股票唾手可得，投资者应该乐观才是。而现在（1997年）看来，虽然似乎已经要到达成乐观共识的时候了，但股指高昂，不是买入的好时机。

巴菲特在这里强调的是，股市暴涨暴跌时要格外冷静。

【巴菲特股市抄底秘诀】

巴菲特认为，投资者不要四处打听股评和内幕消息，依此来做投资决策，这样会有助于克服悲观情绪的干扰。如果你在当初投资股票时依据的是其内在价值，遇到股市下跌，反而会映衬出其内在价值更高了，这时候应该乐观才是。

造成损失要以平常心对待

错误通常在做决策时就已经造成，不过我们只能将"新鲜错误奖"颁给那些很明显的愚蠢决策。照这种标准，1994年可算是竞争相当激烈的一年。在这里我必须特别指出，以下大部分错误都是查理·芒格造成的，不过每当我这样说时，我的鼻子就会跟着开始变长。

——沃伦·巴菲特

【巴菲特这样抄底股市】

巴菲特认为，投资者在股市下跌后投资股票，要控制不受悲观情绪干扰，而在发现投资错误时，要明白这个错误通常在进行决策时就已经造成了。巴菲特在伯克希尔公司1994年年报致股东的一封信中说，股票投资如果发生损失，那么错误往往在做决策时就已经形成了，不足为奇。如果要颁发“新鲜错误奖”，也只能颁发给那些很明显的愚蠢决策。

例如早在1990年，伯克希尔公司投资3.58亿美元购买美国航空公司特别股时，就注定这是一项失败的投资。那时候巴菲特就隐隐约约感到，这项交易属于一种非受迫性失误。他的意思是说，没有人强迫他投资，也没有人误导他，完全是他自己做出了这项决策。巴菲特自我分析说，这次投资失败主要原因在于他个人的草率分析、骄傲自大。

1994年9月，美国航空公司宣布停止发行特别股股息，这使这项投资是错误的这一迹象开始真正爆发。

巴菲特形容说，伯克希尔公司在美国航空公司身上的投资失误称得上是“冠军”；而“亚军”则要算1993年年末他以每股63美元的价格卖出1000万股资本城 / 美国广播公司股票，可是仅仅一年后，在1994年年末，该公司的股票价格就上涨到每股85.25美元，仅此一项伯克希尔公司就少赚了2.225亿美元。

与此类似的一幕还发生在1978—1980年。巴菲特当时以每股4.3美元的价格卖掉该公司股票，然后在1986年又以每股17.25美元的价格买了回来。他开玩笑说，他如此这般折腾，真的应该找一个监护人来好好“管管他”了。

不过令人佩服的是，虽然这样的投资失误所造成的损失数额动辄要上亿美元，可是巴菲特对此似乎心态还很不错，至少并不总是将其挂在嘴上，以至于破坏了心情。

巴菲特在伯克希尔公司2014年年报致股东的一封信中说，在大学商学院课堂上，老师总是会把股价波动看作是衡量投资风险的指标。这样的学术假设虽然会使教学变得容易，可是却错得离谱，因为股价波动实际上并不是风险的同义词。这种把两者画等号的流行观点，很容易误导学生、投资者和企业经营者。

他说，从美国过去50年，甚至再往前推50年来看，购买股票组合的风险要比购买美国国债等证券的风险小得多。这其中的关键是要坚持长期投资，而不是频繁地买进卖出，从而白白损失费率和佣金。如果只拥有股票一天、一周或一年，其投资风险便会大大增加。所以，这种操作方式对普通投资者来说毫无意义，只会对某些投资者，如投资银行以及近期有重大资金需求的人有意义。他们为了生存或急用资金，就可能会受到资产价格下滑的威胁，所以需要在股价波动时被迫抛售股票。

巴菲特强调："对于绝大多数投资者来说，他们可以也应该在数十年的维度下投资，股价的下跌并不重要。他们应该将关注点锁定在投资周期内获得显著增长的购买力。对他们来说，随着时间的推移，买入继而建立多元化股票组合，将被证明风险比基于美元的证券要小得多。"

他举例说，如果6年前（即2008年爆发全球金融危机时）你听信某些"权威人士"的警告——股价将会下跌，而去买入"安全性更高"的国债和银行存单，当时的标准普尔500指数还不到700点，现在已经涨到2100点，你就理所当然只能获得微薄的回报，很难安心过退休生活了；相反，如果你当时买入了成本较低的指数基金，现在的投资回报率就能确保你过上不错的生活。虽然这其中股价也有涨跌，但总体来看回报率是很可观的。

巴菲特在伯克希尔公司2004年年报致股东的一封信中说，据他分析，一般投资者容易造成投资损失的原因主要有3个方面：一是频繁交易，从而导致交易成本太高，所赚的一点点差价都用在支付交易费用上去了；二是买卖股票的决策依据主要是小道消息，而不是理性、量化的企业评价；三是浅尝辄止的投资方法、错误的介入时间，使得投资成本过高，从而注定其投资将来要失败。

有鉴于此，巴菲特提醒投资者说，过度兴奋和过高的交易成本是股票投资的大敌。如果大家一定要投资股票，正确的心态应该是在别人贪婪的时候感到害怕，在别人害怕的时候感到贪婪。

仍然以2008年巴菲特抄底金融危机后，他所投资的股票无一不被深套为例。

按照2009年年初的美国股市情况看，被誉为“股神”的巴菲特在股市暴跌面前同样显得那么的纤弱和无助，不过读者至少看到了“股神”在面对股市暴跌时的所作所为和心态。

虽然说，巴菲特抄底金融危机所选择的时机未必就是最佳，但读者容易从一个较好的视角看巴菲特是如何运作“聪明钱”的。尤其是他的那种心态非常值得投资者学习。要知道，巴菲特被套牢的资金可不是几万元、十几万元，那可是上百亿美元！

结果怎么样呢？从各种报道中都能看到，巴菲特依然是不慌不忙，照样吃得香、睡得着，该做什么还做什么，晚上还要在电脑上打桥牌，权当没有被套牢这回事。他相信，金融危机无论如何猖獗，最终一定会过去的，从长远来看，彩虹总在风雨后。

历史的经验表明，金融危机是经常发生的。在美国，1907年、1929年、1987年都曾经发生过金融危机。那时候的美国股市也都经历了几年的暴跌，但最终还是复苏了，并且很快出现了新的上升行情。对于个人投资者来说，金融危机可遇而不可避免，关键是要化不利因素为有利因素，从中找到新的抄底机会。

更不用说，世上并没有绝对意义上的金融危机，有的只是每一个人对待金融危机的不同态度和行动。巴菲特抄底金融危机的举措表明，股市低迷，或许正是捕捉投资机遇的大好时机呢。

这种原理不但在股市投资中适用，甚至可以说在一切领域都适用。这就是中国古语中所说的“祸兮福所倚，福兮祸所伏”。

例如在1910年，一场突如其来的象鼻虫灾害，狂潮般地席卷了美国阿拉巴马州棉田。当地棉农在一阵恐慌之后纷纷振作起来，在一片狼藉的棉田里试着套种玉米、大豆、烟叶等农作物，结果既消除了象鼻虫的灾害，又取得了更好的经济收益。这就叫“西方不亮东方亮”，或者叫“穷则思变”。穷者，尽头也，比喻已经陷入困境、走投无路。意思是说，当一个人陷入困境时，他就会努力去改变现状，这句话用在抄底金融危机上也是非常恰当的。

【巴菲特股市抄底秘诀】

从历史上看，“祸兮福所倚，福兮祸所伏”的事例实在太多。投资者对股票投资业已造成的损失不必过于在意，更不必耿耿于怀，否则反而会坏了以后的心态。重要的是吸取教训，哪里跌倒从哪里爬起，抓住眼前的机会。

与花旗银行抢购美联银行

富国银行收购美联银行，是一笔非常好的交易。

——沃伦·巴菲特

【巴菲特这样抄底股市】

巴菲特认为，投资者在股市下跌后投资股票，要控制不受悲观情绪干扰。巴菲特持有大量股份的美国第五大商业银行富国银行，从第一大商业银行花旗银行的手中抢购第六大商业银行美联银行，就被他认为“是一笔非常好的交易”。

巴菲特在接受记者电话采访时表示，在他的个人账户中只有两种股份，除了伯克希尔公司以外，另一家就是富国银行，并且他还在2008年年初大量增持了富国银行的股票。他在接受采访时神秘兮兮地表示，在过去还从来没有记者能够向他打听到这么隐秘的消息。

2008年8月，巴菲特在接受采访时对记者像猜谜语似的表示，伯克希尔公司增持了美国运通公司和富国银行这两只股票中的一只。而现在他终于自己揭开了谜底，他实际上更看好富国银行。

2008年9月29日，美国第一大商业银行花旗银行宣布，它已经在美国联邦储蓄保险公司的协助下，计划以21.6亿美元的价格收购美联银行的银行业务。根据相关协议，花旗银行将支付给美联银行价值21.6亿美元的股票，美国联邦储蓄保险公司为花旗银行的这项收购提供担保。

与此同时，该协议规定在10月6日之前，花旗银行是美联银行的唯一谈判对象。这项收购计划已经得到美国政府的明确支持，但还需要美联银行股东大会表决。

这本来是一件波澜不兴的事，可是10月3日美联银行就和富国银行高调宣布，富国银行将投资151亿美元收购美联银行。这从半路上杀出来的程咬金，完全打乱了花旗银行原来的收购计划。

富国银行创建于1852年，是美国唯一一家获得AAA评级的银行，业务范围包括社区银行、投资和保险、抵押贷款、专门贷款、公司贷款、个人贷款、房地产贷款，堪称一家全能服务银行。其抵押贷款发放量在美国排名第一，并且拥有美国最好的网上银行服务体系。

应该说，2008年10月3日富国银行和美联银行联合宣布的收购方案非常出人意料。因为根据双方达成的协议，美联银行的股东将以每1股股票换取0.1991股富国银行的普通股股票。富国银行通过这种换股方式，收购美联银行的全部资产，包括美联银行的优先股和所有银行储蓄，并且不需要美国联邦储蓄保险公司担保。

当然，富国银行收购美联银行的协议，同样需要通过双方股东大会和证券监管部门的批准。

富国银行董事长理查德·克瓦克维奇在声明中表示，与过去花旗银行收购美联银行的银行业务协议相比，富国银行的收购方案为美联银行提供了更好的选择。

那么，既然美联银行已经名花有主，巴菲特为什么还要在这中间横插一杠呢？有分析认为，主要是因为在当天刚刚通过的美国紧急经济稳定法案中，隐藏了一条模棱两可的条款，即任何机构都可以参与竞购陷入困境的银行。这就是说，花旗银行和美联银行签订的排他性协议是“无效”的，所以巴菲特认为自己出手没什么错。

巴菲特在接受采访时对富国银行大加赞赏。他表示，在应对金融危机的关键时刻，其他银行不可能像富国银行这样更好地保护股东和储户利益。他的意思是说，富国银行才是收购美联银行的最佳对象。

受此消息刺激，美联银行的股票价格当天开盘就暴涨79%。而花旗银行将来能否扩大金融版图令人怀疑，所以当天的股价下跌了21%。

在这种情况下，10月3日花旗银行起诉美联银行和富国银行，并且还惊动了美国联邦储备委员会，其10月5日出面调停。因为这种夺人所爱既有脸面问题，更有以后各自在华尔街新的金融版图中的地位问题。

10月3日晚上，纽约州法院起草紧急指令，授予花旗银行收购美联银行的独家谈判权。这表明，富国银行收购美联银行的计划在法理上有可能搁浅。10月7日，花旗银行、美联银行、富国银行宣布相互之间因为观点大相径庭而谈判破裂。花旗银行表示，自己将会继续寻求法律途径，控告美联银行和富国银行违反合同和干预合同实施，但不会阻止富国银行并购美联银行。

应该说，富国银行所开出的高价对美联银行有着巨大的吸引力。尤其关键的是，富国银行收购美联银行，并不需要动用美国联邦储蓄保险公司出面担保，更能保持银行业务的完整性。所以，美联银行明确表示富国银行的收购协议是正当的、有效的，是符合公司股东、员工、美国纳税人最大利益的。而花旗银行的最大软肋是出价低，让美联银行不爽。

10月9日，花旗银行宣布出于原则性考虑退出收购。花旗银行的退出，使得富国银行将收购价格压低到了127亿美元。

富国银行于2009年1月1日宣布，已经以127亿美元的价格把美联银行完全纳入麾下，同时将裁员1.1万人。

这起收购案，与当天美国第三大商业银行美国银行宣布的完成对美国第三大投资银行美林证券全股本收购方案，一起构成了美国华尔街上公认的金融危机中的最强波。

【巴菲特股市抄底秘诀】

富国银行与花旗银行展开竞争，抢夺美联银行的行动，是2008年金融危机中伯克希尔公司抄底股市的最耀眼动作。这样一场巨额财富的“三角恋”，被公认为是当年金融危机中华尔街上的“一个里程碑式的事件”。

手中有粮（现金）心里不慌

我们有很多选择，但只接受了其中少数人的吻，然后把资金抛向他们。要知道，如果你没钱，人家就不会常亲你。

——沃伦·巴菲特

【巴菲特这样抄底股市】

巴菲特认为，投资者在股市下跌后投资股票，要控制不受悲观情绪干扰，这时候投资者如果手中握有大量现金是最踏实的。

2008年金融危机爆发后，许多上市公司打电话给巴菲特，希望能得到伯克希尔公司的资金帮助。它们比喻说，市场其实是把它们当作癞蛤蟆来看待的，而伯克希尔公司才是公主。如果能得到公主的一个亲吻，它们就会变成英俊的王子；而如果遭到伯克希尔公司拒绝，那么它们就只能还是一只癞蛤蟆。

一向幽默的巴菲特回电说，伯克希尔公司这时候手中拥有大量的现金，所以会有许多种选择，但只能接受其中少数上市公司的“吻”，然后把资金投向这些上市公司。巴菲特骄傲地说，如果你没钱，别人就不会经常来吻你。

与伯克希尔公司类似的公主其实在100年前就出现过。1907年10月23日，正当美国金融信托机构陷入信用危机，继而引发全国金融混乱的时候，古稀之年的J.P.摩根发出了著名的“是时候停止这场灾难了”的宣言。

当时的美国还没有中央银行，是摩根自告奋勇出面承担起了中央银行的角色。在此后的两个星期中，摩根带头并召集美国金融界联合解决了当时的流动性和信用危机，帮助美国政府走出了困境。

当时最经典的一个例子是，摩根在短短20分钟时间里就说服美国财政部拿出2500万美元（相当于2016年的3.7亿美元）现金给他用于救市。

与此同时，当时一向强硬的美国总统西奥多·罗斯福，看到由于金融危机导致自己的政权岌岌可危，也不得不低下头来向他“献上祝福”，借助于他的力量来稳定经济。

摩根付出了巨大的努力，面对来势凶猛的金融危机，最终在曼哈顿大厦召集各金融大腕共同制订了金融救援计划。在经过几个星期的市场跌宕后，金融危机才算真正过去。

商业史学家罗恩·彻诺评论说：“在1907年，摩根不但动用了自己的资金，同时还调集了整个金融圈中的资金来共同救市。”

当时的摩根可谓财大气粗，经济实力要远远胜过今天的巴菲特。就个人财富而言，今天的巴菲特拥有的财富还不到美国财富的1/200，而当年的摩根，其财富却占美国财富的1/10。正因如此，他才有能力挺身而出，说“是时候停止这场灾难了”这句话，并且真的就做到了“停止这场灾难”。

2008年10月17日，一向低调的巴菲特在《纽约时报》发表署名文章称，虽然美国经济处于“糟糕”状态，可是他正在购买美国的股票。

了解美国历史的人不由得会产生联想，巴菲特此举是不是想重复当年摩根的壮举，凭借自己的威望和能力来力挽狂澜呢？从过去巴菲特的所作所为来看，确实有这种可能，他经常会从美国国家利益出发来考虑问题。但通过上述和摩根实力的对比，我们会发现他对美国股市的控制力比摩根要小得多。

巴菲特清醒地认识到了这一点，所以无论什么时候，他都确保伯克希尔公司拥有充足的现金。尤其是他严防伯克希尔公司受到被他称为“大规模杀伤性金融武器”的金融衍生产品合约的伤害，避免市场担心伯克希尔公司资金流动性不足，不能为其承保的合同支付赔偿，避免公司出现危机。

事实上，这种担心并不是多余的。2008年11月19日，伯克希尔公司当天的股价下跌12%，是该公司发布第三季度财务报告透露利润缩水77%后连续第8个交易日股价下跌，刷新了该公司23年来的股价下跌纪录。

该财务报告表明，由于保险业务的回报率下降，股权投资造成损失，伯克希尔公司已经连续4个季度利润下滑了，这是该公司至少13年以来的最差业绩。

2008年11月20日，伯克希尔公司股价继续下跌6.5%，至每股7.75万美元，与2007年12月相比已经跌去一半。虽然下跌幅度略小于整个股市大盘的跌幅，但也已经够惊心动魄的了。

与此同时，巴菲特所投资的金融资产也大幅度贬值。伯克希尔公司的信贷违约掉期（CDS），在外界看来通常代表着伯克希尔公司的信用风险程度，这个时候已经变成BBB级，离垃圾债券只有一步之遥。

为什么会出现这样尴尬的局面呢？业内人士认为，主要还是因为市场担心由于信贷违约掉期比例升高导致伯克希尔公司接下来资金流动性不足，从而对其承保的合同支付赔偿发生困难。这种情形如果走向极端，就会导致伯克希尔公司所拥有的金融资产在金融危机影响下严重缩水，最终资不抵债，被迫清盘离场。

2008年9—10月，伯克希尔公司债券的信贷违约掉期价格上涨了2倍多，而这个价格涨得越高，表明该债券的违约风险越大。

据英国伦敦一家专门跟踪信贷违约的机构CMA DataVision的研究，伯克希尔公司债券的信贷违约掉期价格在短短2个月内，就从129基点上涨到2008年11月19日的475基点。这表明，伯克希尔公司5年期1000万美元的债券价格已经达到一年47.5万美元。

不过，巴菲特之所以是巴菲特，就在于他始终把充裕的现金看得很重，所以有实力“亲吻”那些上市公司，这也让市场松了口气。

【巴菲特股市抄底秘诀】

股市跌到低谷时，最让投资者悲观的是他们想买股票而没钱。而巴菲特之所以是巴菲特，就在于他手中始终握有大量的现金，有能力“亲吻”（抄底）股票。股市下跌得越厉害，股价越便宜，他就越高兴，所以他才不会悲观呢。

巴菲特论牛顿第四定律

很久以前，牛顿发现了三大运动定律，这的确是天才的伟大发现。但牛顿的天才并没有延伸到投资中。牛顿在“南海泡沫”中损失惨重，后来他对此解释说:“我能够计算星球的运动,却无法计算人类的疯狂。”如果不是这次投资损失造成巨大创伤，也许牛顿就会发现第四大运动定律——对于投资者整体而言，运动的增加导致了收益的减少。

——沃伦·巴菲特

【巴菲特这样抄底股市】

巴菲特认为，投资者在股市下跌后投资股票，要控制不受悲观情绪干扰，不要频繁进出股市，以免因此而增加投资成本、减少收益。巴菲特在伯克希尔公司2005年年报致股东的一封信中说，很久以前艾萨克·牛顿发现了三大运动定律，但是他的天才并没有延伸到股票投资中去。如果他不是在“南海泡沫”事件中损失惨重而造成巨大创伤的话，说不定他会发现第四大运动定律。巴菲特模仿艾萨克·牛顿的三大定律，把它总结为“对于投资者整体而言，运动的增加导致了收益的减少”。

艾萨克·牛顿（1643—1727年）是英国著名数学家、物理学家、天文学家、自然科学家。牛顿三大定律是研究经典力学的基础，分别是指：

牛顿第一定律（惯性定律）——物体都有维持静止和做匀速直线运动的状态，直到受到其他物体的作用力，迫使它改变这种状态为止。

牛顿第二定律（加速度定律）——物体受到外力的作用会产生加速度，加速度的方向和合外力的方向相同，加速度的大小与合外力的大小成正比，与物体的惯性、质量成反比。

牛顿第三定律（反作用定律）——两个物体之间的作用力和反作用力在同一条直线上，大小相等，方向相反。

那么，上述巴菲特所提到的“南海泡沫”事件又是怎么一回事呢？原来，1711年，英国政府为了向现在的拉丁美洲、大西洋沿岸地区进行贸易扩张，借款（国债）1170万英镑给南海公司，专门成立了这家垄断性贸易公司。1720年1月，南海公司向英国政府提出，希望能利用发行股票的方法来实现债转股，以便缓解国债压力，英国政府同意了。

为了能够顺利发行股票，南海公司编造了一幕幕美妙的发展前景，一会儿说发现了金矿、银矿，一会儿又说发现了香料等，这些在当时都是非常赚钱的投资项目。

投资者看到英国政府没有出来辟谣，便相信这家具有政府背景的公司发展前景一定非常好，于是股价开始疯狂上涨。在1720年3—9月的6个月里，该公司股票就从每股330英镑上涨到1050英镑，并且引发民间纷纷模仿着私下发行股票。

而实际上呢，南海公司这样做，只是为了有助于发行股票，而根本不知道募集资金后究竟怎么去投资。

民间偷偷发行股票吸纳了大量的游资，从而导致南海公司股票价格不断下跌。在这种情况下，南海公司利用政府背景游说国会，用股票贿赂政府议员，从而促使英国议会在1720年6月通过了一项《反金融诈骗和投机法》，禁止民间发行股票。该法律认定民间发行的股票是“泡沫”，所以该法律又被称为“泡沫法”。

民间发行股票受到打击，马上又回过头来推高了南海公司的股票价格，最终引发包括英国财政部长在内的政府官员利用内幕在高点大量抛售股票，从而使得南海公司的股票价格从1720年8月31日的每股775英镑一直下跌到10月1日的每股290英镑。

内幕交易丑闻暴露后，当时从中攫取90万英镑巨额利润的英国财政部长锒铛入狱，却害苦了那些毫不知情的投资者，其中就包括艾萨克·牛顿，他在这次股票投资中损失超过2万英镑。所以，后来他在一篇文章中写道：“我能够计算星球的运动，却无法计算人类的疯狂。”

当然，在“南海泡沫”中受损失最大的还是英国政府的信用。在此后的整整100年间，英国政府没有发行过一只股票。因为老百姓已经不再相信政府了，这时候无论它发行什么股票都没人买。

巴菲特在这里引用这个案例，是为了说明他总结出来的牛顿第四定律。巴菲特认为，从总体上看，股市投资买卖次数的增加，会导致投资收益减少。道理很简单，每一次买卖股票都会发生相应的佣金支出，雪球会越滚越小。不要小看这一笔笔“小”支出，换个角度看，就是一笔非常沉重的费用负担，甚至会彻底摧毁你原来的投资收益，让你反盈为亏。

巴菲特早在20岁时就提出过这样一个命题。他说，如果你有1美元，每年增值1美元，什么也不做，20年后它的价值能够达到70万美元。相反，如果你每年都把这些股票卖出，然后再重新进行投资，20年内一共只要运作40次，你最终得到的价值就会只剩下0.25万美元，反差就是这么大。[1]

【巴菲特股市抄底秘诀】

认识牛顿第四定律是巴菲特成为全球首富的原因之一。他认为，股票买卖太频繁会大大降低收益，所以选股前要严格要求，买入后要长期持有。这样才不至于破坏情绪，同时也能避免频繁买卖股票增加摩擦成本。

1 请注意，美国的股票交易如有盈利需要缴纳20%的所得税，而中国则不需要。这一政策差异在投资收益结果上会有很大差别。

策略 10
股市越跌越是投资好时机

价值投资绝对需要有耐性

我们以不变应万变的做法，主要是反映我们把股票市场当作是财富重新分配的中心，而钱通常由积极的分子流到有耐性的投资者手中(我嘴巴可能闭得不够紧。我认为最近几件事情显示许多躺着赚的有钱人遭到许多攻击，因为他们好像没做什么事就使得本身的财富暴涨；而与此同时，过去那些积极活跃的有钱人，如房地产大亨、企业并购家与石油钻探大亨等，却眼睁睁地看着自己的财产一点一滴地缩水)。

——沃伦·巴菲特

【巴菲特这样抄底股市】

巴菲特认为，股市越跌就越是投资好时机，因为所谓价值投资本身是需要有耐性的。

巴菲特在伯克希尔公司1991年年报致股东的一封信中说，在伯克希尔公司当年年末的主要投资项目中，除了健力士吉尼斯黑啤酒是最新投资项目外，其他的6项投资，其持股时间不但已经超过一年，甚至连持股数量都没有变动。唯一例外的是房地美公司的股票，不过，所谓的股数变动也只是略微增加罢了。

他认为，伯克希尔公司这种以不变应万变的投资风格，反映了他们把股市当作财富重新分配中心的观点。他认为，钱通常是从活跃的股市投资者手中流向有耐性的投资者手中。当时的几个投资项目都表明，许多有钱人好像并没有做什么事情，本身的财富却暴涨了；相反，那些房地产大亨、企业并购家、石油勘探大亨等非常活跃的投资家，他们却只能眼睁睁地看着自己的财富在一点一滴地缩水。

巴菲特的意思是说，股市越是下跌就越是投资好时机，看准自己原来看好的股票趁低买入就是，用不着频繁地买进卖出做短差。

巴菲特的这种定力看似简单，但一般投资者是学不会的，这也是巴菲特与众不同的原因所在。

20世纪60年代后半期，美国股市牛气冲天，巴菲特感到很担忧，因为他觉得这时候没有什么股票符合他的价值投资理念。也就是说，没有什么股票值得他买入了。要知道，股票投资家费雷德·卡尔1967年的投资收益率高达116%，超过巴菲特任何一年的投资业绩。

费雷德·卡尔当时有一句著名的话是这样说的："我们不会爱上任何东西。每天早晨起来，每样东西都是要出售的——证券组合里的每一张股票，乃至于我的衣服和领带。"所谓出售"每一张股票"，就是指股市暴涨以后他当然要见好就收；而所谓出售"我的衣服和领带"则恰恰相反，是指股市暴跌后他可能会光着身子走出股市。

在这样的狂热风潮中，巴菲特依然坚持自己的长期投资理念，等待股市下跌，好购买内在价值高的股票。而这时候，一方面，他找不到好的投资机会；另一方面，他的经营业绩又远远不如那些短线炒作者，应该说此时的他面临的压力是非常大的。

他一遍一遍告诫巴菲特有限公司的股东们，要他们沉得住气，有耐性。可是

“百姓，百姓，百条心”，每个人的想法不同，这让巴菲特感到非常苦恼。他总结说，他的智慧已经枯竭，跟不上步伐了。后来，就在牛市到达最高峰前，巴菲特宣布退市，开始清算合伙企业。

巴菲特认为，股市越是下跌就越是投资的好时机；相反，股市越是上涨，短期的股票投资风险就越大。总体来看，投资者缺乏耐性的主要原因是容易被情绪左右。

在中国股市中，读者常常可以看到，许多在本职岗位上卓有建树的投资者，一进入股市就被那些红红绿绿、涨涨跌跌的数字搞得头昏眼花，智力立刻下降好几个档次。面对股市变动的种种诱惑，很少有人能不受外界影响，因此总有很多投资者频繁进出，以至于失去最佳投资目标。相反，当股市处于下跌通道中时，证券公司里看盘的投资者寥若晨星。而实际上呢，没有了原来的喧嚣、吵闹，这时候更容易看清哪些股票具有投资价值。

那么，投资者怎样才能做到有耐性，不受外界干扰呢？巴菲特认为主要应该掌握以下几点：

一是在股票投资前做好充分的准备。这就好比你家里要购买一个大件商品，你需要提前做好各种准备一样。如果连去菜场买一两元钱的蔬菜都要斤斤计较一番，那在股市中一掷千（几万、几十万）金就更要谨慎了。投资前的准备越充分，失误就越少。

二是要增强风险意识，降低盈利预期。股票投资业绩回报最终需要依靠稳定、持久的盈利慢慢堆积起来，一夜暴富式的天天拉涨停板，即使不是某种股评欺骗工具，也是可遇而不可求的。股票投资年回报率如果能达到20%以上就很不错了，就已经超过巴菲特了。

三是不要总想着股市会上涨，也要想到下跌时自己该怎么办。如果在进入股市时就想到即使接下来两三年股市下跌，自己也必须安然度过，那么你在选股、持股方面就自然而然会更注重内在价值，会自觉不自觉地把内在价值（而不是股价）的变动作为买卖依据。

四是保持足够的资金。投资者手中握有现金，才具备抄底股市的资金条件，在面临股市下跌时才不至于坏了心态，反而会增加信心。因为这时候的每一次抄底都会摊低成本，使得你与其他投资者相比具有更大的获利保障。

【巴菲特股市抄底秘诀】

投资者在面临股市下跌时必须沉得住气，这是理性投资的应有之义。对于中国投资者来说，最重要的是要有足够的资金用于抄底，否则很容易坏了心态，导致昏招迭出，或只能眼睁睁地看着被套而无所作为。

调整好股票投资收益预期

查理·芒格跟我，就长期而言，仍看好美国企业的发展，但目前股票的价格注定了投资者只能得到一般的报酬。股市的表现已有好一段时间优于公司本身的表现，而这种现象终将结束。市场不可能永远超越企业本身的发展，我想这将让许多投资者大失所望，尤其是那些股市新手。

——沃伦·巴菲特

【巴菲特这样抄底股市】

巴菲特认为，股市越跌就越是投资好时机。这时候调整好股票投资收益预期，会有助于投资者保持良好心态，正确选择有投资价值的股票。巴菲特在伯克希尔公司2001年年报致股东的一封信中说，查理·芒格和他，从长远来看仍然看好美国企业的发展，可是从当时的股票价格看，投资者只能得到一般的收益回报率。

他说，当时他对伯克希尔公司持有股票的态度，与10年后不表示乐观的看法相一致。他在2001年7月的一次演讲中表达了他对投资股市的看法，而且这种看法在两年前就形成了，那就是投资者必须调整好对股票投资的预期。这样，当股市真的出现下跌时，投资者就不至于会因惊慌失措而乱了阵脚。

巴菲特说，这种心态对于股市下跌和股市上涨同样适用。2000年3月10日，美国股市中纳斯达克指数创下5132点的历史新高。而在同一天，伯克希尔公司的股票价格却创下1997年以来的最低点，以每股4.08万美元的价格收盘。毫无疑问，纳斯达克指数5132点的历史新高要几个月后才会得到确认，投资者在当时的股市行情中是浑然不知的；同样的道理，当天伯克希尔公司股价的最低点也需要在几个月后才能得到确认。

这说明了什么呢？这就很好地表明，投资者如果有了恰当的投资预期，这时候就不会追涨杀跌，不至于影响情绪。

巴菲特以2001年美国股市暴跌中的投资策略为例说明这一点。当年伯克希尔公司投资的垃圾债券比较多，这些债券一般来说都物如其名，一旦发生违约，损失必定惨重，许多投资者到最后只能收回一小部分资金，有的甚至只能变成一张废纸，血本无归。

巴菲特强调，这样的投资策略并不适合于一般投资者，他自己所购买的垃圾债券也不是一般投资者所想象的那种类型，伯克希尔公司从来没有投资过一般投资者最热衷的那种初始发行的垃圾债券。相反，即使在股市下跌中，伯克希尔公司还是会不时找到那种非常具有吸引力的垃圾债券，虽然数量很少。

巴菲特不无自豪地说，从他个人50多年的垃圾债券投资经验来看，总的感觉还不错。他在伯克希尔公司1984年年报致股东的一封信中，就曾经提到当初投资华盛顿公用电力系统公司债券的案例。当时华盛顿公用电力系统公司发生了一些状况，而伯克希尔公司最喜欢投资这种遇到麻烦的债券和股票。除此以外，巴菲特还陆续投资了其他许多有问题的公司债券，如克莱斯勒金融公司、德士古石油公司、雷诺兹－纳贝斯克饼干公司等。

巴菲特认为，伯克希尔公司如果偶尔投资这类垃圾债券，很可能会钓到大鱼，以挽回股市下跌过程中整体发生的业绩下滑。相反，如果总是积极地投入垃圾债券市场，将来必定会发生损失，欲哭无泪。

巴菲特说，股市越是下跌就越是投资的好时机，关键是要选择好股票；同时要调整投资预期，以稳定获得投资回报为前提。

他举例说，伯克希尔公司对鲜果布衣公司（Fruit of the Loom）的投资就是一个很典型的例子。当时在鲜果布衣公司宣布破产之初，伯克希尔公司就以相当于其面额50%的价格买入该公司的债券和银行债权。有意思的是，该公司并没有停止支付有担保债权的利息，这实际上相当于伯克希尔公司每年依然能够得到15%左右的收益。

在这种情况下，伯克希尔公司把对鲜果布衣公司有担保债权的投资比例提高到10%。这样，实际上就间接降低了整个企业并购案的投资金额，并且将来还完全有可能收回相当于其面额70%的全部本金。

巴菲特说，2000年年末伯克希尔公司又开始陆续买入一家财务金融公司Finova的公司债券。Finova公司当时流通在外的债务大约有110亿美元，伯克希尔公司以其面额2/3的价格拥有该公司13%的股票。在这笔投资中，巴菲特可谓艺高人胆大，他预计该公司将来很难逃脱破产的命运；但同时又确信，该公司破产清算后投资者能够收回全部投资成本。

结果没想到，该公司虽然在2001年年初进行了破产清算，却无法偿还所有债务。于是，伯克希尔公司便联合其他债权人，提出了另一项解决方案，即所有债权人只拿面额70%的本金和利息（请注意，对于伯克希尔公司来说，这时候就已经收回了全部投资成本），剩下的30%用分期应付票据来支付，年利率7.5%。

现在的问题是，Finova公司连清偿债务的资金也没有，又怎么来支付这70%的本金呢？为此，伯克希尔公司和其他债权人专门成立了一家新公司，由这家新公司贷款56亿美元给Finova公司，由伯克希尔公司提供担保。在这一系列操作过程中，巴菲特可谓处处受益。

【巴菲特股市抄底秘诀】

巴菲特认为，投资回报率不可能长期脱离公司业绩，所以投资者要调整好投资回报预期。在股市下跌通道中，投资者可以通过适当投资垃圾股“搏一记”来弥补损失。但巴菲特又说，这种股权投资方式并不适合普通投资者。

不介意公司受大环境影响

如果我们有坚定的长期投资期望，那么，短期的价格波动对我们来说就毫无意义，除非它们能够让我们有机会以更便宜的价格增加股份。我们欢迎市场下跌，因为它使我们能以新的、令人感到恐慌的便宜价格拣到更多的股票。

——沃伦·巴菲特

【巴菲特这样抄底股市】

巴菲特认为，股市越跌就越是投资好时机，因为投资者能够以更低的价格捡到更多的股票。

他在传记《滚雪球》一书中说，如果投资者决定长期投资，那么短期内的股票价格波动就显得毫无意义。伯克希尔公司欢迎市场下跌，因为这样会使他们以便宜得吓人的价格买到更多的股票。

巴菲特的这种投资观念是一贯的，所以你从来看不到他如何关心宏观经济环境。即使针对2008年中国股市的暴跌，他也是长期看好中国股市的发展，根本不在乎个别股票乃至所有股票的价格下跌。

在2008年5月伯克希尔公司召开的股东年会上，有人问巴菲特和查理·芒格：“中国的股票市场已经下跌了很多，你是否认为中国的股票价格仍然过高？”

巴菲特回答说，他从来不对中国股市发表具体意见，因为他不是做“预测股市走向生意”的，他只会在市场下跌时做出应有的反应。不过如果一定要他发表一点意见，他认为中国的经济发展是一个奇迹，所以导致很多中国投资者对股票投资热情很高。以他熟悉的中石油股票为例，它的价格曾经一度疯涨，使中石油成为全球市值最高的上市公司。

而查理·芒格的观点是，中国股市曾经一度出现疯狂的泡沫，这种情况在另外一些国家也同样出现过，投资者在股市里看到了前所未有的机会。以中石油 A 股为例，它的价格曾经一度是境外股价的2倍。也就是说，投资者用1美元和2美元可以买到同样的东西，这就很成问题。不管怎么说，让泡沫破灭对每个人都有好处。

不难看出，巴菲特和查理·芒格都注重个股的内在价值，而不是很在乎宏观经济走势对股票的影响。如果一定要说他们是怎样来判断中国宏观经济面的话，总的来说，巴菲特认为股市下跌中有机会，当股市下跌到一定程度时他会做出应有的反应；而查理·芒格则首先肯定中国股市中有投资机会，但又话锋一转说需要挤掉泡沫，并说这无论如何都是有利的。

巴菲特在伯克希尔公司2000年年报致股东的一封信中说，当时有许多上市公司预期产业即将走下坡路，于是和伯克希尔公司洽谈收购事宜。伯克希尔公司从1999年就开始关注这方面的动态，并且认为每个产业都会有不景气的时候，这没什么好奇怪的，所以对这一点根本就不介意。巴菲特幽默地说，只有在上市公司准备发行股票时，在券商所做的投资演示文稿中，公司业绩才会无限制地增长，而不会下跌。

巴菲特说，正是因为伯克希尔公司认为短期的经营业绩、股价波动并没有什么大碍，真正重要的是长期投资业绩，所以伯克希尔公司2000年一共完成了8桩并购案，投资总额高达80多亿美元，并且所有资金都用自有资金支付，没有一分钱贷款。其中，97%是用现金支付的，3%使用股票发行方式。这样一来，伯克希尔公司投资80多亿美元后，流通在外的总股本只增加了0.3个百分点。

统计表明，收购这8家公司后，这些企业当年的销售额合计高达130亿美元，员工总数5.8万人。

巴菲特不无自豪地说，可喜的是，在收购完这些企业后，伯克希尔公司仍然拥有充裕的现金，有能力随时购买更大的投资项目。

巴菲特承认，在当时的宏观环境下，许多人比较看重短期业绩，可是这在伯克希尔公司看来完全没必要。他说，这样的态度“反而能增加卖方出售的意愿，或降低其他潜在买家的竞争意愿”，从而使得伯克希尔公司能够以更低的价格买到上述股票。

与股票投资相应的是，2000年伯克希尔公司利用垃圾债券市场低迷的局面，通过购买整家公司股权的方式，也大大提高了竞争力。

当时的背景是，从1998年开始，美国股市中的垃圾债券投资者开始逐渐降低标准，以不合理的价格买进许多业绩不良的公司债券。

这样，就出现了大量的违约行为。这些习惯于依靠融资方式投资企业的投机者，也就是那些喜欢通过扩股来进行投资的投机者，已经很难借到足够的钱来进行投资；即使能借到足够的钱，成本也不低。

所以在这两年中，经常有公司对外融资，这给现金实力雄厚的伯克希尔公司创造了良好的投资机会。这也从一个侧面证明了巴菲特所说的“股市越是下跌就越是投资好时机”的观点。

当然，除了上面的两点优势外，巴菲特也承认，有许多上市公司是冲着伯克希尔公司来洽谈收购的，这也是一个非常大的有利条件。

虽然对方冲着伯克希尔公司而来，但这并不表明将来的收购就一定会成功。因为这既要考虑到对方出的价格是否让伯克希尔公司满意，又要看伯克希尔公司喜欢不喜欢这家公司以及该公司的管理层。但毫无疑问，有人冲着自己来谈投资，伯克希尔公司的谈判余地就要大多了。

这正如中国谚语所说：“男追女，隔重山；女追男，隔层纱。”

【巴菲特股市抄底秘诀】

巴菲特认为，股市投资不必过于在意宏观经济环境的变化，关键是要关注企业价值。越是股市低迷，投资者就越能买到内在价值相对高的股票。就中国股市而言，最重要的是要加强监管，打击各种幕后操作。

股指越跌你越忙，越涨你越闲

即使这些公司的股价下跌50%，也不会令我感到丝毫困扰。和我们买东西一样，总是希望能以较低的价格买进。

——沃伦·巴菲特

【巴菲特这样抄底股市】

巴菲特认为，股市越跌就越是投资好时机，所以股指越是下跌，投资者应当越忙，因为这时候有许多好股票值得投资；股指越是上涨，投资者应当越清闲，因为这时候值得投资的股票太少了。

巴菲特利用2008年第一季度全球第二大食品制造商卡夫食品公司和富国银行股价大跌之际，大量增持这两家公司的股票。其中拥有卡夫食品公司股票1.383亿股，占其总股本的4.4%。

他在5月初接受记者采访时说，即使这些刚刚买入的股票价格下跌50%，他也不会感到丝毫困扰，道理很简单，对于买东西的人来说价格当然是越便宜越好。

2008年金融危机爆发后，巴菲特忙碌得很。他经常一上班就打电话给股票经纪人和朋友；然后就开始研究股票，看哪些股票这时候凸显出了投资价值；然后再打电话给股票经纪人要求买入股票。

巴菲特投资股票并不看所谓的股市行情，但是他会每天关注《华尔街日报》上的股市收盘点位，了解最近一段时间以来股票指数大概在什么位置。只有在他想买入某只股票的时候，他才会打电话给经纪人，了解这只股票的具体价格是多少，然后要求经纪人在什么价格区间买入该股票。

经纪人反映说，巴菲特有时候一天会打五六个电话来让他不停地买入某只股票。股价越是跌得厉害，巴菲特发给他的买入指令就越多、越频繁，这与其他投资者的做法恰好相反。

那么，巴菲特为什么会如此与众不同呢？说穿了，在一个股票价格不断下跌的通道中，手中握有大量现金和握有大量股票的感觉是完全不一样的，而巴菲特正是前者。

就像某种商品的价格在不断下跌中一样，如果你手中握有大量现金准备买入该商品，那自然是希望它的价格跌得越低越好；相反，如果你家中已经积压了大量这种商品，这时候你当然除了抱怨就是后悔了。

巴菲特也是人，也具有常人的共同心理，如果在股市下跌过程中他的股票早就满仓，他会比其他任何投资者都焦急。而现在的情况是，巴菲特通常在股指不断上涨过程中就把手中的股票卖了个精光；在股指不断下跌过程中，他早就准备好充足的现金，这时候当然就可以轻松上阵了。

所以，当你看到巴菲特说股市越跌越是投资好时机时，绝不要以为他是矫情或标新立异，这实在是他的真心话。

从历史上看，巴菲特在其投资生涯中一共经历过4次股市暴跌，包括2008年的金融危机。在这4次股市暴跌之前，他基本上抛空了手中的股票。1969年他抛掉了手中的所有股票，另外3次虽然不能说他完全空仓，但手中握有的股票已经很少，基本上是现金。而且，这样的现金一握就是几年，为的就是等待最佳投资机会的出现。

例如，1987年美国股市暴跌之前，巴菲特只留下3只股票，把其他所有股票都卖掉了。他留下的3只股票分别是《华盛顿邮报》公司股票、政府雇员保险公司股票、资本城公司股票。那为什么他不把这3只股票也卖掉呢？原来，他是这3家公司的大股东，了解内幕，并且又在参与经营管理，他觉得这些公司非常有投资价值，所以无论股市怎么下跌心里都不慌。

2008年上半年，伯克希尔公司除了大量增持卡夫食品、富国银行股票外，还大量买入冷藏设备制造商英格索兰公司的股票。截至2008年3月31日，伯克希尔公司拥有该公司股票93.66万股，占该公司总股本的47%。与此同时，伯克希尔公司还大量增持健康保险公司联合集团和伟彭公司的股票。

当然，这时候伯克希尔公司依然是政府雇员保险公司、国民赔偿公司最主要的投资者，同时还是可口可乐公司、富国银行、卡夫食品公司、美国运通公司的最大股东。

拥有伯克希尔公司8亿美元股份的美国 Carret Zane 资本管理公司认为，在这次抄底金融危机中，巴菲特加大了对他过去拥有的投资项目的投资力度，未来还会继续加大力度，而无论股价是否继续下跌。

要知道，就在伯克希尔公司大量增持健康保险公司联合集团和伟彭公司股份时，2008年第一季度，前者的股票价格下跌了41%，后者也下跌了近一半。正因如此，巴菲特才说出“即使这些公司的股价下跌50%，也不会令我感到丝毫困扰”这句话。

截至2008年年末，伯克希尔公司旗下的近80家子公司分布在汽车保险、地毯、衣服、实物、厨房用品等不同领域，有足够的风险分散能力。虽然伯克希尔公司的股价随着大盘一起下跌，可是由于伯克希尔公司的基本面并没有出现什么大问题，所以巴菲特仍然是悠然自得。

伯克希尔公司2008年第三季度的财务季报也充分证明了这一点。当时该公司总资产高达2800亿美元，而手持现金还有279亿美元，可以说流动性非常强，完全不存在支付赔偿发生困难的情形。

【巴菲特股市抄底秘诀】

巴菲特认为，股指越是下跌，值得投资的股票就越多，投资者就应该越忙；相反，股指越是上涨，投资者就应该越闲。要做到这一点，除了树立正确的投资理念，很重要的是手中要有现金，这样才能想买什么股票就买什么股票。

寒夜里会有梦中股票出现

与其他并购方不同，伯克希尔根本没有“退出策略”，我们买入只是为了长期持有。不过，我们的确有一个进入策略——在美国及国际上寻找符合我们的 6 个标准，且价格合理、能够提供合理回报的目标企业。如果你有合适的企业，请给我来电。就像一个充满爱情憧憬的小女生，我会在电话旁等候梦中男孩的电话。

——沃伦·巴菲特

【巴菲特这样抄底股市】

巴菲特认为，股市越跌就越是投资好时机，因为这时候符合伯克希尔公司买入股票6大标准的股票会越来越多。

巴菲特在伯克希尔公司2005年年报致股东的一封信中说，对于伯克希尔公司而言，并没有“退出策略”，可是在买入什么样的股票方面却是有标准的。股票越是下跌，伯克希尔公司的投资机会就越多。

巴菲特说，他就像一个憧憬爱情的小女生一样，会在电话机旁等待梦中男孩（上市公司）的电话（并购邀约）。

人类学家认为，人类最强烈的三大欲望分别是财富、地位、权力，而首先就是财富欲望。对于绝大多数人来说，最希望满足的就是财富欲望。那么，怎样才能做到这一点呢？

对此，巴菲特认为：“价值投资并不能充分保证我们投资能够赢利，因为我们不仅要以合理的价格买入，而且我们买入的公司的未来业绩还要与我们的估计相符。”

看到这里，读者感到似乎即使践行巴菲特的价值投资理念，也很难满足财富欲望。可是，接下来巴菲特话锋一转说：“但是价值投资给我们提供了走向真正成功的唯一机会。”言简意赅，掷地有声。

价值投资是巴菲特投资哲学的精髓。股市永远处于不断波动之中，有上涨就有下跌，不以人的意志为转移。不过在巴菲特看来，这种波动并没有什么不好，相反却非常有助于投资者理性投资。他相信，当股市下跌到一定的地步时，就会有值得投资的股票出现。

那么，巴菲特眼里的“梦中股票”又是什么样的呢？除了上面所提到的价格合理、能够提供合理回报的标准外，他还特别注重被收购对象对未来的态度。

他在伯克希尔公司2000年年报致股东的一封信中说，虽然被并购对象没有不爱钱的，但是，如果被并购对象非常在意其公司将来被兼并后的归属，那就通常表明该公司拥有相当重要的优秀品质，即账务的诚实、产品的自信、对客户的尊重、员工的专心一致。相反，如果一家公司的老板一心只想把公司卖个好价钱，至于该公司被卖掉后的结果如何不闻不问，那么可想而知这样的股票是否值得你投资了。

巴菲特认为，这一点其实很好理解。要知道，一家百年老店的成长凝聚了企业家的毕生心血，有时候甚至凝聚了好几代人的心血。对于这样的企业的老板来说，将来接手该企业的人是否能继续其过去的辉煌历史，是相当重要的一件事。在这一点上，伯克希尔公司就很能理解，它能够充分认同对方的这种心情，承诺并且绝对保证将对方的要求落到实处。

例如，伯克希尔公司曾经向约翰·贾斯汀（John Justin）承诺，并购他的企业后，企业总部仍然设在美国得克萨斯州的福特沃斯，说话算话。同样，伯克希尔公司在并购珠宝公司时也向Bridge家族承诺，保证不将该公司与其他珠宝公司合并，也是绝对说到做到。

巴菲特认为，这样的承诺对整体收购企业的伯克希尔公司来说相当重要，普通投资者当然做不到这一点，但可以从中学习巴菲特的投资精髓。也就是说，如果你发现某家公司的管理层根本不把其公司当回事，那么这只股票的投资价值也就可想而知了。

所以，巴菲特投资股票时历来对目标公司管理层是否足够优秀非常重视。据美国《华尔街日报》报道，巴菲特2008年9月24日表示，伯克希尔公司投资高盛集团，主要看重的就是它的人才。他形容说，这是对人才济济的高盛集团所下的赌注。他在财经电视台 CNBC 中说，伯克希尔公司收购高盛集团，价格是合适的，条件是合适的，人员也是合适的。

他说，长期以来伯克希尔公司手头一直拥有大量的现金，但始终没有找到多少能够把这些现金用出去的合适途径。而收购高盛集团这笔交易，给了他一个明智使用现金的机会。高盛集团就是巴菲特抄底金融危机中捞到的一颗夜明珠。

不过话又说回来，巴菲特会在寒夜里等到梦中股票，重要原因之一仍然是他手中握有巨额的现金。据英国《金融时报》报道，截至2008年年末，全球100家市值最大的上市公司中只有29家拥有净现金，这些囤积起来专门用来应对金融危机和经济衰退的现金总额是5700亿美元，其中前4位均是金融机构，它们分别是伯克希尔公司、中国银行、中国工商银行、中国建设银行，净现金量分别为1060亿美元、1010亿美元、890亿美元、820亿美元。从中容易看出，中国的3家银行囤积的现金量单独来看都逊于伯克希尔公司，但实际上每一家都不比它少多少。

顺便一提的是，净现金的计算公式是“库存现金+短期投资或有价证券−债务”。在金融危机影响下，许多上市公司的优质资产价格会远远低于其内在价值。这时候拥有足够的资金，在用来收购心仪已久的投资对象时，会处于极大的有利地位。

【巴菲特股市抄底秘诀】

巴菲特认为，无论股市下跌得多么厉害，投资者都会找到值得投资的好股票。不过很重要的一点是，这时候手中一定要握有充裕的现金。除了股价合理、投资回报率合理外，投资者更应该关心一下拟投资公司的未来发展前景。

别人退缩你就大举进攻

我曾说过只有当潮水退去，你才知道谁在裸泳……好了，现在我们看到华尔街简直成了各式各样裸泳者的海滩。

——沃伦·巴菲特

【巴菲特这样抄底股市】

巴菲特认为，股市越跌就越是投资好时机。2008年8月，他在纪录片《债务美国》中说，只有当潮水退去时，你才知道谁在裸泳……好了，现在大家看到的华尔街，简直成了各式各样裸泳者的海滩。

他的意思是说，这时候的投资者能够更清楚地看到哪些股票具有投资价值，而这在股市高涨时是看不清楚的。因为那时候股市中的泡沫太多，投资者很难衡量每只股票的内在价值究竟有多少。

他认为，2008年6—7月，金融危机表现出了进一步蔓延到信用卡领域的趋势，并且给金融业和整个美国经济造成了困难。

巴菲特说，美国规模最大的房利美和房地美两家住房抵押贷款融资大户，因为规模太大不会轻易破产，但这并不意味着这两家公司的股票投资者就能保住应得收益。房地美公司曾经宣称它是稳定的，房利美公司说它每年的利润增加15%。巴菲特说："任何大型金融机构如果这样告诉你们，那它们一定是想欺骗你们。"

不过他也认为，虽然接下来会有更多的银行破产，尤其是那些深陷于房地产领域的银行，更会首当其冲遭遇破产危机。可是，由于美国联邦储蓄保险公司可以为银行储户提供存款保险，以防止银行出现挤兑，所以在这种情况下，实际上仍然为投资者创造了很好的投资机会。在他看来，无论怎么说，美国上市公司的股票都会比一年前"更具有吸引力"。例如就伯克希尔公司而言，这时候就增持了美国运通公司和富国银行的股票。

据全球最大的财经资讯公司美国彭博资讯公司报道，在全球金融危机导致杠杆收购融资困难的宏观背景下，2008年全球企业并购活动显著降温。据该公司统计，2008年1—9月，全球并购交易总额只有2.29万亿美元，比上年同期下跌29%。

可是在巴菲特这里，情况恰恰相反。巴菲特利用金融危机所造成的股市低迷，不断加快并购步伐。截至2008年9月巴菲特宣布收购美国最大的电力行销巨头星座能源公司的股权时，他在过去不到一年的时间里，已经进行了8笔巨额股票投资；而在2007年的同一时期，他一共也才只有6次并购活动。

从金额来看，在2006—2007年的牛市行情中，巴菲特出手6次的最大投资额为3.5亿美元；可是在金融危机背景下，巴菲特越跌越买，这8次并购活动中大多数单笔投资额都在几十亿美元，一宗投资金额就相当于过去全年的总和。

事实上，巴菲特所掌控的伯克希尔公司的“短裤”也很短。伯克希尔公司的股东都是长期投资者，想买它的股票是很难的，所以这时候人们很少提到该公司，更别说大举进攻该公司了。

从历史表现看，在1973年、1974年美国股市暴跌时，伯克希尔公司的股价也从每股90美元下跌到每股40美元；在1987年的股市暴跌中，其股价从4000美元左右跌到3000美元左右；在1990年、1991年海湾战争期间，其股价从8900美元下跌到5500美元；20世纪末它收购通用再保险公司后，其股票每股价格从1998年中期的8万美元左右下跌到2000年年初的4.08万美元；在2008年金融危机中，其股票每股价格又从年初的14.16万美元下跌到年末的每股9.66万美元。

上述各阶段中的巴菲特，虽然面临着各种压力，可是咬定青山不放松。因为在他看来，如果他只是一名普通投资者，他会毫不犹豫地买入伯克希尔公司的股票。而现在他是该公司大股东，并且由于该公司交易量很少，所以他想回购股票也回购不了。

关于这一点，在2008年8月22日举行的美国堪萨斯城联邦储备银行年会上，巴菲特就说得很清楚。当时有多个国家的中央银行行长和经济学家在那里共商金融危机应对策略，巴菲特发言说，美国当时的经济困境恰好创造了良好的投资机会，此可谓“三句不离本行”。

他认为，美国经济至少会在“未来几个月”里处于衰退之中。他在2008年3月就曾经指出，美国经济实际上已经陷入衰退，而他这次重新强调“未来几个月”内美国经济状况或许会更糟，是因为金融危机的余波将会继续给美国金融业和经济界带来困难。以伯克希尔公司为例，该公司的房地产开发业务就因为面临融资困难而放缓了进程。

可是巴菲特话锋一转说，他相信美国经济将在今后的5年表现良好。对于像他这样的投资家来说，从另一个角度来看，美国经济的困境反而为其创造了良好的投资机会，至少美国股票比一年前“更具有吸引力”了。

试金石价值机遇基金（Touchstone Value Opportunities Fund）的投资组合经理马特·考弗勒认为：“（像巴菲特这种）世界最成功的投资者的介入，并且大规模购买通用电气和高盛这样的大公司，这不仅表明了他对这些公司的信心，也反映其对金融体系本身的信心。”

在这里，巴菲特之所以能如此笑傲江湖，很重要的一点是伯克希尔公司长期以来坚持的无杠杆收购。这正应了一句老话：“无债一身轻。”

他在伯克希尔公司2008年年报致股东的一封信中是这样阐释的：过去几年市场上出现了杠杆收购者（LBO），但是现在这些人声名狼藉了；于是，他们换个马甲称自己是“私募股权基金”（PE）。

可是在他看来，虽然新马甲已经换上了，可是他们的做法完全没有变。比如，他们仍然是偏爱过去的那种收费制度和资金杠杆，而这就容易导致私募股权基金收购对象的股权投资在资本结构中的比重急剧下降。

一些企业才被收购两三年，就发现已经被私募股权基金给它们增加的债务推到了命悬一线的地步。你只要看看银行债券大多数在以票面价值七折的价格出售，政府公债的价格更低，就一清二楚了。

即使这样，这些私募股权基金也没有为这些企业注入急需的股权投资；相反，却仍然把手中的剩余资金牢牢控制在自己手里。

巴菲特嘲笑这些股权私募基金，说它们确实“相当自私”！

刚刚经历2015年中国股市暴涨暴跌的读者应该还记忆犹新。上证综合指数从2015年3月的3300点左右，迅速推高到6月12日的5178.19点，短短两个半月内暴涨57%，致使许多投资者通过融资融券杠杆跑步入市。结果，上证综合指数又在短短两个半月内暴跌至8月26日的2850.71点，跌幅高达45%。在这其中，损失超过1/2甚至2/3的股民比比皆是，尤其是那些利用杠杆进入股市的投资者，很多都爆仓了。

在这里，巴菲特拒绝杠杆收购，实际上相当于只用自有资金炒股，拒绝融资融券。这样，在股市暴跌时他虽然也有一定程度的损失，却不会有爆仓之虞，不会全军覆没。

【巴菲特股市抄底秘诀】

巴菲特认为，暴跌后的股市就像退潮后的海滩，这时候你能够很清楚地看到还有谁在裸泳，而且一看一个准。他的意思是说，这时候投资者更容易找到具有投资价值的股票，不至于因为股票都泡在“海水”里而看花眼。

股市底部应当是满仓之时

无论美国还是世界其他地方，金融市场都是一片混乱。更糟糕的是，金融系统的问题已渗透到整体经济中，并且呈现出井喷式发展。短期内，美国失业率将继续上升，商业活动停滞不前，而媒体的头条也令人心惊胆战。因此……我一直在购买美国股票。我指的是自己的私人账户，之前该账户除了美国政府债券外没有任何资产（这不包括我所持伯克希尔公司的资产，因为这部分资产将全部投入慈善事业）。如果股票价格继续保持吸引力，我的非伯克希尔净资产不久后将100%是美国证券。

——沃伦·巴菲特

【巴菲特这样抄底股市】

巴菲特认为，股市越跌就越是投资好时机。在这次抄底金融危机中，他把自己私人账户中的所有资金都用在了购买美国股票上。

2008年10月17日，巴菲特在《纽约时报》上发表署名文章说，这时候无论美国还是世界上的其他地方，金融市场到处一片混乱。而就是在这样的宏观背景下，他一直都在用私人账户上的资金购买美国股票。而在此以前，他的私人账户上的资金购买的只是债券。

他认为，如果股市继续下跌，股价继续保持吸引力，那么他将用除所持伯克希尔公司资产之外的个人资产全部购买美国股票，他的用词是“100%”。这表明，在他眼里，股市下跌到底部时就应当是满仓之时。

巴菲特在伯克希尔公司1997年年报致股东的一封信中说，他的这种行为习惯，可以用这样一个比喻来形容——如果你打算一辈子吃汉堡包，可是自己家里又没有养牛，怎么办呢？这时候你希望牛肉的价格是上涨还是下跌呢？道理很简单，当然是价格下跌对你更有利。同样的道理，如果你每隔三五年就要换一辆汽车，那么你希望汽车的价格是上涨还是下跌呢？答案也是显而易见的。

他说，联系投资者的实际看，如果你在未来5年内可以存一笔钱用于买股票，那么这时候你希望股票价格是上涨还是下跌呢？这时候绝大多数投资者的想法就是错误的了。按理说，这时候他们应该希望股票价格下跌，因为这样能买到更多的股票；可是现实情况却是，他们一边在陆续地买进股票，一边却希望股价上涨。股价上涨时他们会感到高兴，股价下跌时却觉得沮丧，这种看法是错误的。这就像你去买汉堡包时看到涨价却还欣喜若狂一样，实在没什么道理。

那么，伯克希尔公司过去在股市下跌时是怎么做的呢？巴菲特解释说，伯克希尔公司会“自动”帮股东存钱，即“伯克希尔会将所赚得的盈余再投资其他事业与股票”。从这个角度看，伯克希尔公司的投资成本越低，股东从另外的事业项目中间接获得的报酬就越高。

读者容易看到，伯克希尔公司的各个投资项目都在持续不断地回购股票。既然回购股票，那么巴菲特当然希望伯克希尔公司的股价越来越低，他一点都不会为此感到沮丧。

除了伯克希尔公司本身，它控股的可口可乐公司、《华盛顿邮报》公司、富国银行等也都在不断回购股票。在它们看来，股市越是下跌就越值得投资：别人的股票价格越低，它们用同样的资金买入的股数就越多；自己的股票价格越低，它们的回购成本就越低。总而言之，它们更希望股市下跌，而不是上涨。

这是一种什么逻辑呢？原来，它需要有几项前提条件：

首先，伯克希尔公司是长期投资者，不希望在近期卖出股票，所以它根本不希望近期股票价格能上涨；相反却希望下跌，因为只有下跌后，它才能摊低买入成本。它即使希望股价上涨，也是希望今后在准备卖的时候涨。

其次，伯克希尔公司始终拥有大量的资金，股市下跌后能够随时买入股票，不会出现望洋兴叹（股市下跌了却没钱投资）的局面。

最后，伯克希尔公司买入股票后即使被套也不担心，因为它的股票质地优秀，每年从中得到的分红非常可观。这时候它对股票价格的波动完全可以忽略不计。

关于这一点，伯克希尔公司2008年投资的高盛集团、通用电气公司就很能说明问题。巴菲特投资这两只股票能够从中每年获得10%的固定分红，这时候哪怕这两家公司的股价跌到只有每股1美元也没关系。

所以，巴菲特提醒伯克希尔公司股东说，以后在报纸上看到头版头条报道“股市暴跌，投资者损失惨重”时，不妨把它读成“股市暴跌，不投资者损失惨重，而投资者赚翻了”。他嘲笑那些记者常常忘记一条朴素的真理，只要有卖方就会有买方，股市中有人损失就会有人赢利。

他举例说，伯克希尔公司就是依靠20世纪七八十年代股市低迷时所做的一系列投资，赚了不少钱。说到底，股市对短期投资者不利，对长期投资者有利。伯克希尔公司当时所做的一些投资决策，在20世纪90年代陆续得到验证，遗憾的是现在（1997年）已经找不到这样好的投资机会了。不过他相信，再过几年他一定会找到真正让他感到兴奋的投资机会。他的意思是说，1997年、1998年美国股市大涨，等到再过几年股市暴跌的时候，就是伯克希尔公司趁机“海底捞月”的时候了。

【巴菲特股市抄底秘诀】

巴菲特认为，只有在短期内准备卖出股票的人，才会为股价上涨感到高兴；长期投资者应该期待股价下跌，因为这样才能不断摊低投资成本。当股价下跌到接近底部时，投资者应该把所有资金全都扑上去，满仓介入。

这辈子的投资机会并不多

我们仅在法令规定范围内讨论我们在股票上的进出，就像一件好产品或商业并购案一样。好的投资机会不多，所以珍贵，且很容易被盗用。所以通常我们不会详细说明投资细节，这甚至包括已经出售的部分（因为我们很有可能会再买回来）与传言我们要买进的。若我们否认相关报道，但说“不予置评”，有时反而会被认为已经证实。

——沃伦·巴菲特

【巴菲特这样抄底股市】

巴菲特认为，股市越跌就越是投资好时机。机不可失，时不再来。值得一辈子投资的好机会并不会太多，所以投资者一定要抓住。巴菲特在伯克希尔公司1983年年报致股东的一封信中说，伯克希尔公司虽然很坦白，但也仅仅是在法律规定的范围内讨论股票买卖情况。归根到底在于，非常好的投资机会并不会太多，所以弥足珍贵，不能轻易泄露商业秘密，这很容易被别人盗用。包括伯克希尔公司已经出售的股票细节也是如此，因为还要考虑将来有可能再买回来。即使对于报纸上刊登的一些传言，伯克希尔公司也会非常小心地作答，因为无论是加以否认还是不予置评，有时候都会被人看作是一种默认。

应该说，巴菲特的这种心情很好理解。因为伯克希尔公司的投资风格是集中投资、长期投资，所以来不得半点失误，否则便会酿成大错。

巴菲特的全球代言人罗伯特·迈尔斯2004年11月访问中国时介绍说，巴菲特持有的股票平均持有时间至此是17年，而且投资组合集中度非常高。例如伯克希尔公司30%的投资在可口可乐公司，20%的投资在美国运通公司，10%的投资在吉列公司，此外它还持有《华盛顿邮报》公司、富国银行的股份。它重仓持有的5只股票中，集中了其75%的投资份额。

正因巴菲特非常倚重集中投资，所以才会特别看重投资机会，尽可能不错过任何好的投资机会，尽可能不出现投资失误，否则后果不堪设想。每当巴菲特看中一家公司时，他会要求拥有该公司相当比重的股权。从过去的经验看，他投资的股票中平均持股占被收购企业总股本的12%。

在巴菲特看来，伟大的投资一辈子可能只有那么几次，所以每当出现伟大的投资机会时，他一定会好好把握、重仓持有。投资股票只数越多，最终所能获得的投资报酬率就越接近于股市平均回报率，这不是巴菲特所追求的。巴菲特的投资业绩之所以能超出市场平均水平，就是因为他擅长独立思考，在股市低迷时能抓住投资机会，然后进行集中投资。这几条都是很简单的概念，但投资者要真正做到很不容易。

2008年2月1日英国《金融时报》报道说，在金融危机影响下，过去几年中因为上市公司内在价值被高估，以及来自私人股本竞争激烈，那些被迫离场观望的所谓“价值投资者”，如巴菲特、威尔伯·罗斯（Wilbur Ross）、罗恩·佩雷曼（Ron Perelman）等现金充裕的金融家们，都已经蓄势待发，准备扑向那些受到金融危机影响、股价大跌的上市公司。这可能意味着一个“秃鹰投资”新时代的来临。

毫无疑问，巴菲特是其中的一个代表。可是除此以外，像他这样的价值投资者，实际上都在把金融危机的来临看作是低价收购企业的好机会。

例如威尔伯·罗斯，他就和巴菲特一样，反复考虑是收购一家陷入困境的债券保险商还是成立一家新的这种机构。他在接受英国《金融时报》采访时表示，金融危机的来临简直带来了一个“富人的难题”。他说，现在有那么多的事情让人感到心烦意乱，很难找出哪些才是真正的机会。

那么在巴菲特看来，哪些才是“真正的机会”呢？这又回到他的内在价值投资观念上来了。例如，他在投资可口可乐公司时，可口可乐公司股票的市值只有每股1.65美元。他认为这个价格大大低于其内在价值，所以该股票非常具有投资价值，堪称是这辈子不多的投资机会。

巴菲特对合作伙伴和股东们说，如果他们每年能获得10亿美元的收益，这实际上是他们所持股票的价值，而在他们投资该股票时，眼里应该看到的是该公司的内在价值。尽管这些年可口可乐公司的业绩不是很好，而且每股收益在下降，可是投资可口可乐公司股票依然可以从中赚到每股2美元的收益，平均收益率高达25%。

从中不难看出，巴菲特衡量一只股票是不是好股票，衡量一次投资机会是不是好机会，参照的并不是股票价格高低，而是其内在价值大小。虽然内在价值和股票价格有联系，但主从关系是很显然的。

他在总结牛顿第四定律后认为，股票买卖过于频繁会降低收益率，只有长线持股才能获得丰厚回报。

为了做到这一点，他不得不提高选股标准：看不懂的高科技股不买，高风险的金融衍生产品股票不买，负债率高的传统型股票不买，没有稳定收益的股票不买，受经济景气指数循环影响大的股票也不买……经过如此一番筛选后，他的选择余地确实很小。

不过，他从来不想改变自己的这种投资风格。他认为，宁可放弃许多中短线强势股，也不能丢掉长期收益稳定的个股。这就是“舍小就大”的原则，也是一种高层次投资境界。

【巴菲特股市抄底秘诀】

巴菲特的代言人罗伯特·迈尔斯说:“在巴菲特看来，伟大的投资一辈子可能只有那么几次。所以，每当出现伟大的投资机会时，他就会好好把握，大量地进行投资。”这种抓住机会，集中投资，完全适用于散户。

长期回报率肯定会高于现金

也许有人会认为，在一个持续发展的世纪里，投资者几乎不可能亏钱。但确实有些投资者亏了，因为他们总是在感觉良好时买入，在市场充斥着恐慌时卖出。今天，拥有现金或现金等价物的人可能感觉良好，但他们可能过于乐观了，因为他们选择了一项可怕的长期资产，没有任何回报且肯定会贬值。其实，美国政府的救市政策很可能导致通货膨胀，并加速现金贬值。未来10年，证券的投资回报率肯定要高于现金，也许会高出很多。那些手持现金的投资者还在等待好消息，但他们忘了冰球明星韦恩·格雷茨基的忠告:“我总是滑向冰球运动的方向，而不是等冰球到位再追。”

——沃伦·巴菲特

【巴菲特这样抄底股市】

巴菲特认为，股市越跌就越是投资好时机。一般来说，股票投资的长期回报率不但不会是负的，而且一定会高于现金。

2008年10月17日，巴菲特在《纽约时报》上发表署名文章说，在面临股市暴跌的时候，拥有现金或现金等价物的投资者或许会感觉良好，但他们可能过于乐观了。要知道，现金是一项可怕的长期资产，不但没有任何回报，而且肯定会贬值。尤其是在美国政府推出专门针对金融危机的紧急经济稳定法案后，更会加速货币贬值。从今后10年的考察期看，股票投资的回报率一定会高于现金，而且可能会高出很多。

巴菲特在伯克希尔公司2005年年报致股东的一封信中说，对于伯克希尔公司和其他美国投资者来说，过去的这些年要想在股市中大把赚钱简直是轻而易举的事。一个真正称得上“长期”的案例表明，从1899年12月31日到1999年12月31日的100年间，道琼斯工业指数从65.73点上涨到11497.12点，上涨了174倍，相当于年平均增长5.3%。

巴菲特说，如此巨大升幅的原因其实很简单，那就是在这100年里美国企业的经营非常出色，所以才使得投资者能够从中分一杯羹。而目前（2005年）美国企业的经营依然非常良好，只是因为投资者受到一系列伤害，所以在相当程度上减少了本该实现的收益。

巴菲特在这里所说的“一系列伤害”，自然也包括2007年、2008年从次贷危机到金融危机给投资市场造成的恐惧和实际损失，虽然他在讲这番话时还不可能预见到这一幕。

当然，除了次贷危机、金融危机等突发事件外，由于不同投资者具有不同的投资风格，所以在这些投资者中自然会有一部分人赚钱、一部分人赔钱，但总的收益还是那么多，与整个股市所拥有的上市公司总体收益相符。投资者只要不是频繁地买进卖出，就可以通过减少这种摩擦成本的方式，获取大大高于历史收益的未来收益。

据巴菲特估计，美国所有上市公司的年盈利额约为7000亿美元，可是由于投资者频繁买进卖出而造成的摩擦成本大约要占到20%。也就是说，如果股市中所有投资者买入股票后持股1年不动，所有投资者的平均获利将会比原来增加25%，即100% ÷ 80% − 1 = 25%。

那么，巴菲特所说的“股票长期回报率肯定会高于现金”的断言，在中国股市中是否也适用呢？答案是肯定的。在本书最后，就来联系一下中国股市实际，谈谈巴菲特对中国股市的总体看法，供国内投资者参考。

在2008年年末举行的全球最具影响力的商业女性大会（MPW summit）上，

巴菲特在回答中国记者采访时表示，他非常看好中国股市。他认为，每个经济周期的转折点并没有非常明显的特征，尤其是像中国这样的新兴市场瞬息万变，就更难令人捉摸了。在谈到他未来看好中国股市中的哪些行业时他说，并不是所有行业他都感兴趣，虽然有些行业在目前看来非常有前途。因为每只股票都有一系列相对复杂的选择标准，股票投资要考虑到方方面面，而不能单凭行业来决断。

巴菲特非常清楚，2008年中国股市的跌幅位居“世界之最”。与中国投资者普遍沮丧的态度截然相反，他表示“我看好中国市场，不要计较短时期的情况。未来10年中国股市必将是世界之最”。这虽然有些客套的意味在内，但也不全是客套。2008年年末上证综合指数是1821点，2017年6月30日为3192点，8.5年内增幅高达75.29%，年复合增长率6.83%。

巴菲特当时不仅仅是说说而已，也以实际行动诠释了这一看法。2008年9月29日，伯克希尔公司旗下中美能源公司与中国内地最大的充电电池制造商比亚迪公司共同召开新闻发布会，宣布两家已经签署策略性投资及股份认购协议。中美能源公司将以每股8港元的价格认购2.25亿股比亚迪公司股份，总投资18亿港元，约占比亚迪公司总股本的10%。此消息传出后，比亚迪公司的股价在9月30日—10月2日的3天内累计上涨99%。

巴菲特在伯克希尔公司2014年年报致股东的一封信中解释说，面对全球金融危机，伯克希尔公司依然在2009年实施了历史上规模最大的一笔收购，即收购伯灵顿北方圣达菲铁路公司。虽然这笔交易是他“全副身家赌美国经济前景”，可是他却一点都不担心；并且，类似的赌博早在1965年巴菲特有限公司收购伯克希尔公司控股权时他就玩过。

他认为，“赌”美国经济继续繁荣下去是一件确定性非常高的事情，不信你看看美国建国238年来有谁是通过押注美国经济衰落而成功的？美国建国以来人均产出翻了6倍，所以即使总是有那么些悲观主义者说美国存在这样那样的问题，也很少见他们有真心移民去国外的。只要市场经济的动力机制在继续发挥它的魔力，长远来看，明天就一定会比今天更美好。

【巴菲特股市抄底秘诀】

巴菲特认为，未来10年里中国股市将会是世界之最，回过头来看，事实已经基本可以证实这一点。投资者要想从中分享到胜利成果，就必须看准股票，抓住机遇，进行价值投资、长期投资。一句话，“不折腾”。